한류학 개론

한류학개론

초판 1쇄 발행 · 2014년 9월 20일

글 · 박장순 | 발행인 · 김윤태 | 발행처 · 도서출판 선 | 북디자인 · 전순미

출판등록일 · 1995년 3월 27일 | 등록번호 · 제15-201호

주소 · 서울시 종로구 낙원동 58-1번지 종로오피스텔 1020호 | 전화 · (02) 762-3335 | 팩스 · (02) 762-3371

ISBN 978-89-6312-480-3 93680 ※ 책값은 뒤표지에 있습니다.

"이 책은 2014학년도 홍익대학교 학술연구진흥비 지원을 받아 출간된 연구물입니다"

한류학 개론

Introduction to Hallyuology

홍익대학교 영상대학원 교수 박장순 지음

괴물

| 서 문 |

어린 시절 연극 무대를 처음 접하고, 1960~70년대를 풍미한 이진순, 이해랑, 유현목 교수님을 사사하는 행운을 얻게 된다. 잠시 유학을 다녀온 후 1980~1990년대 방송 PD로, 해외마케터로 프로그램 제작과 드라마 초기 수출시장을 개척해 온 20여 년의 방송인 생활, 그 후 이에 뿌리를 두고 한류학Hallyuology의 토대를 마련하기 위해 열심히 뛰었던 지난 10여 년의 집필 작업이 마침내 『한류학개론』을 낳게 되었다.

『문화콘텐츠연출론』(2002), 『문화콘텐츠해외마케팅』(2005), 『문화콘텐츠학개론』(2006), 『한류, 신화가 미래다』(2007), 『한류, 한국과 일본의 드라마 전쟁』(2008), 『문화콘텐츠 분석과 형상화 원리』(2009), 『한류의 흥행 유전자 밈』(2011), 『한류, 아시아 TV드라마 시장의 역사』(2012), 『전환기의 한류』(2013) 등 그 동안 쉼 없이 써온 이 책들이 『한류학개론』의 근간이다. 이제 여기로부터 한류학에 관한 치열한 논의와 연구가 시작되기를 기대해 본다.

이번 집필을 마치고 나서는 왠지, - 다른 책을 탈고했을 때와는 달리 - 홀가분해지는 것 같은 느낌이다. 오랫동안 마음의 짐으로 남아있던 한류연구자로서의 책임감에서 벗어난 해방감 때문인지도 모르겠다. 아니면 후회 없이 일전을 치른 태극 전사의 기분이 혹, 이런 것일까? 아무쪼록 한류학이 독립된 단위학문으로, 세계의 보편적 학문으로 우뚝 서는 날이 하루빨리 오기를 기대해 본다. 한국의 대중문화, 확장된 개념의 한국문화가 세계 인류문화사의 메인스트림으로 떠오르는 세상, 한류의 인류문화화시대가 열렸음을 알리는 '한류토피아'hallyutopia의 건설에 『한류학개론』이 먼발치, 한 귀퉁이에서 작은 밀알이 되었으면 좋겠다.

아무도 가지 않은 이 길로, 나를 인도해 주신 주님께 감사를 드린다. 길고 힘든 여정이었지만 오랫동안 묵묵히 나를 지켜봐 준 사랑하는 아내 로사리오, 나의 믿음직한 아들 욱이 미카엘에게 이 책을 바친다. 아무도 가지 않은 낯선 이 길에서 내게 등불이 되어 주었던 많은 은인들, 그 중에서도 특히 박도순 님, 박준영 님, 권명광 님, 김종덕 님, 이면영 님께 감사를 드린다. 찾아뵙고 인사 한번 제대로 드리지 못한 분들이지만, 내 삶의 고된 모퉁이마다 이분들이 계셨기에 오늘 이렇게 『한류학개론』이 세상의 빛을 보게 되었다.

사람들은 흔히 평생 세 분의 은인을 만난다고 한다. 그런데 나는 이렇게 다섯 분의 은인을 만났으니 얼마나 복 받은 사람인가? 이 또한 주님께서 내게 주신 축복이라고 믿는다. 『한류학개론』이 나오기까지 물심양면으로 도와주신 많은 분들께 이 자리를 빌려 다시 한 번 감사를 드린다. 그리고 어려운 여건 속에서도 흔쾌히 이 책의 출간을 허락해 주신 선출판사의 김윤태 대표님께도 머리 숙여 감사를 드린다. 여러분, 고맙습니다.

2014년 8월

저자 박장순

| 목 차 |

제4장 한류비평

| 표 목차 |

| 그림 목차 |

| 들어가며 |

한류학Hallyuology은 매우 통섭적인 학문이다. 인문학과 자연과학, 예술의 결합을 광범위하게 다룬다. 한류 현상의 본질과 실체를 규명하고, 한류사와 한류비평, 그리고 한류 중심소재영역인 드라마 · 케이팝K-pop · 영화 · 게임 · 애니메이션 등 오늘의 한류를 있게 한 일체의 문화콘텐츠에 대한 연구에 초점을 맞춘다.

이번 『한류학개론』은 그 서설序說로 전체 4장으로 구성된다.

제1장 "한류의 실체"는 한류의 본질적 실체를 규명하기 위해 다윈이즘에서 출발한 진화생물학의 문화적 진화이론인 리처드 도킨스Dawkins의 미메틱스memetics, 복잡계 이론인 헤르만 하켄Haken의 시너제틱스synergetics, 롤랑 바르트Barthes와 클로드 레비스트로스Lévi-Strauss의 구조주의 신화이론, 그리고 루이스 모간Morgan의 문화인류학과 제리 벤틀리Bentley의 역사이론 등 서로 다른 학제 간 다양한 시각에서 한류의 실체를 규명한다.

제2장 "한류와 문화콘텐츠"는 한류와 문화콘텐츠라는 용어의 탄생과정을 기술하고, 한류 중심소재영역인 문화콘텐츠의 개념화 작업을 시도한다. 정의, 기원, 원형, 특성, 분류, 기능과 역할 등을 기술하고,

개별 한류 중심소재영역들에 대한 한류사적 의미와 역할도 기술한다.

제3장 "한류사"는 한류의 생성 배경을 타자인 아시아인들의 한국 드라마에 대한 인식적 요인과 국내외 시장환경적 요인을 중심으로 기술하고, 한류의 생성 및 진화 과정을 드라마와 K-pop을 메인스트림으로 하는 1차 한류시대와 2차 한류시대로 구분 기술한다.

제4장 "한류비평"은 한류의 전 지구화시대, 인류문화화시대, 한류토피아Hallyutopia시대에 이르기 위해 거쳐야 할 과정과 지향점, 기본 정신 등에 대해 기술한다. 먼저, 한류시스템의 복잡성을 강화하기 위해 인위적 혁신 방안 다섯 가지를 제시한다. 복잡계적 관점의 이 같은 접근은 한류가 아시아시장에서 탈피해, 세계시장의 항상성homeostasis에 새롭게 도전하기 위해 필요한 기반을 조성하기 위한 것이다. 아울러 이 지점에서 한류가 가야 할 지향점을 실존주의적 관점에서 찾아보고, 한류토피아의 세계가 가져야 할 문화정신 또한, 실존주의와 진화생물학의 미메틱스 이론에서 찾아본다.

끝으로 『한류학개론』은 우리의 지상과제를 수행하기 위해 한류의 원천인 콘텐츠로 돌아갈 것을 제안한다. 콘텐츠는 한류의 알파요, 오메가이기 때문이다.

제1장

한류의 실체

미메틱스memetics와 한류

밈meme

사상과 문화는 진화한다. 변화는 점진적으로 이뤄지고, 과거의 토대 위에서 만들어진다. 사상은 한 곳에서 다른 곳으로, 한 사람으로부터 또 다른 사람에게로 확산된다(Sperber, 1990). 발명은 무에서 만들어지는 것이 아니다. 앞서의 발명에 기초한다(Blackmore, 1999: 24). 스펜서는 문화적 진화를 빅토리아시대 영국 사회의 진화와 같이 어떤 이상적인 것을 향한 전진으로 보기도 한다. 다윈 이후 50년, 볼드윈Baldwin은 모방과 가르침에 의해서 개인이 사회로부터 배우는 삶의 방식들을 서술하기 위해 사회유전social heredity이라는 단어를 만들어 내기도 한다(Baldwin, 1896; Blackmore, 1999: 24). 문화적 진화란 문화가 장기간에 걸쳐 하나의 유형으로부터 다른 유형으로 단계적으로 변동해 나가는 과정을 말한다(한상복 외, 1993: 407; 노길명 외, 2002: 103). 이는 진화 생물학과 인류학의 주요 관심사 가운데 하나다. 다윈이즘에 기반한 도킨스Dawkins의 미메틱스memetics이론은 문화적 진화를 에이전트 밈meme의 작동 결과로 본다.

밈의 어원 및 어의

도킨스는 문화적 진화 에이전트 '밈'의 용어 탄생 과정을 다음과 같이 설명하고 있다. 최근 새로운 타입의 복제자가 등장했다. 아직 유년기의 상태로 원시수프primeval soup[1]에서 떠다니고 있지만 벌써 진화론에 변화를 일으키고 있다. 이 새로운 수프가 바로 인간의 문화라는 수프다. 새로운 복제자를 위해서 문화의 전달 혹은 모방의 단위라는 의미를 전할 수 있는 이름이 필요하다. 모방이라는 의미를 가진 미메메mimeme는 이에 적합한 그리스어 어원이다. 그러나 유전자 'gene'처럼 짧게 소리 나는 단음절어가 필요하다. 미메메를 줄여서 '밈'meme이라고 부르는 것을 고전주의자들이 이해해 줄 것을 요청한다. 선택적으로 기억memory 또는 프랑스어의 멤même과 같은 뜻으로 생각할 수도 있다(Dawkins, 2009: 192).

진화심리학자인 캠벨Campbell은 1960년대 초 문화복제자cultural

1 생물학자와 화학자들은 30-40억 년 전 세상이 인류 최초의 생명체와 관련된 유기물 분자의 바다로 이루어졌다고 믿는다.

replicator[2]라는 이와 유사한 개념을 개발하고, 기억소mnemone[3]라는 단어를 도입한다. 문화유전자culturegen[4]라는 개념은 특히, 북미 사회생물학계에서 널리 사용되고 있다. 이처럼 문화복제자의 개념이 새로운 것은 아니다. 그러나 도킨스는 1976년 밈이라는 신조어를 만들어 그 개념을 대중화시킨다(McGrath, 2007: 120).

밈은 하나의 가설적 복제자hypothetical replicator다. 다윈이즘의 프레임워크 안에서 문화의 발전 과정을 설명하기 위한 문화 전달의 단위 또는 모방의 단위다(ibid: 122). 유전자는 DNA로부터 오고, 밈은 '가르침' 또는 '모방'에서 온다(Bonner, 1988: 209). 도킨스에 의하면 개념idea, 생각의 밈은 어떤 한 사람의 뇌에서 다른 사람의 뇌로 보내질 수 있는 실체로서 정의되어야 한다(Dawkins, 2009: 195-196). 밈은 행동정보, 아이디어, 관습, 약탈자를 피하는 방법, 또는 일시적 유행까지를 이른다. 이는 밈을 정의하는 데 가장 도움이 되는 것으로 밈이 '행동정보'와 아주 대등한 위치에 서게 한다(Bonner, 1988: 209).

밈의 예로는 노래 곡조, 아이디어, 캐치프레이즈, 의상, 패션, 항아리 또는 아치를 만드는 방법 등이 있다. 유전자가 정자와 난자를 통해

2 Cambell, Donald T. (1960). Blind Variation and Selective Retention in Creative Thought as in Other Knowledge Processes. Psychological Review 67: 380-400.

3 Cambell Donald T.(1988). A General Selection Theory as Implemented in Biological Evolution and in Social Belief-Transmission-with-Modification in Science. Biology and Philosophy 3: 413-463. 이 용어는 1974년 캠벨에 의해서 처음 사용됨.

4 Lumsden, Charles J. & Wilson, Edward O.(1981). Genes, Mind, and Culture: The Coevolutionary Process. Cambridge, MA: Harvard University Press.

사람의 몸에서 몸으로 번식하듯 밈은 모방을 통해 사람의 뇌에서 뇌로 번식한다. 과학자가 새로운 개념에 대해 듣거나 읽게 되면, 자기 동료나 학생들에게 그 개념을 직접 전달하기도 하고, 기사를 통해 간접 전달하기도 한다. 개념이 알려지는 순간, 그 개념은 사람의 뇌에서 뇌로 퍼져나가며 번식한다[5](Dawkins, 2009: 192). 기억해야 할 가장 중요한 점은 도킨스의 오리지널 형식처럼 밈이 모방에 의해서 반복된다는 것이다. 블랙모어Blackmore는 밈을 '행동을 끌어내기 위한 지시instruction, 뇌에 저장된 그리고 모방에 의해서 반복되는 것'으로 서술해왔다. 뉴옥스퍼드 영어사전은 밈을 명사로서 "미메메mimeme의 줄임말. 모방된 것, 비유전자적 수단, 특히 모방에 의해서 반복되는 문화의 한 요소"라고 정의한다.

모방은 일종의 복제다. 모방은 밈을 복제자로 만드는 것이고, 밈에게 복제자의 힘을 실어 준다. 무엇이든지 간에 모방에 의해서 반복되는 것은 다 밈이다(Blackmore, 1999: 42-43). 당신이 베토벤 교향곡 5번 〈운명〉의 맨 처음 4음절 '다, 다, 다, 덤'에 감염되었다면, 이 4개의 음절이 바로 밈이다. 결론은 가능한 단순함을 지키는 것이다. 광범위하게 모방의 과정을 통해 복제될 수 있는 정보, 아이디어는 모두가 밈으로 간주된다. 아이디어, 책 속에 있는 아이디어의 이형異形, 조리법, 지도, 그리

5 밈에 관한 기본 개념을 이해하게 되면 아이디어, 또는 생각, 또는 믿음, 또는 의식의 내용, 또는 당신이 생각할 수 있는 어떤 것 등을 모두 밈과 동일한 것으로 등식화하기 쉽다. 이런 경향은 혼란을 깊게 하고, 밈이 할 수 있는 것과 할 수 없는 것을 이해하는 데 어려움을 겪게 한다. 우리는 밈에 관한 분명하고, 적확한 정의 내리기를 시작하고, 셈에 넣고, 넣지 말아야 할 것이 무엇인지를 결정할 필요가 있다(Blackmore, 1999: 42- 43).

고 기호화된 음악 등을 포함한다(ibid. 56-66).

밈의 이기적 본성

밈에게 멈추라고 명령을 할 수 없다. 밈에게 천천히 가라고 명령할 수도 없다. 밈 속으로 흡수되지 말라고 말할 수도 없다. 밈은 생명과 그들 자신의 힘을 가지고 있는 것처럼 보인다. 밈은 복제자다. 기회만 있으면 언제라도 그 수를 증가시키려는 경향이 있다. 밈의 눈으로 보는 세상은 복제를 위한 기회의 관점에서 보는 세상이다. 무엇이 밈으로 하여금 이처럼 보다 많은 자신의 복제물을 생산하게 하는가(ibid. 37-39)?

유성생식에서 각각의 유전자는 대립유전자와 염색체상의 동일한 위치를 놓고 경쟁한다. 대립유전자의 희생을 전제로 유전자는 염색체상의 제 위치를 차지할 수 있는 것이다. 그렇다면 밈은 자기들끼리 어떻게 경쟁하는 것일까? 대립형질을 갖고 있지 않아도 밈을 '이기적' 또는 '무자비하다'라고 단정할 수 있는가? 이에 대한 대답은 '예스'다. 왜냐하면 밈은 서로 상대와의 경쟁을 탐닉하는 경향이 있기 때문이다. 인간의 뇌는 밈이 살고 있는 컴퓨터다. 여기서는 시간이 저장 공간보다 훨씬 더 중요한 제한적 요소로 치열한 경쟁의 대상이 된다. 왜냐하면 인간의 뇌와 뇌의 조종을 받는 사람의 몸은 하나 또는 몇 가지 이상의 일을 동시에 수행할 수 없기 때문이다. 만일 밈이 뇌의 주의력을 독점한다면, 이는 경쟁 밈의 희생을 전제로 한 것이다(Dawkins, 2009: 196-197).

유전자의 상호 관계 작용은 자아실현self-actualization을 목적으로 한다. 자아실현은 이기적 성향으로 나타난다. 도킨스는 유전자의 자아실현 작용을 '이기적 유전자'라고 부른다. 유전자는 자신의 보존을 위해서 수단과 방법을 가리지 않고 이기적인 작용을 한다고 주장한다(Ridley, 1997: 1; 김성원, 2008: 37). 유전자는 '가치'로 선택된다(Dawkins, 2009: 86). 그렇기 때문에 유전자에 대해 '이기적인, 잔인한' 등과 같은 형용사를 쓸 수 있는 것이다(ibid. 196). 유전자는 자신의 이익을 위해 자신을 실어 나르는 몸, 운반자를 조작하고, 연출한다고 도킨스는 말한다(McGrath, 2007: 19). 밈 또한 마찬가지다. 자신의 이익을 위해서만 밈은 작동한다.

밈의 복제와 복제 과정

문자로 기록된 '호박수프'의 조리법은 유전자형과 같다. 수프를 만드는 방법에 관한 설명을 담고 있다. 요리된 호박수프는 표현형과 같다. 수프의 맛은 왜 조리법이 복제되었는가에 대한 이유다. 조리법을 정확하게 따르지 않았다면, 조리법의 변화는 본래의 조리법을 원하는 누군가의 기회에 영향을 줄지도 모른다. 그러나 변화는 전달되지 않을 것이다. 왜냐하면 변화는 단지 수프 자체(표현형)에 있지, 문자로 기록된 조리법(유전자형)에 있지 않기 때문이다. 이런 서로 다른 전달의 형태를 생산물 복제copy-the-product와 설명서 복제copy-the-instruction라고 한다(Blackmore, 1999: 61).

생물학의 세계에서 유성생식은 설명서 복제에 의해 이루어진다. 유전자는 복제되는 설명서다. 표현형은 그 결과로, 복제된 것이 아니다. 유전자형(설명서)과 표현형(생산물)으로 나뉘는 밈의 세계에서 다윈의 설명서 복제와 라마르크Lamarck의 생산물 복제가 논의될 수 있다(ibid. 62). 다윈이즘이 설명서(유전자형) 복제라면, 라마르크의 진화론은 생산물(표현형) 복제다. 이는 라마르크가 다윈보다 훨씬 더 문화적 진화의 보다 나은 근거를 제공해 주는 것처럼 보이게 한다. 그렇다고 라마르크의 생산물 복제가 밈복제의 전부는 아니다(McGrath, 2007: 127). 밈복제는 설명서 복제도 포함하기 때문이다.

복제를 하고자 한다면, 밈은 언제나 자신을 복제할 수 있다. 뇌에서 모방을 담당하는 기계장치는 멜로디를 복제하기 위한 최적의 환경이다. 그래서 멜로디가 뇌에 머물러 있기에 충분할 정도로 기억할만한 가치가 있다고 판단되면, 그 순간 멜로디는 다시 반복되고, 또 이런 반복은 계속될 것이다. 그리고 멜로디가 진정으로 기억할만한 가치가 있고, 노래할 만하다면, 멜로디는 뇌의 많은 부분으로 확산된다.

어떤 텔레비전 프로듀서가 자신이 제작, 방송하고 있는 일일드라마에 이 멜로디를 쓰고 싶어 한다면, 이 멜로디는 훨씬 더 많은 사람들의 뇌에 도달하게 될 것이다. 멜로디를 흥얼거릴 때마다, 누군가는 그 흥얼거림을 듣는 기회를 갖게 될 것이고, 그들로 하여금 멜로디를 반복하게 할 것이다. 다른 많은 멜로디들은 그 사이 결코 들리지 않는다. 다른 멜로디들을 희생시키면서 성공적인 멜로디가 밈풀meme pool에서 증가하고 있음을 보여 주는 결과다. 사람들은 멜로디에 감염되었고, 아직

듣지 못한 사람들에게 활성화되고, 반복될 수 있도록 준비된 상태로 멜로디는 기억 속에 저장된다(Blackmore, 1999: 55). 밈의 표현형 결과가 선율이라면, 외우기 쉬우면 쉬울수록 그 선율은 더 많이 복제된다. 만일 밈의 표현형 결과가 과학적인 아이디어라면, 세상의 과학적 두뇌들을 통해 퍼져나갈 기회는 그 아이디어가 기존에 만들어진 아이디어 체계와의 적합성 · 양립성 · 호환성에 의해서 영향을 받게 된다(Dawkins, 2008: 110).

유전자는 세대를 넘어 몸에서 몸으로 건너뛴다. 유전자는 늙어 죽기 전에 죽을 운명의 몸을 단념하면서 다른 몸으로 건너뛴다. 그리고 자신의 방법과 자신의 목적을 위해 그 몸을 조종한다(McGrath, 2007: 36; Dawkins, 2009: 34). 밈의 표현형 결과는 다른 개체의 감각기관에 의해 감지된다. 그리고 감지된 결과는 그들 자신을 받아들인 수용 개체의 뇌에 강한 인상을 남기고, 오리지널 밈의 복제본은 이를 받아들인 뇌에 각인된다. 이때 탄생한 새로운 밈복제본은 표현형 결과를 널리 퍼뜨릴 수 있는 위치에 서게 되고, 그 결과 또 다른 사람의 뇌에 다시 자신의 복제본을 만들게 된다(Dawkins, 2008: 109). 그러나 밈의 복제 과정은 유전자 복제 과정처럼 정밀하지 않다. 모든 복제 과정에서 '돌연변이'적 요소가 존재한다(ibid. 112).

밈은 개인들이 가지고 있는 생각이나 사고를 뜻하며 인간의 뇌를 매개체로 이용하여 바이러스처럼 전염된다. 바이러스가 세포를 점령하여 자신을 복제하듯이 밈도 사람의 뇌를 점령하며 끝없이 자기 자신을 복제하고, 바이러스와 마찬가지로 숙주가 가지고 있는 생각, 또는 다른 생각과의 조합을 통해 변이도 일으킨다(함재봉 · 고명현, 2008: 464).

그렇다면 무엇이 양질의 복제자 밈을 만드는가? 도킨스는 충실성, 다산성, 장수성 등 세 개의 단어로 이를 요약한다. 비록 이들 사이에 교환이 있을 수도 있지만, 이는 복제자 밈이 충실하게 복제되어야 하고, 다량 복제되어야 하고, 오랫동안 살아있어야 한다는 것에 맞춰져 있다(Blackmore, 1999: 58).

충실성 fidelity

얼핏 보기에 밈은 충실한 복제자로 보이지 않는다. 과학자들이 어떤 아이디어를 듣고, 이를 다른 사람들에게 전할 때, 대부분 아이디어의 내용을 조금씩 바꿔서 전달하기 때문이다. 도킨스 역시 트라이버스Trivers의 아이디어를 바탕으로 『이기적 유전자』(1976)를 썼지만, 트라이버스의 아이디어를 그대로 옮기지는 않았다. 그의 목적에 맞게 트라이버스의 아이디어를 뒤틀었고, 강조점을 바꾸고, 나와 다른 사람들의 아이디어를 함께 뒤섞는다.

따라서 밈은 변화된 형태로 전달된다. 밈의 전달은 꾸준한 변화를 반복하고 융합되는 것처럼 보인다(Dawkins, 2009: 194-195). 그렇더라도 밈의 충실성은 중요하다. X형과 Y형 두 분자가 같은 시간의 길이를 살고, 같은 비율로 복제를 한다 해도, Y가 100회에 한 번 정도 오류를 범하고, X가 평균 10회에 한 번꼴로 오류를 범한다면, Y는 분명히 엄청난 수로 늘어날 것이다(ibid. 17). 복제의 충실성 때문이다. 충실성이란 복제 형태의 장수longevity에 대한 또 다른 표현이기도 하다(ibid. 28-29).

다산성 fecundity

복제자가 개체군을 확산시키는 데 있어 중요한 것이 복제의 속도, 즉 다산성多産性이다. 만약 A형의 복제 분자가 B형이 시간당 1회 복제할 때, 평균 주 1회 복제를 한다면, 비록 A형 복제 분자가 B형보다 훨씬 오래 장수한다고 해도 A형 복제 분자는 수적 열세를 면치 못하게 될 것이다. 그러므로 원시 수프 속의 분자들은 다산성을 향한 진화적인 경향을 띠게 된다(ibid. 17).

한국의 여성 보컬 그룹 원더걸스의 댄스곡 〈텔미〉tell me의 안무는 높은 복제 충실성을 갖는 경우의 예로 설명된다. 박진영에서 시작된 이 밈은 원더걸스의 댄스를 통해 확산되고, 김태희의 〈텔미〉, 군부대의 〈텔미〉처럼 수없이 복제된다. 포탈검색어 창에 '텔미'를 입력하면 그런 수많은 〈텔미〉밈을 확인할 수 있다(장대익, 2008: 13). '텔미' 동작의 단순함이 밈복제의 충실성에 기여한 것으로 볼 수 있다. 그러나 '텔미'의 댄스 동작이 퍼져나가는 과정을 보면, 오히려 빠른 전파 속도와 관련된 다산성의 예로 설명할 수도 있다.

대만 여야 입법위원(국회의원) 10여 명이 2010년 신년하례식에서 원더걸스의 '노바디'에 맞춰 춤을 추고 노래했다고 한다. 대만 입법원은 설 연휴를 끝내고 왕진핑王金平 입법원장 주재로 2월 22일 원내에서 신년하례를 한 후 입법위원들의 노바디 춤으로 대미를 장식했다. 집권 국민당의 50대 여성 입법위원들인 뤄수레이羅淑蕾, 허우차이펑候彩鳳, 정류펀鄭汝芬, 천수후이陳淑慧, 30대 장링쥔江玲君이 무대에 올라 엉덩이와 허리를 흔들며 재미있게 춤을 추자 분위기가 고조됐다. 이에 국민당 뤼쉐장呂學

樟, 원내총무 린창민林滄敏, 차오얼중曺爾忠, 린더푸林德福, 린이스林益世와 민진당 황웨이저黃偉哲 입법위원 등 남자 입법위원들까지 양복에 넥타이를 맨 채 앞서거니 뒤서거니 이 무대에 올랐다. 춤과 노래는 다소 서툴렀지만 여성 입법위원들은 이번 '깜짝쇼'를 위해 설 전에 세 차례나 연습했다고 한다(문화일보. 2010.02.24). 밈복제의 충실성과 다산성을 설명해 주는 사례다.

장수성 longevity

인간은 죽으면 두 가지를 남기고 간다. 유전자와 밈이다. 우리는 유전자를 전달하는 유전자 기계gene machine다. 그러나 3세대가 지나면, 우리의 유전자 전달 능력은 현저하게 떨어진다. 얼굴의 윤곽, 음악적 재능, 머리카락 색깔 등이 당신의 자녀, 당신의 손자까지는 전달될 수 있다. 그러나 한 세대가 지날 때마다 유전자의 영향력은 절반으로 줄어든다. 유전자가 죽지는 않지만, 유전자 컬렉션gene collection이 사라져 간다.[6]

복제, 번식작용에서 영원한 것은 없다. 하지만 당신이 좋은 아이디어를 남기거나, 음악을 작곡하고, 점화 플러그를 발명하고, 시를 쓰는 등 세계문화에 기여하게 된다면, 당신의 업적은 당신의 유전자가 사라진 후에도 오래도록 남게 될 것이다. 윌리엄William이 말했듯이 소크라테

6 엘리자베스 2세는 영국 왕 윌리엄의 직계 후손이다. 그러나 엘리자베스로부터 윌리엄 왕과의 닮은 점은 찾을 수 없다.

스의 유전자가 지금 남아있지 않다 해도 그게 무슨 상관이겠는가? 소크라테스, 레오나르도, 코페르니쿠스, 마르코니의 밈복합체memeplex는 아직도 건강하게 살아남아 있다(Dawkins, 2009: 199).

밈의 단위와 저장 메커니즘

브로디(Brodie, 1996)는 베토벤의 5번 교향곡, 도킨스(Dawkins, 1976)는 9번 교향곡, 데닛(Dennett, 1995)은 5번과 7번 교향곡을 밈 단위의 예로 설명한다. 신뢰성과 다산성을 갖춘 자신을 복제하는 최소의 요소로 밈의 단위를 정의하는 데닛은 잘 알려져 있지 않은 상태에서 저절로 복제되는 베토벤의 5번 교향곡 맨 처음 4음절 '다, 다, 다, 덤'(da, da, da, dum)을 대단히 성공적인 밈이라고 주장한다(ibid. 344).

그렇다면 이 4음절이 밈인가, 베토벤 5번 교향곡 전체가 밈인가? 블랙모어는 네 음절이 너무 짧아서 밈이라고 할 수 없다는 것은 '내가 틀렸다는 것을 증명하는' - 많은 사람들이 좋아하는 - 예일 뿐이라고 주장한다. 만일 천재 음악가가 이 네 음절을 가지고 멋진 교향곡을 시작한다면, 그래서 그의 작품이 매스커뮤니케이션의 시대에 살아남는 행운을 얻게 된다면, 이 네 개의 음절은 글자 그대로 수십억 명의 사람들의 귀에 들리고, 또 기억되게 될 것이다. 블랙모어는 이것을 단위의 크기가 밈의 여부를 결정하지 않는다는 것을 증명하는 예로 활용한다.

미술품 전시실은 너무나 크다. 이때 그림 한 점은 자연스런 단위다. 반 고흐Gogh의 〈해바라기〉를 기억하거나, 에드바르트 뭉크Munch의 〈절규〉가 그려진 엽서를 사는 이유다. 인상주의, 큐비즘 같은 그림의 스타일은 복제될 수 있고, 그래서 밈으로 간주된다. 단위로 나눠지지 않는다. 그렇다면 무엇이 정말로 밈의 단위인가? 질문에 정답은 없다. 밈의 단위, 단위의 크기를 상술할 이유가 없다.

다윈이즘이 만들어진 처음 100년 동안, '화학적 복제, 단백질 합성의 통제, DNA가 하는 일' 등이 무엇인지를 알고 있는 사람이 없었다. 그럼에도 불구하고 진화와 관련된 엄청난 양의 연구가 이루어졌다. 20세기 말에 만들어진 밈이론도 의심할 여지없이 21세기에 어리석은 모습으로 비쳐질 수 있다. 그렇다고 이것이 밈에 관한 연구를 시작할 수 없는 이유가 아니다. 밈이 의존하는 뇌 메커니즘에 대한 이해 없이도 몇 가지 근거 있는 추측을 만들 수 있다.

첫째, '복제'라는 국면에서 밈이 뇌에 물리적으로 '저장'되어야 한다는 사실을 가정할 수 있다. 이처럼 저장이 신경과학과 관련이 있다고 보는 것은 기억의 생물학적 기초를 해결하는 위대한 진전이다. 효과적인 밈은 충실도 높고, 오래 지속되는 기억의 원인이 된다. 밈은 광범위하게 퍼지는 것으로, 중요하다거나 유용하기보다 오히려 그들이 기억할만한 것이기 때문에 성공적일 수 있다. 과학에 있어서 잘못된 이론이 확산될 수도 있다. 왜냐하면 그들은 이해할 수 있고, 쉽게 기존의 이론과 어울리기 때문이다. 그리고 나쁜 책들은 좀 더 많은 부수가 팔릴 수 있다. 서점에 갔을 때, 제목을 쉽게 기억할 수 있기 때문이다.

둘째, 밈은 전달에 의존한다. 그리고 이것은 모방에 의해서 이루어진다. 모방하기 쉬운 행동은 성공적인 밈을 만들고, 모방하기 어려운 행동은 밈을 만들지 못할 것이다. 밈의 효과적인 전달은 결정적으로 인간의 선호, 주의력, 감정과 욕망에 의존한다. 이는 다른 말로, 진화심리학의 재료다. 성에 대한 욕망, 또 다른 성, 음식, 더 나은 음식, 위험의 회피, 흥분과 힘에 대한 욕망에 의해 움직여진다. 진화심리학은 우리에게 어떤 밈들은 – 다른 밈들이 선택되지 못할 때 – 왜 계속해서 다시 선택되는가를 설명해 주는 많은 정보를 제공한다. 이 정보를 사용하고, 조립할 필요가 있다.

결론적으로, 밈이 얼마나 저장되고, 전달되는지를 자세히 알지는 못한다. 이것이 사실이다. 그러나 충분한 단서를 가지고 있다. 밈의 연구를 시작하기에 충분할 정도로 확실히 알고 있다. 인공지능 네트워크는 인간의 기억에 관한 특징들이 컴퓨터에서 시뮬레이션 될 수 있음을 보여 준다. 뇌에 있는 신경 네트워크는 입력을 취하는 세포층과 출력을 공급하는 세포층, 그리고 그 둘 사이에 있는 수많은 층들로 이루어진 개별 세포들의 커다란 덩어리로 구성된다. 각각의 신경단위neuron는 다른 많은 신경단위들과 연결되어 있고, 연결의 강도는 그들의 역사에 따라서 다르게 나타난다.[7]

뇌에서 이루어지는 모든 입력은 앞서 있었던 정보를 기초로 한다. 복잡한 경험을 하게 되는 일상 속에서 각각의 경험들을 모두 나중에 필

7 네트워크의 주어진 상태에서 어떤 종류의 입력은 어떤 종류의 출력을 만들 수 있다. 그러나 관계는 고정되어 있지 않다. 예를 들어, 네트워크는 어떤 종류의 입력을 지속적으로 접합시키는 것에 의해 훈련될 수 있다. 그리고 이 경험은 새로운 입력에 대한 네트워크의 반응을 변화시킨다. 달리 말해서 네트워크는 기억할 수 있다. 이런 종류의 기억은 고정된 위치의 디지털 컴퓨터의 기억도 아니고, 입력된 것을 다소 정확하게 복사하는 테이프 레코더와도 다르다.

요할 때 생각해내기 위해 블랙박스에 저장해 놓지는 않는다. 어떤 것은 사실상 효과가 없고, 완전히 기억할 수 없는 것들이다. 어떤 것은 단기 기억에서 짧게 머무는 것으로 충분하다. 결국 곧, 잊혀지게 된다. 반면, 어떤 것은 극적인 변화를 유도해서 사건을 정확하게 재구성할 수 있게 하거나 시 전체를 암송하게 하고, 특별한 얼굴을 결코 잊지 않게 해 준다(Blackmore, 1999: 53-58).

밈복합체와 밈운반자, 밈복제의 성공도

밈복합체memeplex[8]는 상호 이익을 위해 모인 밈의 집단이다. 밈복합체에 있는 밈들은 혼자 있을 때보다 집단 안에 있을 때 생존율이 높다. 밈이 모여 함께 공동체를 만들 때, 즉 '자기방어 구조'self-protecting structure를 만들 때, 집단과 조화를 이루는 밈은 환영을 받지만, 그렇지 못한 밈은 도태된다. 순수한 정보적 의미에서 밈복합체는 일종의 경계선을 갖는 것으로 인식되거나, 외부 세계로부터 그것을 구분하는 여과기로 여겨질 수 있다(ibid. 231). 유전자풀gene pool에서도 '상호 적응된 유전자복합체'co-adapted gene complex가 만들어질 수 있다. 육식동물의 유전자풀에서는 육식에 적합한 이, 발톱, 내장, 그리고 감각기관 등이 진화하는 반면, 초식동물의 유전자풀에서는 이와 다른 안정된 세트가 등장한다. 밈풀에서도 이와 비슷한 현상이 가능하다.

8 '밈복합체'를 도킨스는 밈콤플렉스(meme complex)라고 부름.

신神밈은 어떤 특별한 밈들과 결합해 왔을까, 신밈은 결합에 참여한 개별 밈들의 생존에 어떤 도움을 줄까? 우리는 교회를 건축물, 제의식, 법, 음악, 미술, 그리고 성문화된 전통으로 조직화된 상호 보완적인 밈들의 '상호 적응된 안정된 세트'co-adapted stable set로 보게 될 것이다. 특별한 예를 하나 들자면, 종교적 계율을 강요하는 매우 효과적인 교리는 '지옥불' 위협이다. 많은 어린이와 일부 어른들까지도 교회의 규율에 복종하지 않으면 사후에 무시무시한 고통을 받게 될 것이라고 믿는다. 이는 매우 악의적인 설득방식으로써 중세시대부터 지금까지 많은 사람들에게 심리적인 고통을 주고 있다.

그러나 이는 방법적인 측면에서 매우 효과적이다. 정신 세뇌기술을 배운 마키아벨리 성직자의 계획된 소행일 수도 있다(Dawkins, 2009: 197). 지옥불의 존재는 그에 따른 충격 때문에 영원히 지속될 수 있다. 지옥불의 존재는 신밈과 연결되어 있고, 이 둘은 서로의 존재를 강화시키기도 하고, 밈풀에서 서로의 생존을 도와주기도 한다. 믿음은 또 다른 종교적 밈복합체다. 믿음은 증거가 없음에도 불구하고 보내는 맹목적인 신뢰를 의미한다. 맹목적인 믿음은 어떤 것도 정당화시킨다. 맹목적인 믿음의 밈은 그들만의 무자비한 방식으로 번식한다. 종교에 대한 맹목적인 믿음은 애국과 정치에 대한 맹목적인 믿음과도 같다(ibid. 198). 인간은 신체와 뇌라는 물리적 기계로 작동되는 용적이 큰 밈복합체memeplex, 밈기계meme machine다(Blackmore, 1999: 235).

밈운반자meme vehicle란 하나의 통합되고 유기적인 관계를 갖고 있는 복제자 밈과 유전자의 보존 기계를 의미한다. 운반자는 이름 붙이기에 알맞다고 생각될 정도로 분리된 단위이며, 많은 복제자를 수용하고, 복제자의 보존이나 전파를 위한 하나의 단위로 활동한다. 그렇다고 운반자가 복제자는 아니다. 생물체는 유전자의 관점에서 '살아있는 기계' survival machine, '수동적인 유전자 그릇', 또는 '유전자 집단'으로 간주된다(McGrath, 2007: 38; Dawkins, 2008: 239). '살아있는 기계'는 인간만을 의미하지 않는다. 모든 동물, 식물, 박테리아 그리고 바이러스를 포함한다(Dawkins, 2009: 21).[9] '살아있는 기계'는 하나가 아니라, 수천 개의 유전자와 밈을 싣고 있는 운송 수단이다(ibid. 24).

도킨스는 본래 유전자가 이기적 복제자라는 것을 명확히 하기 위해서 유전자 선택의 맥락에서 복제자와 운반자 사이의 차이를 밝힌다. 그는 유기체를 유전자를 운반하고, 보호하기 위해 구축된 운반자로 묘사한다. 도킨스는 '복제자를 수집해 놓은 집, 이들 복제자들의 보존과 전달을 위한 단위로서 이름 붙일 가치가 있는 것으로 보기에 충분한 독립된 어떤 단위'로서 운반자를 정의한다(Dawkins, 1982: 114). 이 개념을 이용해서 데닛은 밈을 아이디어로, 밈을 운반하는 물리적 오브제를 운반자로 정의한다(Dennett, 1991: 204; 1995: 348).

예를 들어, '바퀴 달린 마차는 곡물 또는 화물만 이리저리 운반하는 것이 아니다. 바퀴 달린 마차는 훌륭한 아이디어를 마음에서 마음으로 운반한다.' 데닛에게 그림, 책, 의자, 빌딩은 모두 밈운반자다. 그는 확

---

9 지구상에 있는 살아있는 기계의 수를 센다는 것은 매우 어렵다. 더욱이 알려져 있지 않은 종의 수까지 센다는 것은 불가능하다. 벌레 하나만 하더라도, 살아있는 기계의 종(種) 수는 어림잡아 300만 개 정도로 평가되고, 각종의 개별적인 벌레의 수는 셀 수 없을 정도로 많다.

실하게 밈운반자를 유전자 운반자와 비교한다. 브로디(Brodie, 1996) 또한 데닛을 추종하고, 다른 사람들처럼 밈의 물리적 명시를 위해서 운반자라는 단어를 사용한다. 그러나 유비성에 문제가 있다(Speel, 1995). 마차는 정말 바퀴 달린 아이디어를 운반할 수 있을지 모른다. 그러나 마차가 복제자를 수집해 놓은 집인가, 밈의 보존과 전달을 위한 단위로 일하는가? 항상 운반자가 있어야만 한다는 유혹을 피해야 한다. 그리고 꿰맞추기 위해서 밈을 강제하고자 하는 유혹을 피해야 한다. 운반자가 형태를 갖추고 있을 필요는 없다. 많은 종류의 진화에서 운반자가 형태를 갖고 있지 않을 수도 있다(Dawkins, 1994: 617). 종교, 과학 이론, 정치 이데올로기처럼 커다란 자기 보존 밈플렉스는 마차와 조리법보다 더 잘 유비성에 어울린다. 궁극적으로 운반자라는 단어는 매우 평범한 의미로 사용될 수 있다. 사람은 유전자와 밈, 둘 다를 운반하고, 유전자와 밈의 운반자로 활동한다(Blackmore, 1999: 65-66).

복제자인 유전자나 밈의 성공도는 복제된 형태로 살아남는 능력에 의해 측정된다. 운반자의 성공 또한 운반자가 실어 나르는 복제자를 증식시키는 능력에 의해서 측정된다(Dawkins, 2008: 114). 만약 밈이 과학적인 아이디어라면, 밈의 보급률은 과학자들이 얼마나 이를 받아들이느냐에 달려 있다. 밈의 생존율은 얼마나 많은 과학저널에, 얼마나 많이 거론되었는가를 세어보면 알 수 있을 것이다. 만약 밈이 유명한 노래 곡조라면, 밈의 전파력은 얼마나 많은 사람들이 이 노래를 따라 부르느냐를 보고 측정할 수 있다. 만약 밈이 숙녀화의 스타일이라면 밈 학자는 구둣방의 매출 통계 수치를 이용할 수도 있다(Dawkins, 2009: 194). 매출의 많고 적음이 숙녀화 스타일의 성공도를 측정할 수 있게 해 줄 것이다.

한류유전자

한국의 방송콘텐츠 해외마케터는 '성취감 · 보상 · 자긍심 · 만족감 · 세계인을 위한 자극 · 보람 · 사명감 · 인정받기' 등의 가치를 획득하기 위해 방송콘텐츠의 해외수출에 나선다. 외국의 한국 방송콘텐츠 바이어는 '시청률 제고 · 시장점유율 확대 · 시청자 욕구충족 · 자국 영상산업의 발전 · 세상의 변화 읽기 · 제작비 부족의 극복 · 글로벌시대 타문화의 습득 · 수익창출 · 개인적 소망 · 회사의 경쟁력 확보' 등의 가치를 획득하기 위해 한국의 방송콘텐츠 수입에 나선다.

다시 말해 한국의 방송콘텐츠 셀러와 외국의 한국 방송콘텐츠 바이어들은 모두 가치의 대상이 되는 '~을 얻기 위해' 한국 방송콘텐츠의 수출과 수입에 나선다. 그 대상을 획득함으로써 얻게 되는 개인의 가치 구현, 즉 자아실현을 목적으로 한다(박장순, 2011: 40-54).

한편, 도킨스는 유전자의 '자아실현' 작용을 '이기적'이라고 한다. 자신의 보존을 위해 수단과 방법을 가리지 않고 이기적인 작용을 하기 때문이다(Ridley, 1997: 1; 김성원, 2008: 37). 이는 자아실현을 위해 수출과 수입 행위에 참여하는 한국의 셀러와 외국의 바이어가 이기적 본성을 가지고 있음을 뒷받침해 주는 근거가 되고, 이들의 이기적 본성이 유기체 한류를 발현시킨 한류의 유전자임을 입증해 주는 근거가 된다.

다시 말해 한국의 셀러와 외국의 바이어는 오직 자신의 생존율을 높이기 위해 자연 선택을 하는 이기적 본성을 갖고 있고, 이들은 '성취감 · 보상 · 자긍심 · 만족감 · 시청률 · 시장점유율 · 영상산업 발전' 등 '~을 얻기 위해'의 대상이 되는 가치의 획득을 통해 자아를 실현한다. 이 같은 셀러와 바이어의 이기적 본성이 문화적 진화 한류 현상을 일으킨 원인 인자이고, 동시에 유기체 한류를 발현시킨 추동력이다. 이는 한국의 셀러와 외국의 바이어가 이기적 본성의 한류 유전자를 실어 나르는 진정한 의미에서의 '살아있는 기계' 유전자 '운반자'라는 사실 또한 입증해 주는 근거가 된다.

한류밈

밈은 유전자의 발명품이다(Bonner, 1988: 209). 한류밈은 이기적 본성을 갖고 있는 한류유전자의 발명품이다. 한류유전자는 유기체 한류를 발현시키고, 유기체 한류는 한류밈을 생성, 저장, 운반한다. 그러면서 한류밈은 유기체 한류에 영향을 주고, 한류유전자인 한류의 발현 동인에도 영향을 준다.[10] 한류밈은 한류를 수용하는 세계인들의 머릿속에 한류가 어떤 '정보'information, 어떤 '개념'idea으로 살아있고, 이것이 복제를 통해 어떻게 현실화하는지, 그 모습까지를 총칭하는 말이다.

10 밈은 유전자 선택의 방향에 영향을 줄 수 있다. 유전자에게 영향을 준다(Bonner, 1988: 209).

한류밈의 구조

애니메이션 · 드라마 · 대중음악 · 영화 · 게임 등은 대표적인 한류 중심소재영역이다. 이들 개별 소재영역들은 모두가 여러 개의 밈들로 구성된 독립적인 밈복합체memeplex다. 한류밈은 이들 개별 단위 밈복합체들을 계열체로 하는 통합체적 성격의 초밈복합체super memeplex다(〔그림 1-1〕 참조).

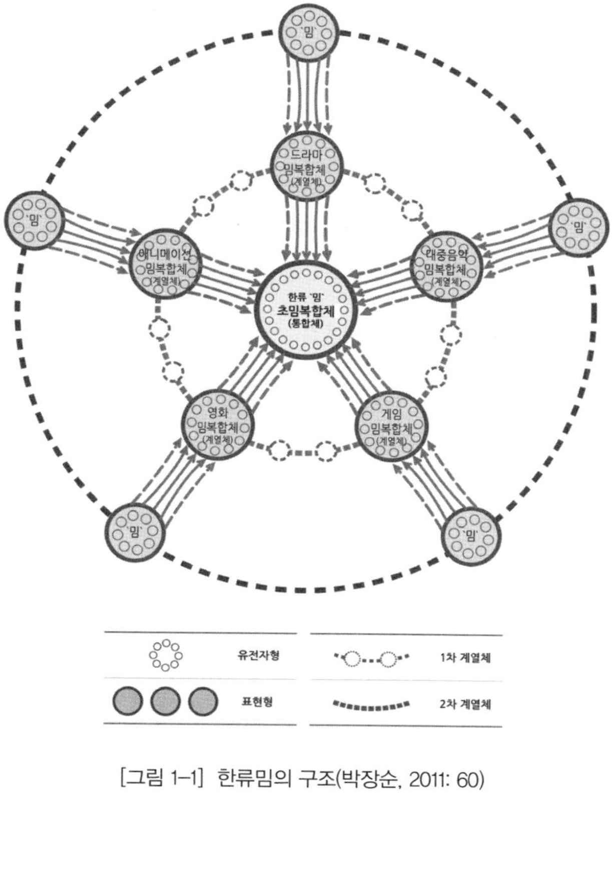

[그림 1-1] 한류밈의 구조(박장순, 2011: 60)

교회를 건축물, 제의식, 법, 음악, 미술, 그리고 성문적 전통으로 조직화된 상호 보완적인 밈들의 안정된 세트co-adapted stable set로 인식하듯이, 한류밈 또한 이들 중심소재영역들을 운반자로 하는 한국 대중문화 밈의 '잘 어우러진 안정된 세트'다. 다시 말해 〔그림 1-1〕 '한류밈의 구조'에서 보듯이 초밈복합체 한류밈은 여러 단위 밈복합체인 드라마, 대중음악, 게임, 영화, 애니메이션 등 한류 중심소재영역들을 1차 계열체로 하고, 이들 개별 단위 소재영역들이 가지고 있는 여러 가지 다양한 밈들을 2차 하부 계열체로 한다.

한류밈의 실체

아시아인들은 한국의 드라마밈을 통해 한류를 인식한다. 이는 곧, 아시아인들이 한류밈과 한국의 드라마밈을 동일시하고 있음을 의미한다. 중국의 한 언론은 한류의 매력을 '평민화, 진실, 정직, 유행선도, 선량함, 화목, 편안함, 아름다움' 등 8가지로 꼽는다.

첫째, 평민화

현실 속의 보통 사람들과 생활에 대하여 이야기한다. 이 점은 많은 문화평론가들도 불가사의하게 여기는 한류의 진정한 매력이다. 할아버지, 할머니, 손자 할 것 없이 우리의 가족들이 모두 드라마 속에 나와 같은 생활을 하고 있다.

둘째, 진실

거짓 없이 연기한다. 이것 역시 보통 생활을 주제로 삼는 한국 드라마의 매력과 다르지 않다. 일반인의 생활을 떠난 이야기는 공허하고 사람들과의 공감을 얻을 수 없다.

셋째, 정직

생활 속의 윤리와 정신을 어렵고 고상하게 말하려 하지 않고, 쉽고 바르게 보여 줌으로써 보통 사람들의 선량함과 미덕을 생생하게 표현한다.

넷째, 유행선도

어른에서 할머니 할아버지들까지 한국 드라마 속의 사람들은 모두가 아름답고 아름다운 음악과 화면, 화장, 의상 그리고 인물의 대화에 이르기까지 모두가 시청자의 눈과 귀를 자극한다.

다섯째, 선량함

가장 아름다운 사람과 이야기가 나의 일상생활과 비슷한 화면에서 펼쳐진다. 그러나 한국 드라마 속에는 아름다움만 있지 않다. 아름다움 내면에 선량함이 고스란히 담겨 있다. 〈인어아가씨〉, 〈내 사랑 김삼순〉, 〈가을동화〉 등 아름답고 재미있는 이야기 안에 정직, 도덕, 선량이 시종일관 드라마를 통해 흐른다.

여섯째, 화목

중국인들이 한국 드라마를 즐기는 이유는 바로 드라마 속에 화해, 편안함, 휴식 그리고 화목이 존재하기 때문이다. 수다, 다툼, 눈물, 유머 등 보통 사람들의 이야기가 그대로 담겨있다.

일곱째, 편안함

한국 드라마는 대부분 골치 아픈 주제는 사양한다. 가볍고 재치 있는 말투로 극이 진행되기 때문에 번역과 성우들의 연기가 가장 기본이다. 한국 드라마를 보면 화목한 사회란 설교와 쟁론이 있는 것이 아니라, 우리 주변의 도덕과 문화로 만들 수 있음을 느끼게 해 준다.

여덟째, 아름다움

아름다움은 인간 문화의 기본이다. 가장 기본적인 인간의 주제 창작의 고통을 첨가하여 영원한 청춘과 사랑을 만들어낸 것이 바로 한국 드라마다. 한국 드라마는 신선한 혈액과 매력으로 잠깐 출현했다가 사라지는 일시적 현상이 아닌 아시아 전체를 녹이는 새로운 문화로 재탄생한 것이다(경제투데이. 2005.10.27).

흥미로운 것은 이 여덟 가지 한류의 매력이 모두 한국 드라마가 가지고 있는 '밖으로 드러나고, 볼 수 있고, 들을 수 있는'(Dawkins, 2008: 109) 뇌 속의 여덟 가지 한류밈의 유전자형, 표현형이라는 점이다. 이처럼 아시아인들은 한국의 드라마를 한류의 표상으로 인식하고 있고,

이런 인식하에서 한국의 드라마밈과 한류밈을 동일시하는 경향을 보인다. 한국의 드라마는 유교사상을 배경으로 '용서와 화해, 관용과 아름다움 추구, 장유유서, 효도와 우애, 부부 간의 윤리, 자식의 도리, 부모에 대한 효경' 등을 보여 주고 있다는 저우이이周宜一의 '한극유행인소적사허사고'韓劇流行因素的些許思考도 드라마밈과 한류밈의 동일시를 확인시켜준다.

"한국 드라마에는 유교사상이 잘 발현되어 있어서 올바른 도덕 정신과 행위가 삶의 진정한 가치이며, 이것이 인류 최고의 선이라는 느낌을 강하게 받게 한다. 중국은 변혁이란 진통을 겪으면서 지난 20세기 100년 동안 구舊 전통을 탈피하고 현대화를 표방하는 전통에 반하는 노선을 걸어왔다. 여기서 일상 중의 유교 규범이나 척도는 이미 약화되거나 아니면 거의 사라져 버렸다. 반면, 한국은 유학의 숭배자로서 서방문화를 접수하면서 생긴 모순을 공자의 '화이부동'和而不同 사상으로 극복하고 서방문화의 개인지상주의와 황금만능주의라는 메마른 인정의 폐단을 지양하는 한편, 유가의 경업敬業과 이타정신을 대대적으로 창도함으로써 안정되고 평화로운 가정과 도덕적 기풍이 충만한 아름다운 사회를 만들어냈다. 한국 드라마는 이런 배경에서 용서와 관용과 아름다움을 추구하고, 장유長幼 간의 질서, 부모형제 간의 효도와 우애, 부부 간의 윤리, 자식의 도리, 부모에 대한 젊은이들의 효경孝敬, 친구 간의 신의를 바탕으로 한 성실한 관계, 그리고 가정에 대한 깊은 애정을 묘사한다(경상대학교 인문학연구소, 2007: 158-159)."

이처럼 드라마밈이 곧, 한류밈이라는 인식을 아시아인들은 가지고 있다. 한류밈은 한국 드라마의 개별적인 세부 밈, 또는 이들 세부 밈의 합종연횡이 만들어 내는 부분적 또는 총체적 이미지, 개념idea으로 정의될 수 있다. 이것이 불가시적인 한류밈의 실체다.

드라마밈[11]의 유전자형과 표현형

문화적 진화 에이전트 밈은 유전자형과 표현형으로 구분된다. 유전자형은 'i-문화'[12]와 같이 '사람의 뇌 속에 있는 정보, 설명서'instruction(Cloak, 1975), 또는 '뇌에 살고 있는 것'(Dawkins, 1982) 등으로 정의된다. 표현형은 뇌 속에 있는 유전자형의 겉으로 드러난 'm-문화'[13]로 '사람의 행동, 테크놀로지, 사회적 유기체의 모습'(Cloak, 1975) 또는 '말, 음악, 시각적 이미지, 옷의 스타일, 얼굴 또는 손으로 하는 제스처, 박새가 우유병을 따거나, 일본의 짧은꼬리원숭이가 밀을 가려내는 것 같은 기술의 형태' 즉 밖으로 드러나고, 볼 수 있고, 들을 수 있는 뇌 속에 있는 밈 유전자형의 겉으로 드러난 결과를 가리킨다(Dawkins, 1982: 109).

중국시장에서 조사된 한국 드라마의 재미요소는 인지적, 지각적 두 가지 측면에서 논의되기도 한다. 인지적 측면의 재미요소에는 드라마

11 드라마를 수용하는 일반 객체의 머릿속에 드라마가 어떤 '정보'(information), 어떤 '개념'(idea)으로 살아있고, 이것이 복제를 통해 어떻게 현실화하는지, 그 모습까지를 총칭하는 말이다.

12 신경계에 담겨진 문화적 설명서(instruction)의 세트(McGrath, 2007: 121).

13 설명서(instruction)에 의해 유지되는 물리적 구조에서의 관계 또는 설명서의 결과로서 만들어지는 물리적 구조의 변화(McGrath, 2007: 121-122).

속의 유교사상, 가족 간의 화목, 노인 공경, 어린이 사랑, 경제발전, 한국인들의 전통적 생활방식 등이 있고, 지각적 측면의 재미요소에는 배우들의 자연스런 연기, 예쁜 복장, 패션을 선도하는 스타일, 그리고 드라마의 시각적 요소로 작용하는 세트와 장치의 세련미 등이 있다(조양, 2007: 75).

이처럼 중국인들의 뇌 속에는 한국의 드라마가 유교사상을 배경으로 '가족 간의 화목, 노인 공경, 어린이 사랑, 발전된 나라, 전통적 생활방식' 등의 이미지로 개념화 되어 있다. 이것이 중국인들이 갖고 있는 한국 드라마밈의 '유전자형'genotype이다. 중국인들이 한국 드라마의 지각적 재미요소로 꼽는 한국 배우들의 자연스런 연기, 유행을 선도하는 패션 스타일 그리고 세련된 세트와 장치 등은 드라마를 통해 겉으로 드러나 보이는 한국 드라마밈의 '표현형'phenotype이다. 밈 표현형은 중국인들의 뇌 속에 각인되어 있는 또 다른 한국 드라마밈의 유전자형이기도 하다. 이것이 밈의 유전자형과 표현형을 굳이 구분하지 않아도 되는 이유다.

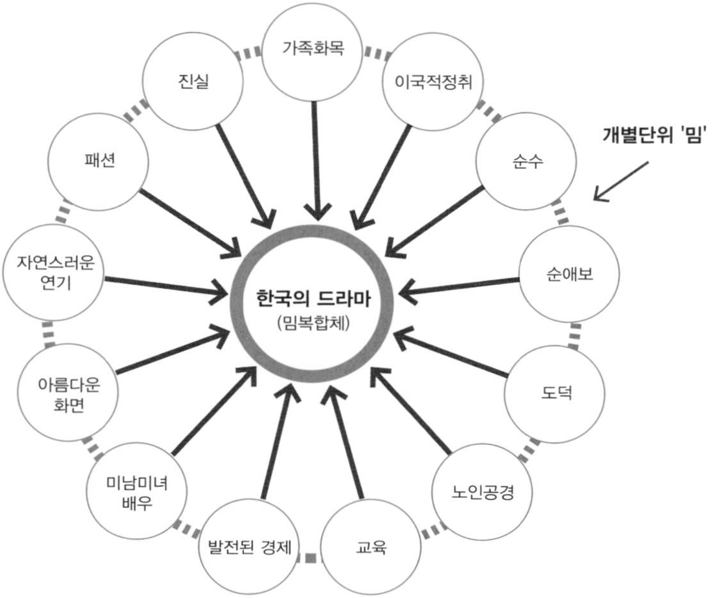

[그림 1-2] 한국의 드라마밈(박장순, 2011: 59)

드라마는 밈복합체, 밈운반자

가족 간의 화목, 순수, 진실, 순애보,[14] 노인공경, 발전된 경제, 미남미녀, 자연스런 연기, 패션 등은 아시아의 드라마 수용 객체들이 한국의 드라마에 대해 갖고 있는 어떤 정보information, 개념idea, 즉 한국 드라마

14 '욘사마' 팬들은 〈겨울연가〉를 통해 배용준의 팬이 된 사람들이며, 그들이 〈겨울연가〉에 매료되고 욘사마에 열광하는 현상의 중심에는 '순애'(純愛)라는 코드가 있기 때문이다. 일본의 중장년층이 〈겨울연가〉에 마음을 빼앗겼다면 〈겨울연가〉에 무관심한 10대, 20대 젊은 층의 마음을 사로잡은 것은 단연 〈세상의 중심에서 사랑을 외치다〉였다. 2001년에 출간되어 2003년부터 인기를 얻기 시작한 〈세상의 중심에서 사랑을 외치다〉는 2004년에는 소설을 원작으로 만화, 드라마, 영화, 라디오 드라마가 제작되어 폭발적인 인기를 구가하고 있으며, '순애'의 코드가 되어 〈겨울연가〉와 함께 2004년 일본 열도를 뜨겁게 했다(김영순 외, 2005: 370).

마밈이다. 그들이 복제하고 싶어 하는 한국 드라마의 매력이다. 드라마는 이처럼 다양한 밈들이 서로 상호 적응해서 안정된 세트co-adapted stable set를 이루고 있는 밈복합체다. 동시에 드라마는 다양한 밈들을 드라마의 소비자들에게 전달하는 밈기계, 밈운반자다. 운반자인 드라마를 통해 아시아의 소비자들은 한국의 드라마밈을 뇌 속에 저장하게 되고, 저장된 밈 '유전자형'은 겉으로 드러나 현실 속의 밈 '표현형'으로 복제된다.

드라마는 복제자 한류밈이 여행하는 실체다. 실체의 특질은 그 안에 있는 복제자 밈에 의해 영향을 받고, 복제자 밈 번식의 복합적인 도구로 인식된다. 따라서 운반자가 파괴되면, 그 안에 있는 모든 복제자 밈 또한 파괴된다(Dawkins, 2008: 112-114). 운반자인 드라마가 파괴되면, 그 내부의 복제자 밈 또한 파괴된다. 드라마의 건강함이 요구되는 근본적인 이유가 바로 여기에 있다.

케이팝K-pop밈

K-pop이 전 세계적으로 널리 확산되고 있다. 이는 K-pop밈이 여러 나라의 사람과 사람 사이에서 성공적으로 복제되고 있다는 것을 의미한다. K-pop밈의 성공적인 복제 결과가 K-pop의 확산이라는 문화 현상으로 나타나는 것이기 때문이다. 그렇다면 K-pop밈이란 무엇인가?

"프랑스 파리의 한 주택가 공원에서 중학생 6명이 CD플레이어로 소녀시대의 히트곡 〈지〉Gee를 크게 틀어놓고 단체로 율동을 따라하고 있다. 이들은 학교 댄스파티 때 선보이려고 춤을 연습하고 있다고 한다.

같은 시기 파리의 중심지 생토노레 거리의 의류 복합매장 '콜레트'에선 한국 팝그룹 원더걸스의 히트곡 〈노바디〉Nobody의 영어버전이 들려왔다"(중앙일보. 2011.06.11).

이는 소녀시대의 춤과 원더걸스의 노래를 복제하고 있는 프랑스인들의 모습을 전해 주는 신문기사다. 복제의 대상인 춤과 노래, 그들이 복제하고 싶어 하는 그것이 바로 밈이다. 예를 들어, 2011년 1월 아리랑TV는 '아리랑 UCC 콘테스트: K-pop 따라하기'를 개최한다. 전 세계 49개국에서 601개 팀(개인)이 수준 높은 UCC를 보내왔다. 참여자가 가장 많았던 나라는 인도네시아(186)였다. 필리핀(88), 미국(86), 한국(23), 캐나다(23), 말레이시아(18), 브라질(15) 등 참가자들은 대륙을 가리지 않았다. 소녀시대의 〈훗〉이 19건으로 가장 많았고, 샤이니의 〈루시퍼〉 17건, 미쓰에이의 〈배드걸 굿걸〉 14건, 샤이니 〈헬로〉 13건, 소녀시대 〈소원을 말해봐〉 12건 등이 뒤를 이었다. 최고 인기 가수는 소녀시대(7곡, 65건)였고, 샤이니(4곡, 37건), 2NE1(5곡, 23건)도 다양하게 변주됐다(중앙일보. 2011.01.28). 이 모두가 밈복제의 사례다. K-pop 가수의 춤과 노래를 따라한다는 것, 그 자체가 복제다. 복제의 대상이 되는 것, 그것이 K-pop밈이다.[15]

15 동영상이 재생되면 훤칠한 이탈리아 청년이 램프를 문지르고 있다. 아래엔 "I wish I could be in Rome"(로마에 가면 좋겠어)라는 자막이 뜬다. 이어서 로마의 콜로세움을 배경으로 여성 셋이 소녀시대의 〈소원을 말해봐〉에 맞춰 제기차기 춤을 포함한 안무를 선보인다. 이는 아리랑TV의 K-pop 따라하기 UCC 콘테스트에서 1등을 한 K.I.S팀의 동영상을 묘사한 글이다. 여기에서 모방된 일체의 동작이나 춤, 이것이 〈소원을 말해봐〉의 밈이다. K.I.S팀은 이탈리아의 K-pop팬 크리스티나 누치, 아이린 마줄로, 세러네 치아니 3인으로 구성된 아마추어 커버 그룹이다(중앙일보. 2011.01.28).

그렇다면 왜 세계인들은 K-pop을 좋아하고, K-pop밈을 복제하고 싶어 하는가? 무엇이 그들로 하여금 K-pop을 복제하게 하는가? 홍석경[16]은 K-pop의 유럽 확산 배경을 네 가지로 설명한다.

첫째, K-pop은 서구에서 사라진 보이밴드 · 걸밴드의 공백을 메워주고 있다. 둘째, 유럽에는 소녀를 대상으로 하는 대중문화 콘텐츠가 절대적으로 부족하다. 셋째, K-pop 아이돌 가수들이 실력파 종합 엔터테이너라는 점이다. 넷째, 프랑스 젊은 세대의 다문화 · 혼종문화에 대한 열망이다(중앙일보. 2011.05.13).

이를 정리하면, 프랑스를 비롯해 많은 유럽인들이 K-pop을 좋아하고, 즐겨 복제하는 이유는 크게 두 가지 요인으로 압축될 수 있다. 첫째, 환경적 요인이다. 2000년 이후 유럽인들은 그들 주변에서 사라진 보이밴드 · 걸밴드, 소녀들을 대상으로 한 대중문화의 부재 같은 문화적 공백을 메우기 위한 자기보상 차원에서 K-pop밈을 복제한다. 둘째, 문화의 소비 및 생산 주체 사이의 관계요인이다. 소비 주체인 프랑스의 젊은 세대는 다문화 · 혼종문화에 관심을 갖고 있고, 한국의 아이돌 가수들은 이를 충족시켜 줄만한 실력파 엔터테이너이기 때문이다. 이 두 가지 요인이 시의적절하게 결합됨으로써 K-pop밈의 복제가 성공적으로 이루어질 수 있었던 것이다.

영어권 최대 한류 사이트인 올케이팝닷컴 회원들이 K-pop을 좋아하

16 프랑스 보드로대학 언론정보학과 교수. 부산 벡스코에서 2011년 5월 13일 열린 한국언론학회 학술대회에서 그는 '서유럽의 동아시아 대중문화 향유를 이해하기'를 발표하면서 K-pop의 확산에 대해 설명.

는 이유 또한 두 가지 요인으로 범주화될 수 있다. 하나는 K-pop의 생산과 관련된 환경적 요인이다. K-pop의 흐름이 빨라 쉴 새 없이 새로운 가수와 노래가 쏟아진다는 것이다. 또 하나는 '간단하다, 노래가 좋다, 뛰어난 서구적 특성을 가졌다, 세련됐다, 독특한 매력을 지녔다' 등 다섯 가지로 요약되는 문화의 소비 주체와 생산 주체 사이의 관계요인이다(중앙일보. 2011.05.14).

세계 각국의 한류 팬들이 K-pop을 좋아하는 K-pop밈의 복제 이유도 대부분 이 두 가지 환경적 요인과 관계요인으로 압축된다.

"요즘 영국에는 샤이니 같은 아이돌 스타가 없다." "영국에는 춤과 음악을 한꺼번에 소화하는 빅 그룹이 없다."(이상, 환경요인)

"영국 팝 가수들에 비해 보기에도 좋고, 춤도 잘 추고, 노래도 잘한다." "한국 아이돌그룹은 춤과 노래는 물론, 유머 감각도 뛰어나다." "영국이나 미국 음악은 거만한 이미지가 강하다. 반면 K-pop은 거만한 느낌을 주지 않으면서도 세련되게 들린다. 서양 음악의 세련된 스타일을 취했으면서도 동양적인 매력을 잃지 않았다. 동 · 서양의 조화가 잘 이루어진 음악이다." "영국이나 미국 팝스타들은 매번 했던 음악을 반복하는 느낌이 강하다. 또한 팬들에 대한 존경하는 마음이 부족하다. 하지만 한국 가수들은 팬들에게 매우 친절하다. 팬들과 열심히 소통하려는 모습이 돋보인다. 영국 가수들과 확연히 차이 나는 부분이다."(이상, 관계요인)(중앙일보. 2011.07.04)

일본 한류 팬들이 K-pop을 좋아하는 이유도 환경적 요인과 관계 요인, 두 가지로 압축된다. 환경적 요인은 한 가지다. 일본에는 강렬한 걸그룹이 없다는 것이다. 반면, 문화의 소비 주체와 생산 주체 사이의 관계요인은 네 가지로 요약될 수 있다. 첫째, 일본 걸그룹과의 차별화된 스타일이다. 일본의 여성그룹은 가창력이나 댄스 실력보다 귀여운 소녀 이미지를 앞세우는 경향이 있다. 둘째, 한국 걸그룹은 격렬한 댄스를 추면서도 라이브로 노래를 소화한다. 셋째, 패션 · 헤어스타일 등도 파격적으로 선보이는 등 강인한 이미지를 보여 준다. 넷째, K-pop 가수들은 힙합 · R&B · 댄스 등 영미권 음악을 빠르게 흡수하고 이를 동양적으로 소화한다. 그래서 일본 팬들의 까다로운 취향을 만족시켜 준다. 일본 유니버설뮤직 대표 고이케 가즈히코는 후지TV와의 인터뷰에서 "한국 아이돌그룹은 곡 · 가창력 · 춤 · 비주얼 · 엔터테인먼트성의 5대 요건이 완벽한 프로 수준(관계요인)이며, 일본에는 이런 형태가 존재하지 않는다(환경요인)"고 평가한다(중앙일보. 2010.11.03).

이 같은 환경적 요인과 관계요인의 자연스런 결합이 K-pop밈의 성공적인 복제를 가능하게 해 주고, K-pop의 전 지구적 확산을 이끄는 동인으로 작동한다. K-pop의 성공요인을 보다 입체적으로 분석하기 위해 '문화의 다이아몬드 모델'이 이용되기도 한다. 네 개의 꼭짓점에 각각 생산자, 소비자, 콘텐츠, 전달방식을 대응시킨 다이아몬드 모델 가운데 콘텐츠 측면에서 K-pop의 성공요인을 분석한 자료를 보면, 주로 문화의 소비 주체와 생산 주체의 관계요인을 중심으로 성공요인을 분석하고 있다. K-pop은 "노래/안무/비주얼의 세 박자를 완벽하게 결합한 경쟁력으로 전 세계 소비자를 매료시켰다"고 한다. 노래는 서구적 팝스타일과 동양정서에 맞는 쉬운 멜로디를 융합하고, 안무는 일사불란한 군무에 포인트 동작을 추가함으로써 화려한 볼거리를 제공해 K-pop팬 층의 열광에 기여했다. 비주얼은 감각적 패션과 스타일로 끊임없는 변신을 시도했다. 특히 비주얼의 경우 국적과 언어가 다른 소비자들에게 어필하는 중요 포인트로 작용했다(삼성경제연구소, 2012).

이 밖에 K-pop이 세계적으로 인기를 끌고 있는 가장 큰 이유 중의 하나로 사람들은 K-pop이 후크송hook song이라는 점을 든다. 후크송이란 짧은 후렴구에 반복된 가사가 특징인 음악이다. 언어 장벽 없이 누구나 쉽게 따라할 수 있고 중독성이 강한 특징을 갖는다.[17] 이처럼 K-pop은 세계 각국이 가지고 있는 환경적 요인이 배태한 K-pop밈과 문화의 소비 주체와 생산 주체 간의 관계요인이 낳은 여러 요소들, 즉 중독성 강한 후렴구, 화려한 비주얼과 안무, 가창력과 댄스, 해외 실력파 뮤지션들에 의한 친서구적 사운드(문화체육관광부 · 한국콘텐츠진흥원, 2011: 25) 등의 소구력 있는 밈을 갖고 있다. 이런 시장친화적인 밈의 복제를 통해 K-pop은 전 지구화를 이루어가고 있는 것이다.

17 재미있는 점은 후크송이 최근 미술계를 장악하고 있는 팝아트와도 공통점을 지니고 있다는 것이다. 팝아트의 대표적인 아티스트인 앤디 워홀의 작품을 예로 들어보자. 배우 마릴린 먼로의 얼굴을 비슷비슷하게 복제한 듯한 그림은 가장 대중적이고 재미있는 소재를 반복 기법으로 표현한다. 예술 작품 또한 누구에게나 대중적으로 전파되기를 원했던 작가의 신념이 반영된 것이다. 이 둘이 인기를 끄는 데는 이유가 있다. 팝아트가 미국 화단을 지배했던 1960년대는 제2차 세계대전 이후 전 세계가 가장 호황을 누렸던 시기였다. 일부 상류층만 누려왔던 문화적 혜택, 특히 예술이 대중에게도 확산됐다. 최근 팝아트의 귀환은 사회적 불안감이 커져가고 있는 현실에서 60년대의 즐겁고 재미있는 감성을 주는 문화를 갈망하는 소비자들의 욕망을 반영한 것이다. 후크송의 유행 역시 마찬가지다. 한없이 가벼운 노래를 흥얼거리면 우울한 현실을 잠시 잊고 싶어 하는 심리의 일면으로 풀이할 수 있다(중앙일보, 2012.02.25).

K-pop은 밈복합체, SNS는 K-pop 밈운반자

K-pop은 다양한 밈들로 구성된 밈복합체다(〔그림 1-1〕 참조). 이들 밈의 복제를 통해 K-pop은 확산된다. 소셜 네트워크 서비스SNS는 이들 밈의 복제 과정을 돕는 밈운반자다. SNS는 수평적 가치구조와 상호작용성에 기반한다. K-pop밈의 이기적 본성은 이런 속성의 SNS를 시장의 확대 수단으로 자연 선택natural selection 한다. 지역, 인종, 나이, 성별, 직업, 재산, 교육 정도 등 일체의 사회적 속성을 초월한 수평적 구조로 이루어진 SNS는 과거의 전통적인 수직적 유통구조와 달리 수많은 사용자들과의 즉시적 상호작용이 가능해 시장의 확장성이 뛰어나다.

다시 말해 SNS는 K-pop이 안고 있는 현실적인 문제, 즉 수익 창출과 문화적 확산의 문제를 단숨에 해결해 줄 수 있는 효과적인 운반수단이다. K-pop은 이런 혁명적인 밈운반자, SNS의 수평적 유통 이데올로기를 자연 선택함으로써 현실적 문제를 해결하고, 문화적 확산의 속도에 불을 붙인다. 밈운반자인 SNS의 이기적 본성 또한, 자신이 실어 나를 최적의 콘텐츠로 K-pop을 자연 선택한다. K-pop이 자신의 약점인 메모리 용량과 이용 시간의 한계를 간단히 해결해 줄 수 있는 최적의 밈복합체이기 때문이다. 이처럼 K-pop과 SNS는 서로를 최적자로 자연 선택한다.

한류의 미메틱스적 실체

유기체 한류의 발현 인자는 국내외 한국 방송콘텐츠 마케터들의 '이기적 본성'이다. 한국의 방송콘텐츠 셀러와 외국의 한국 방송콘텐츠 바이어의 이기적 본성을 원인 인자로 하는 한류유전자는 유기체 한류를 발현시키는 추동력이다. 한류밈은 초밈복합체super memeplex다. 한류 중심소재영역인 '애니메이션, 드라마, 대중음악, 게임, 영화' 같은 다양한 개별 단위 밈복합체들을 1차 계열체로 하고, 이들 개별 단위 소재영역들이 가지고 있는 다양한 하부 밈들을 2차 계열체로 한다.

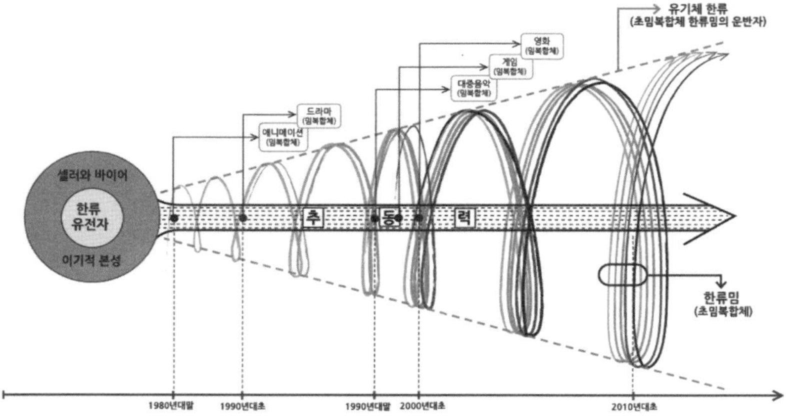

[그림 1-3] 한류의 통시적 진화구조 모형

한류는 '살아있는 기계'survival machine, 즉 유기체다. 유기체 한류는 문화적 진화 현상이다. 한류 유전자의 추동력과 초밈복합체인 한류밈이 만들어 내는 진화 현상이다. 〔그림 1-3〕 '한류의 통시적 진화구조 모형'[18]은 유기체 '한류'의 통합체적 이미지가 1980년대 말부터 시작해 20여 년에 걸친 시간의 경과 속에서 서서히 구축되어 가는 과정을 보여준다. 한류유전자의 추동력에 의해 밈복합체인 애니메이션, 드라마, 대중음악, 게임, 영화 등 다양한 한류 중심소재영역들이 아시아시장에서 뿌리를 내려가는 밈복합체의 누적적 효과가 곧, 유기체 한류임을 확인할 수 있게 해 준다(박장순, 2011: 68).

〔그림 1-4〕 '한류의 공시적 진화구조 모형'은 유기체 한류가 생성되어 가는 구조적 메커니즘의 공시적 단면을 보여 준다. 한국 셀러의 이기적 본성과 외국 바이어의 이기적 본성이 애니메이션, K-pop, 드라마, 영화, 게임 등 한류 중심소재영역들을 앞에 놓고 만나게 된다(①①′). 외국 바이어는 이 자리에서 자연 선택을 하게 되고(②), 한국 콘텐츠의 구매를 결정한다. 저작권을 확보하게 된 외국 바이어는 곧바로 그 지역의 이기적인 소비자와 한국 콘텐츠를 놓고 대면하거나, 재판매자의 입장에 서게 된다(③③′). 이 자리에서 외국의 이기적인 소비자는 한국 콘텐츠를 놓고, 다시 자연 선택을 하게 된다(④). 미디어를 통한 한국 콘텐츠의 시청 또는 접촉 권리를 확보하는 것이다. 외국의 최종 소비자가

18 모형은 실체의 개념을 명확히 해 준다. "model-dependent realism: there is no picture - or theory-independent concept of reality"(Hawking & Mlodinow, 2010: 42). '유기체 한류의 통시적 진화 모형' 또한 유기체 한류의 개념을 명확히 해 준다.

한국의 콘텐츠를 시청 또는 접촉한 행위의 결과(반응)가 다시 셀러인 한국에 전달되는 일련의 순환 과정(⑤⑤′)을 통해 문화적 진화 한류 현상은 발현하게 된다(ibid. 70-71).

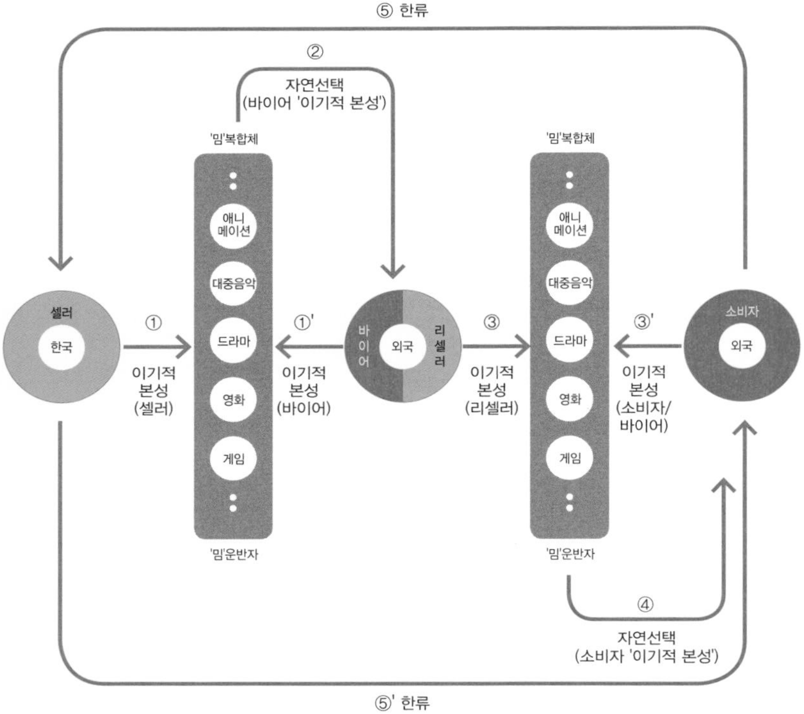

[그림 1-4] 한류의 공시적 진화구조 모형

시너제틱스synergetics와 한류

복잡계의 어원 및 정의

복잡계란 영어 'complex system'의 우리말 표기다. 'complex'는 '(직물을) 짜다, 뜨다, 엮다' 즉, 'weave'를 뜻하는 라틴어 'plex'를 어근으로 하고, '함께' 즉, 'together'를 의미하는 접두사 'com'이 'plex'와 결합해 '서로 얽혀 복잡하게 짜여진 것'을 뜻한다. 다시 말해 복잡계에서 이야기하는 '복잡'이란 구성요소가 함께 엮임으로써 외관상으로는 혼란스러워 보이지만 질서정연한 상황, 서로 다양하게 얽혀 있어 겉보기에는 쉽사리 그 구조가 눈에 들어오지 않지만 나름대로 질서를 가지고 있는 것을 의미한다(조현일, 2008: 36).

복잡계는 각각의 구성요소들을 이해하는 것만으로는 설명되지 않는 특징을 갖고 있다. 복잡계는 상호작용을 하며 얽혀 있는 많은 부분, 개체, 행위자들로 구성되어 있다(Gell-Mann, 1995). 복잡계는 무수한 요소가 상호 간섭해서 어떤 패턴을 형성하거나, 예상 외의 성질을 나타내거나, 각 패턴이 각 요소 자체에 되먹임feedback 되는 시스템이다(Arthur, 1999: 107-109). 복잡계는 각 구성요소의 행동이 다른 요소들의 행동에 좌우되는 시스템이다(Simon, 1995). 복잡계는 그 변화가 초기 조건이나 작은 요동에 매우 민감하거나, 독립적으로 상호작용하는 아주 많은 구성요소를 가지고 있거나, 다양한 진화 경로의 가능성을 갖고 있는 시스템이다(Ismagilov, 1999: 89-92). 복잡계는 상호작용하는 수많은 행위자를 가지고 있어 그들의 행동을 종합적으로 이해해야만 하는 시스템이다. 또 이런 종합적인 행동은 비선형[19]적이어서 개별 요소들의 행동을 단순히 합해서는 유도해낼 수 없다(Singer, 1995).

복잡계는 무수한 구성요소로 이루어진 한 덩어리의 집단으로서, 각 요소가 다른 요소와 끊임없이 상호작용함으로써 전체적으로는 각 부분의 움직임의 총화 이상으로 무엇인가 독자적인 행동을 보이는 것이다(吉永良正, 1996; 윤영수 · 채승병, 2011: 58). 복잡계 구성요소들은 끊임없이 상호작용하면서 음의 되먹임[20] 현상을 일으키기도 하고, 양의 되먹임[21] 현상을 일으키기도 한다. 평소에는 균형을 잘 이루지만, 균형이 깨

19 선형은 입력과 출력의 관계가 언제나 일정한 비율을 갖고 있지만, 비선형(nonlinear)은 그 관계가 일정하지 않다. 따라서 이런 비선형 관계는 동역학(dynamics)에서 혼돈 운동을 유발한다(윤영수 · 채승병, 2011: 541-542).

20 어떤 시스템의 변화에 반대방향으로 되먹임이 작용하는 것을 음의 되먹임(negative feedback)이라고 한다. 따라서 이 되먹임은 수렴하는 운동, 즉 안정 상태를 유도한다.

21 어떤 시스템의 변화와 같은 방향으로 되먹임이 작용하는 것을 양의 되먹임(positive feedback)

지는 순간 급진적인 양의 되먹임 현상이 나타나 극단적인 변화를 일으키게 된다(ibid. 18). 이런 다이내믹스에 의한 새로운 질서의 출현을 '창발현상'emergent behavior이라고 한다. 창발은 구성요소에는 없는 특성이나 행동이 전체 구조에서 돌연히 출현하는 현상이다.[22] 창발은 부분의 합보다 전체가 더 크며, 복잡계는 이 같은 창발현상을 전제로 한다. 복잡계는 "창발현상을 보이는 시스템"이다(ibid. 57; 조현일, 2008: 36).

시너제틱스의 정의

이론 물리와 수학에 기초해서 상승협동학, 물리학, 화학, 생물학, 사회학, 경제학 등 다양한 분야에서 발생하는 자기조직화 현상들의 통일된 이해를 구하는 학문이 시너제틱스synergetics[23]다(윤영수 · 채승병, 2011: 545). 하켄Haken은 열린 시스템을 구성하는 하부 구성요소들이 특정한 조건에서 상호작용을 통해 만들어 내는 시너지효과를 창발적 질서로 인식했다. 시너지란 서로 다른 개체가 결합하여 상호작용을 함으로써 더 큰 효과를 가져오게 된다는 것을 의미한다(조현일, 2008: 53). 예를 들어, 말 한 마리는 4톤 정도의 무게밖에는 끌지 못한다. 그러나

이라고 한다. 이 되먹임은 발산하는 운동을 유도한다.

22 http://ko.wikipedia.org/wiki/창발.

23 독일의 헤르만 하켄이 이끄는 슈투트가르트 대학의 연구진들에 의해 주도되었다.

두 마리가 힘을 합치면 22톤을 끌 수 있다는 원리를 의미한다(윤영수 · 채승병, 2011: 143).

시너제틱스의 구성요소와 인과고리

시너제틱스의 창발적 질서는 질서매개변수order parameter라고 불리는 소수의 거시변수로부터 기술이 가능해진다(Haken, 2004). 시너제틱스는 여기서 나아가 이 창발적 질서가 다시 하부 구성요소들에게 영향을 끼쳐 새로운 질서로 수렴시키는 메커니즘에 주목한다. 〔그림 1-5〕 '시너제틱스 구성요소의 인과고리'는 열린 시스템의 구성요소들과 질서매개변수 사이에 인과고리가 만들어졌음을 보여 준다.

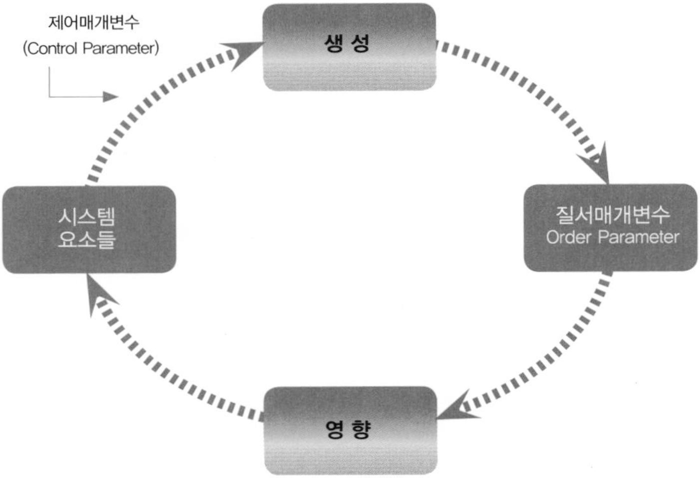

[그림 1-5] 시너제틱스 구성요소의 인과고리

이런 인과고리가 작동하기 위해서는 우선 시스템이 적당한 상태로 조정되어야 한다. 시스템에 출입하는 에너지, 정보, 재화 등 여러 환경 요인이 맞아야 하며, 이들 조건은 제어매개변수control parameter로 나타난다. 결국 적절한 제어매개변수 상태에서 시스템 요소들의 다양한 비선형 상호작용을 통해 질서매개변수가 생성되고, 이들 질서매개변수는 다시 시스템 요소들에게 영향을 미치며, 개개 요소들의 다이내믹스를 지배한다고 볼 수 있다(윤영수 · 채승병, 2011: 143-145).

시너제틱스의 특징:
혼돈, 자기유사성, 프랙탈, 자기조직화, 임계점

복잡계가 갖추어야 할 일반적인 특징은 다섯 가지로 요약될 수 있다. 첫째, 상호작용하는 구성요소[24] 둘째, 비선형적 상호작용[25] 셋째, 되먹임 고리feedback loop[26] 넷째, 경계가 불분명한 열린 시스템open system[27]

24 창발현상은 상호작용하는 수많은 구성요소들을 필요로 하며, 이들 요소는 서로 영향을 주고받는 네트워크를 갖추고 있어야 한다. 구성요소들의 상호작용이 없는 시스템은 무질서하거나 천편일률적인 양상만을 보일 뿐이다. 시스템 전체를 이해하기 위해서는 개별요소들의 차원을 넘어 연관관계와 상호작용을 들여다봐야 한다.

25 상호작용의 비선형성은 혼돈과 관계된 놀라운 변화를 일으킨다. 극히 작은 요동도 증폭의 과정을 거쳐 커다란 영향을 미치기 때문이다.

26 구성요소들 사이의 상호작용은 다양한 경로를 거쳐 자기 자신에게 돌아온다. 이 루프 구조는 네거티브 피드백의 형태로 변화를 진정시키기도 하지만, 포지티브 피드백의 형태로 변화를 증폭시키기도 한다.

27 열린 시스템은 차단되지 않은 외부 환경과 끊임없이 영향을 주고받는다. 이 영향은 추상적인 에너지와 정보, 무형자산의 형태일 수도 있고, 구체적인 물질과 사람, 유형자산의 형태일 수도 있

다섯째, 적응하는 구성요소[28] 등이다(조현일, 2008: 37-38). 이런 특징들이 서로 뒤얽혀 다양한 현상들을 만들어 내는데, 대표적인 것이 혼돈chaos, 자기유사성self-similarity, 프랙탈fractal[29], 자기조직화self-organization, 임계점critical point 등의 개념이다.

'혼돈'은 수많은 구성요소들의 비선형 상호작용이 만들어 내는 다이내믹스의 가장 중요한 특징 중 하나다. 초기의 미시적 차이는 관찰이 어렵다. 그러나 이것이 시간이 지남에 따라 크게 증폭되면 거시적으로도 뚜렷이 관찰할 수 있는 변화로 발전하게 된다. 이런 현상을 혼돈이라고 한다. 혼돈을 비롯해 여러 비선형 상호작용이 빚어내는 복잡계적 현상에는 나름대로 반복되는 질서가 있다. 커다란 축척에서 발견되는 구조를 자세히 들여다보면 보다 작은 축척에서도 똑같은 구조가 반복되는 패턴을 발견하게 된다. 이런 성질을 '자기유사성'이라 하고, 이런 구조를 가진 도형을 '프랙탈'이라고 한다(윤영수 · 채승병, 2011: 103-104).

'자기조직화'란 외부의 의도적인 간섭 없이 시스템이 스스로 구조를 갖추고 새로운 질서를 만들어 내는 것을 의미한다. 양의 되먹임이 적절한 균형을 이루면서 발생한다(ibid. 544). '임계점'이란 급격한 변화

다. 이 때문에 복잡계는 그 경계가 종종 불분명하며 자연적으로 정해지는 것이 아니라 관찰자의 의도에 따라 달라진다.

28 사회 · 경제계에서 흔히 관찰되는 적응하는 구성요소로 이뤄진 복잡계를 특별히 복잡적응계(CAS, Complex Adaptive System)라고 부른다.

29 '프랙탈'이라는 용어는 1975년 만델브로트(Mandelbrot)가 책 제목을 생각하던 중 라틴어의 '부서진다'는 의미의 동사 '프란게리'(frangere)의 형용사형인 '프락투스'(fractus)로부터 만들어낸 조어다(최창현, 2010: 147).

가 일어나는 고비가 되는 지점을 뜻한다.[30] 티핑포인트tipping point, 분기점bifurcation point 등의 의미로 쓰인다(ibid. 536). 시스템이 임계점과 멀리 떨어져 있으면 시스템 요소들 사이의 상호작용이 최소화되어 시스템 일부에 아무리 섭동을 가해도 그 영향이 크게 확산되지 않는다. 그러나 임계점에 접근하면 할수록 시스템 요소들 사이의 상호작용은 긴밀해지고, 영향이 미치는 범위는 급격히 증가한다. 그러다가 시스템이 임계점을 넘어서면 극히 작은 요동도 다른 요소들에 영향을 미치면서 시스템 전체를 뒤흔드는 거시적인 현상으로 증폭된다(조현일, 2008: 56).

한류의 생성요인과 시너제틱스 구성요소의 유비성

시스템요소와 국내시장 환경요인

열린 시스템open system이란 외부와 에너지 및 물질을 교환할 수 있는 시스템이다(윤영수 · 채승병, 2011: 542). 드라마를 메인스트림으로 한 1차 한류[31] 현상은 무수히 많은 주변 요소들과 자유로이 정보와 재화, 에

30 바크(Bak)의 '모래탑 패러다임'은 임계점이 무엇인지를 보여 준다. 바닷가에서 손으로 쌓아올리는 모래탑은 일정한 수준까지는 계속 높아지다가 특정 순간에 단 하나의 모래알로 와르르 붕괴되는 모습을 보인다. 이때 마지막 하나의 모래알은 바로 시스템의 붕괴를 야기하는 임계점 역할을 한다. 그러나 그 이면에는 모래탑 시스템의 다른 모든 모래알들이 상호작용하면서 마지막 하나의 모래알이 극적인 변화를 야기할 수 있도록 그 동안 시스템을 움직여온 결과다(민병원, 2006: 123-124).

31 2차 한류 현상(2010-현재)은 K-pop을 메인스트림으로 한다.

너지를 교환하는 일종의 열린 시스템이 만들어낸 문화 현상이다. 이런 열린 시스템 하에서 국내 드라마시장이 갖고 있는 환경적 요인은 한류의 시스템 요소가 된다.

방송위원회의 외주제작비율고시(1991), 문화체육관광부의 문화산업국 창설[32](1994) 등은 방송정책과 관련한 한류의 시스템 요소다. 88서울올림픽을 계기로 국제적 감각을 갖춘 새로운 방송세대의 등장과 드라마의 생산 주체인 방송사들 간에 벌어지는 치열한 경쟁구도 등은 드라마의 직접적인 생산과 관련된 한류의 시스템 요소다. 소비 주체의 높은 드라마 선호도 또한 드라마시장의 소비와 관련된 한류의 시스템 요소다. 인터넷, 모바일, SNS 등 뉴미디어를 통해 펼쳐지는 드라마 생산 주체와 소비 주체들 간의 직접적, 즉시적 상호 인터랙션 또한 드라마의 생산과 소비를 연결하는 한류의 시스템 요소다. 이처럼 한류 현상은 수많은 시스템 구성요소들이 서로 상호작용을 하면서 인과고리casual loop를 형성한 결과가 만들어낸 문화 현상이다.

제어매개변수와 질서매개변수, 해외시장 환경요인

한류의 제어매개변수control parameter는 해외시장의 환경적 요인이다. 드라마의 생산과 소비, 유통에 관한 아시아시장의 산업메커니즘이다.

32 규제에서 지원으로의 정책 전환, 문화산업예산 확대, 드라마 수출 지원 등 방송산업 육성 계기 마련.

한국 드라마의 가격 경쟁력[33]은 생산 측면의 제어매개변수다. 드라마의 실질적 구매력으로 작동하는 1990년대 아시아의 고도 경제성장과 다매체 · 다채널 시대의 도래(하드웨어적 드라마 수요), 아시아시장의 높은 드라마 선호도(소프트웨어적 드라마 수요) 등은 소비 측면의 제어매개변수다. 드라마의 거래 당사자인 국내외 마케터들의 자아실현 본성은 유통 측면의 제어매개변수다. 한류의 질서매개변수order parameter는 한류의 시스템 요소와 제어매개변수가 비선형적인 상호작용을 통해 만들어낸 타자他者, 특히 아시아인들의 한국 드라마에 대한 선호다. 한국 드라마의 내용과 소재, 드라마투르기, 배우(등장인물), 객관적 이미지의 건전성, 연출 및 제작 기술 등에 대해 갖는 아시아인들의 한국 드라마에 대한 호의적 인식 요인이다.[34]

한류의 시너제틱스적 특징

혼돈과 한류의 개념적 선사시대

한류는 세계콘텐츠시장의 수많은 구성요소들이 상호작용을 하면서 만들어낸 문화 현상이다. 열린 시스템인 세계시장의 구성요소들 사이

33 제3장 한류사, '시장환경적 요인' 참조.

34 구체적인 내용이 다뤄지고 있는 제3장 '한류사' 참조.

에서 변화무쌍하게 얽히고설키게 되는 인과고리에 의한 상호작용은 비선형적이다. 시장에 대한 입력input, 즉 드라마의 해외 공급과 시장에서 나오는 출력output, 즉 아시아를 비롯한 세계인들의 한국 드라마에 대한 반응 관계는 대부분의 경우 일정한 비율로 이루어지지 않는다. 비선형 상호작용이 만들어 내는 시장 다이내믹스의 가장 중요한 특징 중 하나는 시스템이 작은 변동에도 민감하게 반응할 수 있다는 점이다.

예를 들어, 한국 방송사상 처음으로 1993년 드라마 〈질투〉(MBC, 최수종 · 최진실)가 중국의 하얼빈TV에 수출된다. 이 사실은 두 가지, 국내외 시장의 작은 변화를 의미한다. 첫째, 드라마 〈질투〉는 한국 최초의 트렌디드라마다. 국내시장에 새로운 드라마 장르의 등장이라는 변화를 가져온다. 둘째, 드라마 〈질투〉는 해외시장의 문을 연 한국 최초의 드라마다. 오랜 기간 일본 드라마가 주도했던 아시아시장에 작은 변화가 일기 시작한 것이다. 이런 드라마시장의 미시적인 변화는 사실, 아시아시장이라는 거대 열린 시스템 속에서 관심의 대상이 되지 못한다. 관찰도 쉽지 않다. 그러나 시간이 흐르면서 이 작은 변화는 민감하게 증폭되고, 1997년 중국시장에서 드라마 〈사랑이 뭐길래〉(MBC, 최민수 · 하희라) 신드롬을 만들어낸다. 드라마 〈질투〉에 의한 작은 변화가 거시적으로도 뚜렷이 관찰할 수 있는 엄청난 변화로 발전한 것이다. 그러나 당시에는 이런 변화를 무엇이라고 규정해야 하는 것인지 아무도 알지 못했다. 바로 개념의 혼돈 시대다. 1990년대 이 시기를 한류의 개념적 선사시대라고 부르는 이유다. 1999년 11월 '한류'라는 언어기호의 등장 이전을 의미한다.

한류밈의 구조에 나타난 자기유사성과 프랙탈

혼돈 현상을 비롯해 여러 비선형 상호작용이 빚어내는 현상에는 나름대로 반복되는 질서가 있다. 앞서도 언급했지만, 커다란 축척에서 발견되는 구조를 자세히 들여다보면 보다 작은 축척에서도 똑같은 구조가 반복되는 패턴이 나타나곤 한다. 이렇게 축척에 따라 자신과 같은 모습이 반복되는 성질을 자기유사성이라고 한다. 또, 이런 구조를 가지는 도형을 프랙탈이라고 한다(ibid. 103-104). 한류밈은 한류를 수용하는 세계인 특히, 아시아인들의 머릿속에 한류가 어떤 개념, 어떤 정보로 살아있고, 이것이 복제를 통해 이들 사이에서 어떻게 전파, 현실화되는지, 그 모습까지를 총칭하는 말이다(박장순, 2011: 60).

앞의 〔그림 1-1〕 '한류밈의 구조'는 한류밈이 드라마밈을 비롯해 K-pop밈, 게임밈, 영화밈, 애니메이션밈 등 자기유사성을 가진 여러 한류 중심소재영역 밈들로 구성된 프랙탈 구조라는 사실을 확인시켜준다. 다시 말해 〔그림 1-1〕과 〔그림 1-2〕 '한국의 드라마밈'을 보면, 그 사이에는 나름대로 반복되는 질서가 존재함을 알 수 있다. 〔그림 1-2〕 한국 드라마밈의 구조와 똑같은 구조의 여러 한류 중심소재영역 밈 패턴들이 반복, 배치되어 〔그림 1-1〕 한류밈을 구성하고 있는 것이다. 이것이 통합체적 성격의 한류밈과 계열체적 성격의 하위 밈복합체들 사이에 자기유사성이 존재하고 있음을 확인시켜 주는 근거가 된다.

한류는 문화적 진화다(박장순, 2011). 앞의 〔그림 1-4〕 '한류의 공시적 진화구조 모형'은 한류 진화 과정의 구조적 메커니즘을 단면적으로 보여 주는 진화구조 모형이다. 이 그림은 크게 두 가지 유형의 자기유사성을 보여 준다. 하나는 ①①′와 ②의 과정에서 보이는 한국 셀러와 외국 바이어의 거래 패턴이다. 이 유형은 ③③′와 ④, 즉 재판매자가 된 외국 바이어와 현지 소비자의 거래 유형에도 그대로 적용된다. 〔그림 1-4〕에서 또 하나의 자기유사성은 밈복합체인 애니메이션, 드라마, K-pop, 영화, 게임 등 한류 중심소재영역들의 진화구조 모형에서 발견된다. 다시 말해 한류 중심소재영역들은 모두 ①①′→②→③③′→④→⑤⑤′의 똑같은 진화 과정을 거친다.

〔그림 1-3〕 '한류의 통시적 진화구조 모형'은 1980년대 말부터 시작된 유기체 한류의 통합체적 이미지가 구축되어져 가는 과정을 보여 준다. 1987년 한국 방송사상 처음으로 이뤄진 애니메이션[35]의 프랑스 수출은 한국 방송콘텐츠 수출의 출발점이자, 한류 탄생의 시원이다. 애니메이션 수출에 이어 1993년 드라마 수출[36]이 시작된다. 수출상품의 소재장르 다변화가 이루어지기 시작한 것이다. 이어서 1998년 K-pop의 중

35 〈떠돌이 까치〉(KBS, 대원동화; $13,500), 한국 최초의 TV애니메이션 시리즈.

36 트렌디드라마 〈질투〉(MBC, 최수종 · 최진실).

국 진출[37]이 이루어지고, 동시에 온라인게임 〈리니지〉의 상용화도 성공한다. 1999년 〈쉬리〉의 성공은 수십 년 동안 암흑기에 머물고 있던 한국영화의 부활과 해외수출에 청신호가 된다. 이처럼 한류는 마케터들의 이기적 본성을 추동력으로, 유사한 패턴을 보이는 애니메이션, 드라마, K-pop, 게임, 영화 등 개별 밈복합체들의 순차적 등장으로 한류 진화의 통시적 프랙탈 모형을 만들어낸다.

임계점과 한류 진화 과정의 티핑포인트

시스템 속에서 일어나는 질적 변화들은 대부분 자생적으로 서서히 진행되면서 일정한 임계치를 향해 지속적으로 진행된다. 즉 거시적인 관점에서 보면 바로 드러나지 않지만 내부적으로는 특정한 매개변수값을 향해 서서히 증가하다가 결정적인 순간에 체제의 속성을 바꾸게 된다(민병원, 2006: 123). 한류도 마찬가지다. 개념적 선사시대를 거치며 일어난 작은 질적 변화들은 마침내 언어기호 '한류'를 등장(1999)시키게 되고, 이런 한류 역사시대로의 전환 과정에는 결정적인 변화의 포인트, 즉 임계점이 있다.

중국 CCTV가 방송해서 엄청난 반향을 불러 일으켰던 드라마 〈사랑이 뭐길래〉(MBC, 최민수 · 하희라) 신드롬이 바로 그 변화의 티핑포인트다. 그렇다고 〈사랑이 뭐길래〉의 성공이 1997년 갑작스럽게 이루어진

37 그룹 H.O.T의 중국 현지 음반 출시.

것은 아니다. 1993년 드라마 〈질투〉(MBC, 최수종 · 최진실)로부터 시작된 한국 드라마의 중국시장 공략이 4-5년 여의 내적 숙성기간을 거쳐 〈사랑이 뭐길래〉의 방송으로 결실을 보게 된 것이다. 이는 수치로도 증명된다. 1993년 132만 달러에서 출발한 한국의 방송콘텐츠 수출은 1994년 238만 달러, 1995년 242만 달러로 서서히 증가하다가 〈사랑이 뭐길래〉가 성공한 1997년 831만 달러로 수출 원년인 1993년 대비 6배 이상 수출물량이 증가하는 모습을 보인다([표 1-1] 참조). 결국 "양의 정도가 일정한 임계점을 넘어서면 시스템의 질적 변화를 초래한다"(민병원, 2006: 126)는 복잡계의 원리를 충족시킨 셈이 된다.

[표 1-1] 드라마 해외수출 현황

연도	수출	
	금액	증가율(%)
1993	132	-
1994	238	80.3
1995	242	1.7
1996	599	147.5
1997	831	38.7

※ 출처: 박장순, 2012: 70; 문화관광부, 2006: 395; 한국방송영상산업진흥원, 2009: 자료 재환산 및 편집. (단위: 만 달러, %.)

한류의 시너제틱스적 실체

자기조직화 과정으로서의 한류

한류와 같은 열린 시스템의 자기조직화[38]란 외부로부터 에너지가 자유롭게 드나들고, 시스템의 구성요소들이 이들과 서로 상호작용을 하면서 스스로 창발적인 질서를 만들어가는 과정이다. 한류란 아무도 예상하지 못했던 시스템 구성요소의 인과고리에 의해 만들어진 창발 현상이고, 한류의 생성 과정이란 창발 현상에 이르는 한류의 자기조직화 과정이다. 다시 말해 열린 시스템인 한류의 시스템 요소, 즉 국내시장 환경요인과 제어매개변수인 해외시장 환경요인이 다양한 비선형 상호작용을 하면서 질서매개변수인 타자, 즉 아시아인들의 한국 드라마에 대한 선호를 양의 되먹임positive feedback을 통해 강화해 가는 과정이다.

또, 이 시기는 혼돈의 시기이기도 하다. 한류의 개념화를 상징하는 언어기호 '한류'의 등장 이전, 그러니까 이런 현상이 무엇인지 제대로 인식하지 못했던 한류의 개념적 선사시대다. 태동기(1987-1990), 도전기(1991-1993), 정착기(1994-1996), 확장기(1997-1999)로 이어지는 이 시기는 1999년 11월 19일 혼돈의 가장자리at the edge of chaos[39]에서 언어기호

38 양의 되먹임(positive feedback)이 적절한 균형을 이루면서 발생한다(윤영수 · 채승병, 2011: 544).

39 시스템이 외부의 섭동이나 미시적 요동에 쉽게 반응해서 자기조직화 현상을 유발할 수 있는 지점이다(ibid. 183).

'한류'의 등장을 맞이하게 되고, 개념적 선사시대의 막을 내리게 된다.

이후, 역사시대로 접어들게 된 한류는 1997년 중국을 중심으로 일었던 1차 임계점, 드라마 〈사랑이 뭐길래〉(MBC, 최민수 · 하희라) 신드롬과 2003-2005년 전반기 일본을 중심으로 일었던 2차 임계점 〈겨울연가〉(KBS, 배용준 · 최지우) 신드롬이라는 질서매개변수의 작동으로 누구도 예상하지 못했던 창발 현상, 즉 아시아시장에서 한국 드라마의 전성시대를 열게 된다. 1908년 푸앵카레Poincaré가 행한 강연의 다음 내용(①②)은 이와 같은 한류의 자기조직화 과정이 복잡계적인 특징을 보여 주고 있음을 확인시켜 주기도 한다.

> ① 우리가 느끼지 못할 정도로 아주 작은 원인이 커다란 결과를 만들어 낸다. 그러면 우리는 "이 결과는 우연이야"라고 이야기한다. - 중략 - ② 초기 상태의 작은 오류는 최종 상태에서 어마어마한 오류를 낳는다. 예측은 불가능해지고 우리는 뜻밖의 결과를 얻게 된다(ibid., 110-111; Lorenz, 1993: 17).

다시 말해 드라마를 메인스트림으로 한 1차 한류 현상은 1993년 한국 최초의 트렌디드라마 〈질투〉(MBC, 최수종 · 최진실)의 중국 수출이라는 아주 작은 사건으로부터 시작된다. 수출가격은 편당 900달러, 그 당시 아시아시장에서 가장 인기 있었던 일본의 트렌디드라마 〈도쿄 러브스토리〉의 수출가격은 편당 1,500달러였다. 가격 면에서 〈질투〉는 〈도쿄 러브스토리〉와 비교가 되지 않는다. 오직 처음으로 수출했다는 역사적 사실에 의미를 둘 수밖에 없었던 이런 미미한 사건이 6년 뒤 언어기호 '한류'의 등장 기재가 되고, 창발 현상 '한류'의 출발점이 된다. 누구도 예상하지 못했던 뜻밖의 결과를 낳은 것이다. 이렇다 보니, 사람들은 한때 – 물론, 지금도 가끔 – 이를 '우연'이라고 말하기도 한다.

공진화 과정으로서의 한류

상호 의존적인 종種들이 서로 영향을 주고받으면서 함께 진화하는 것을 공진화co-evolution라고 한다. A라는 종의 변화가 B라는 종의 생존 환경을 만들고, 다시 B의 변화가 A의 생존 조건이 되는 연속적인 과정이다(최창현, 2010: 114; Moore, 1996: 12). 앞의 〔그림 1-3〕 '한류의 통시적 진화구조 모형'은 자기유사성에 기초한 한류 중심소재영역들의 누적적, 통합체적 프랙탈 구조를 보여 준다. 동시에 이 종들 사이의 공진화 현상을 보여 주기도 한다. 다시 말해 애니메이션 종의 수출이 드라마 종의 수출을 이끌고, 드라마 수출의 성공이 드라마 OST와 K-pop 종의 수출로 이어지고, 이렇게 조성된 아시아시장에서의 한국 대중문화 붐이 온라인게임이라는 신종 장르의 수출을 가능하게 하고, 수십 년 동안 암흑기에 머물러 있던 한국영화의 부활과 수출을 유도하기도 한다. 이처럼 한류는 드라마에서 시작된 한국 대중문화의 공진화가 만들어낸 한 시대의 세계적 문화현상으로 이해할 수 있다.

구조주의structuralism와 한류

언어는 자의적인 사회 관습이며, 언어의 모든 부분들은 커다란 사회 구조 체계로부터 그 의미를 획득한다. 어떤 문화 대상이나 개념도 그것을 둘러싼 문화 구조로부터 의미를 획득한다. 1900년대 초 사르트르Sartre의 실존주의에 대한 반동으로 나타난 구조주의는 개별 인간과 주관주의에 대한 강조를 거부한다. 사람은 사회 구조에 의해 규정되며, 우리는 사회적 맥락이 손상된 자유로운 독립적 행위자로서 우리 자신을 보아서는 안 된다. 우리는 다른 사람들을 항상 우리 자신을 이해하기 위한 근거로서 이용해야만 한다.

레비스트로스Lévi-Strauss의 주장에 따르면 문화 구조는 남성과 여성, 홀과 짝, 밝다와 어둡다 등과 같은 대립항을 유형적으로 포함한다. 이런 대립항들은 체계에 영속적인 논리 구조를 부여한다. 예를 들어, 힌

두의 카스트 체계는 순결과 불순이라는 대립항에 근거한 사회 계급 제도를 수반한다. 즉 계급이 높을수록 좀 더 순결하며 계급이 낮을수록 불순하다. 구조주의 운동의 열쇠는 두 가지다. 첫째, 한 사물의 의미란 그것을 둘러싼 문화 구조에 의해 규정된다. 둘째, 체계는 대립항을 통해 반영되는 일관된 구조를 지닌다(Stumpf · Fieser, 1966: 751-752).

신화구조

구조인류학을 통해 신화 연구의 영역을 확대한 레비스트로스의 관심사는 신화의 구조가 실제로 인간 정신을 반영하는지, 동시에 신화의 구조가 어떻게 인간의 정신세계를 형성하는가에 관한 문제에 있다. 다시 말해 신화는 인간이 정신세계에서 생각하는 바를 신화의 구조를 통해 보여 준다는 것이 레비스트로스의 생각이다. 여기서 주목해야 할 것이 이항대립의 개념이다. 레비스트로스에게 있어서 신화란 '신화가 유통되는 문화에 이항대립 개념의 심층구조를, 개별 지역에 따라 변형, 대입시킨 이야기'이다. 가장 강력하고 의미 깊은 신화란 이항대립의 구조 안에 내재하는 모순에 대처할 수 있도록 함으로써 본원적인 불안을 감소시켜 주는 역할을 하는 신화다. 비록 신화가 이 같은 모순 자체를 해결하지는 못할지라도 모순과 더불어 살아가거나 적절히 대처할 수 있는 방법을 가상적으로 제시함으로써 이 같은 모순들이 지나친 혼동을 초래하거나 문화적 공포를 자아내지 않도록 하는 역할을 맡고 있다

(Fiske, 2001: 227).

결국 레비스트로스에게 있어서 신화의 궁극적인 의미는 신화의 서사 구조나 통합체적 구조에 있는 것이 아니다. 왜냐하면 모험에 나서거나 사냥을 나섰다는 식의 사건들은 신화에 있어서 비교적 피상적인 장식물에 지나지 않기 때문에 재구술되어야 할 필요가 없는 내용이다. 신화의 궁극적인 의미는 현실 문제의 의미를 구조화하고 이해하는 개념적 방법인 이항대립을 계열체적인 관계 내에서 발견하는 것이다(ibid. 229).

남풍은 너무나 강하고 추워서 일단 불면 어떤 정상적인 활동도 불가능하다. 사람과 동물을 포함한 모든 생물들은 이런 남풍을 붙잡아서 길을 들이기 위해 나선다. 그 중에서 홍어가 남풍을 사로잡는 데 성공했고, 격일제로 바람을 불게 해서 이틀 중 하루는 모든 생물들이 정상적으로 일을 하러 갈 수 있게 한다는 조건 하에 남풍을 풀어 준다. 이는 북미지역의 남풍신화로 자연의 자비로운 측면과 적대적 측면 사이에 있는 대립을 다루고 있다. 여기서 레비스트로스를 매혹시킨 것은 홍어가 영웅으로 선택된 대목이다. 레비스트로스에 따르면 이 신화의 매력은 바람이 교대로, 불고(현재/現在) 안 불고(부재/不在) 하는 측면을 홍어라는 대상의 형태로 제시한다는 점에 있다. 다시 말해 홍어는 매우 납작해서 옆에서 보면 거의 보이지 않으나(부재/不在), 위나 아래에서 보면 엄청나게 큰 물고기다(존재/存在). 구체성의 논리에 따르면 홍어라는 대상은 적의敵意와 자비로서의 자연, 바람의 존재와 부재 사이의 대립을 자기 몸 안에 구체화함으로써 이 두 개념을 매개하고 있다(ibid. 228-229).

한류의 구조주의적 실체

신화구조로 본 한류

신화는 허구다. 논리적 구조를 가질 이유가 없다. 신화는 단지 신화일 뿐이다. 그러나 한류가 현대사회의 새로운 신화로 등극하기 위해서는 최소한의 논리적 근거가 필요하다. 신화에 대한 믿음을 강화시켜 줄 모멘텀이 있어야 하기 때문이다. 레비스트로스의 이항대립적 신화구조 분석 방식은 이런 측면에서 한류의 신화적 성격을 확인시켜 주는 논거가 된다. 〔그림 1-6〕은 한류 현상에 두 가지 이항대립적 요소가 내재해 있음을 확인시켜 준다. 다시 말해 동음이의어同音異議語인 한류寒流 즉, '문화침투'라는 개념의 문화제국주의적 이데올로기와 한국문화를 이해하고자 하는 한류韓流 즉, '문화침투가 아니다'라는 개념의 문화다원주의적 이데올로기가 함께 중첩되어 있다. 한류신화는 바로 이 두 가지 이항대립적 요소에 근거해 성립된다. 문화제국주의적 이데올로기는 '찬바람寒流이다'를 거쳐 한류韓流로 진화하고, 문화다원주의적 이데올로기는 '찬바람寒流이 아니다'라는 이항대립적 과정을 거쳐 한류韓流에 이르게 된다.

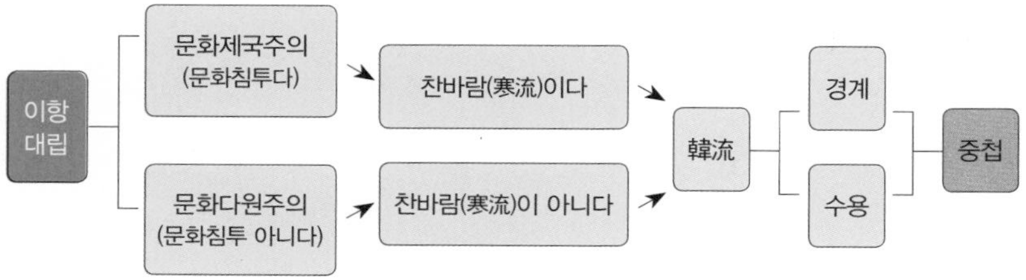

[그림 1-6] 한류의 신화구조

다시 말해 한류韓流에는 한국 대중문화에 대한 외국 소비 주체들의 상반된 반응, 즉 '경계'와 '수용'이라는 이항대립적 개념이 함께 중첩돼 있어 레비스트로스가 이야기하는 신화 구조의 조건을 충족시킨다. 다만, 문제는 구체성의 논리다. 남풍신화에서 보이는 '적대적인 자연'과 '인자한 자연'이라는 이항대립적 요소의 추상성은 마침내 '홍어'라는 이중적 의미를 담고 있는 구체성으로 귀결된다. 신화는 이처럼 추상성이 구체성으로 변모해 가는 구체성의 논리가 적용되어야 한다.

그런데 한류신화는 문화제국주의적 이데올로기와 문화다원주의적 이데올로기라는 추상적 개념의 이항대립 관계에서 출발해 대립의 과정을 거쳐 '경계와 수용'이라는 중첩적 함의를 담고 있는 새로운 언어기호 '한류'韓流를 탄생시키지만, 이 또한 추상적 개념에 머무르고 있다는 점이다. 이것이 레비스트로스의 관점에서 본 한류신화의 약점이다. 그러나 신화를 보는 눈이 레비스트로스의 관점만 있는 것은 아니다. 바르트 Barthes의 신화론에서 한류가 신화일 수 있는 또 다른 근거를 발견한다.

의미생성구조로 본 한류

신화의 임무는 역사적인 의도를 자연화하고, 우연성을 영원성인 것처럼 보이게 하는 것이다(Barthes, 1995: 69). 한류 신화의 임무 또한 아시아를 넘어 세계인과 소통하고, 이를 통해 인류를 하나의 가족으로 엮어내는 자연화의 과정을 완성하는 것이다. 누구도 예상하지 못했던 우연의 산물로 인식되기도 했던 한류에 영원성을 부여하고자 하는 것은 진정한 의미에서 굳건한 '한류신화 만들기'의 일환이다.

바르트는 신화를 사회적으로 널리 통용되는 믿음이나 가치, 태도 등으로 해석한다. 1차 의미생성 과정에서 기표, 기의의 연합, 즉 외연外延, denotation이 2차 의미생성 과정의 기표로 기능한다고 보고, 그 과정을 내포內包, connotation라고 한다. 내포는 기호에 인간의 감정이나 평가가 더해지는 과정으로 기호를 해석하는 사람들의 주관적인 면이 가해지는 과정으로 이해하면 된다. 내포를 통해 만들어진 의미는 또 다른 의미를 만들어낼 수 있는데, 바르트는 이런 3차 의미화 과정을 신화라고 부른다(백선기, 2004: 81).

[그림 1-7] 한류 신화의 의미생성 구조

〔그림 1-7〕에서 1차 의미생성 과정의 기표signifiant ①은 드라마 · 애니메이션 · K-pop · 영화 · 게임 등과 같이 외국의 소비자들이 즐겨 찾는 한국 문화콘텐츠의 개별 소재영역이 되고, 기의signifié ②는 '경계하고 조심해야 할 외국의 문화조류'가 된다. 이런 1차 의미생성 과정의 기표와 기의가 융합해서 한류寒流라는 언어기호 ③을 탄생시킨다. 다시 말해 언어기호 한류寒流는 드라마 · 애니메이션 · K-pop · 영화 · 게임 등과 같은 한국의 문화콘텐츠 개별 소재영역들을 기표로 하고, '경계하고 조심해야 할 외국의 문화조류'를 기의로 해서 출발한다.

1차 의미생성 과정을 통해 탄생한 언어기호 '한류'寒流는 시간이 흐르면서 다시 2차 의미생성 과정의 '기표' ⓐ가 되고, 이는 '새로운 문화 트렌드'라는 2차 의미생성 과정의 '기의' ⓑ를 갖게 된다. 다시 말해 '경계'에서 '수용'으로 시장의 반응이 변화한 것이다. 이런 2차 의미생성 과정의 기표와 기의는 다시 또 다른 언어기호 '한류'韓流 ⓒ를 탄생시키는데, 이 한류韓流가 마침내 '글로벌 시대의 문화경쟁력'이라는 또 다른 기의 ⓔ를 갖게 되면서 한류는 현대사회의 신화가 된다. 이를 한류사적으로 설명하면 1차 의미생성 과정은 한류의 태동기(1987-1990), 도전기(1991-1993), 정착기(1994-1996), 확장기(1997-1999) 즉, 한류의 개념적 선사시대에 해당하고, 2차 의미생성 과정은 언어기호 한류韓流가 처음으로 등장하는 1999년 11월 19일 이후, 한류의 절정기 및 정체기에 해당한다.

역사학history과 한류

한류의 문화인류사적 실체

인간을 뜻하는 그리스어 '안드로포스'anthropos와 논의 또는 학문을 뜻하는 '로고스'logos의 합성어가 인류학anthropology이다. 인류학은 문화적 진화를 진화론과 전파론 두 가지 관점에서 다룬다. 진화론은 시간이 흐르면서 문화의 복합성이 증가한다는 사실을 강조하는 이론적 시각이며, 전파론은 문물이 한 지역에서 다른 지역으로 전달된다는 것에 중점을 두는 이론적 관점이다. 이 둘은 문화의 변화라는 같은 현상에 대해 상이한 설명을 제시함으로써 서로 경쟁관계에 있는 것처럼 보이지만, 사실은 사회변동론이라는 거대이론의 일부다(Barnard, 2000: 30-31).

기술은 하나의 혁신이 다른 혁신을 유도한다. 따라서 기술 변화의 순서는 명백하다(Tylor, 1958 〔1871〕: 15; Moore, 1997: 47). 이처럼 문화의 다른 차원도 진보적 관계를 갖는다고 볼 수 있다. 고대에서 현대에 이르는 주된 경향은 '야만'savagery에서 '문명'civilization으로 향하는 것이다(Tylor, 1958[1871]: 21; Moore, 1997: 47-48). 모건Morgan은 이 같은 인류학의 단계적 진화 과정을 '발명과 발견에 의한 예지의 발달 · 통치 관념의 발달 · 가족 관념의 발달 · 재산 관념의 발달' 등 네 가지 문화적 성취를 중심으로 야만, 미개barbarism, 문명 시대로 구분한다(Moore, 1997: 63).

야만시대는 그 초기를 알 수 없지만 대략 3기로 세분할 수 있다. 야만시대 전기the older period of savagery, 중기the middle period of savagery, 후기the later period of savagery가 그것이다. 이들은 야만시대의 하급the lower status of savagery, 중급the middle status of savagery, 상급the upper status of savagery의 상태로도 구분이 가능하다. 야만시대 전기 하급상태는 인류 초창기로부터 어류의 식용(수렵)과 불의 사용이라는 새로운 지식을 획득하는 시기까지다. 당시 인류는 자기가 태어난 제한된 지역에서 살았으며, 과실과 나무열매를 식료로 한다. 야만시대 중기 중급상태는 물고기를 먹고, 불을 사용하는 지식의 획득과 함께 시작된다. 그리고 활과 화살의 발명과 함께 막을 내린다. 인류는 이 시기 제한된 거주지로부터 보다 넓은 세계로 나간다. 야만시대 후기 상급상태는 활과 화살을 발명함으로써 시작되고, 토기 제조 기술의 발명으로 막을 내린다.

야만시대와 마찬가지로 미개시대도 전기, 중기, 후기로 세분화가 가능하며, 이들 각 상태를 미개시대의 하급, 중급, 상급으로 부를 수 있다. 미개시대 전기 하급상태는 토기 제조 기술의 발명에서 비롯된다.

토기의 발명은 야만시대와 미개시대를 구분하는 가장 유효한 근거다. 토기 제조 기술을 획득하지 못한 종족은 야만인으로 분류하고, 이 기술을 가지고 있으나, 성음자모phonetic alphabet와 문자를 사용하지 못하는 종족은 미개인으로 분류된다. 미개시대 중기 중급상태는 동반구에서는 동물 사육, 서반구에서는 건축 시 석재 사용과 식물 재배 시 관개 지식이 이용된다. 미개시대 후기 상급상태는 철의 주조와 함께 시작되고, 문명시대를 알리는 성음자모의 등장과 함께 사라진다. 성음자모의 사용과 문자에 의한 기록에 의해 시작되는 문명시대는 고대와 근대로 나누어진다. 문명시대 초기 상태에 해당하는 것으로는 돌에 새긴 상형문자를 들 수 있다(Morgan, 1877: 25-29). 한국의 대중문화 수출, 특히 방송콘텐츠의 해외수출에서 시작된 한류 현상의 진화 과정도 이 같은 문화의 단계적 진화 과정으로 해석이 가능하다.

한류의 야만시대

문명의 여러 등급은 발전 또는 진화의 단계로 간주될 수 있다. 각 단계는 그 이전 역사의 결과이고, 동시에 미래 역사를 여는 원동력이다(Tyler, 1958[1871]: 1; Moore, 1997: 43). 한류의 야만시대는 한국 방송사상 처음으로 TV애니메이션 시리즈 〈떠돌이 까치〉(KBS, 대원동화)가 프랑스에 수출된 1987년부터 중국 CCTV가 중국 전역에 드라마 〈사랑이 뭐길래〉(MBC)를 방송해 한국 드라마 붐을 일으킨 1997년까지의 기간이다. 진화생물학적 진화 과정의 '태동기, 도전기, 정착기'에 해당하는 기간이다.

토기의 발명이 인류학의 야만시대와 미개시대를 구분하는 기준이 되듯이 한류 현상의 대타적 존재인 아시아인들이 한국 드라마를 새 시대의 문화 아이콘으로 인식하는지, 아닌지를 기준으로 할 때, 드라마 〈사랑이 뭐길래〉는 한류의 야만시대와 미개시대를 구분하는 기준이 된다. 이처럼 한류사의 티핑포인트가 된 드라마 〈사랑이 뭐길래〉는 중국인들에게 한국 드라마 신드롬을 불러일으킴으로써 본격적인 한류의 미개시대를 열게 하는 동인이 된다.

한류의 야만시대는 소수 장르의 극히 일부 콘텐츠만이 해외시장에 나오는 콘텐츠 수출의 초기 단계다. 한국의 셀러들이 콘텐츠를 들고, 외국의 바이어들을 찾아 나서던 고난의 시기다. 야만시대 전반기의 주요 수출 장르는 애니메이션이다. KBS의 〈달려라 하니〉, 〈날아라 슈퍼보드〉, 〈2020 원더 키디〉, 그리고 MBC의 〈꿈돌이〉, 〈보거스는 내 친구〉, 〈걸리버 여행기〉 등이 대표적인 인기 상품이다. 그러다가 야만시대 후기, 진화생물학적 진화 과정의 '정착기'에 해당하는 1990년대 중반에 들어서면서 한국의 주요 수출 상품이 애니메이션에서 드라마로 전환되기 시작한다(박장순, 2005: 27-28). 〈젊은이의 양지〉(KBS), 〈첫사랑〉(KBS), 〈목욕탕집 남자들〉(KBS), 〈마지막 승부〉(MBC), 〈사랑을 그대 품안에〉(MBC), 〈모래시계〉(SBS) 등이 그 시기의 대표적인 수출 드라마다.

한류의 미개시대

미개시대와 문명시대의 구분은 성음자모와 문자의 발명에 의한다(Morgan, 2000 〔1887〕: 28). 한류의 미개시대는 중국의 CCTV가 드라마 〈사랑이 뭐길래〉를 방송한 1997년부터 언어기호 '한류'가 처음으로 등장하는 1999년까지의 기간이다. 야만시대와 더불어 원시수프primeval soup 상태의 한류가 문명시대로의 진화를 준비하는 시기이기도 하다. 이처럼 언어기호 '한류'의 등장은 한류의 미개시대와 문명시대를 구분하는 기준이 된다. '원시수프' 상태의 한류가 세상에 나와 '한류'라는 새로운 이름을 얻음으로써 본격적인 한류의 개념화 시대, 문명시대가 열리게 된 것이다.

한류의 야만시대가 방송콘텐츠의 수출 가능성을 인식하는 시기라면, 한류의 미개시대는 방송콘텐츠의 해외수출에 자신감을 붙이는 시기다. 드라마의 수출 단가가 높아지고, 수출 물량도 크게 늘어 마침내 1999년 IMF의 경제위기 속에서도 1,000만 달러 수출을 기록한다. 그러나 이 같은 아시아시장의 변화가 어떤 의미를 갖고 있는지 당시는 충분히 인식하지 못했던 시기이기도 하다. 심지어 1990년대 말, 미개시대 후기까지도 한국의 배우들은 자신이 아시아의 스타가 되어 있다는 사실을 인지하지 못하고 있었다. 자기도 모르는 사이에 훌쩍 커버린 스스로의 모습에 낯설어 하던 시기다.

1999년 말 언어기호 '한류'의 등장과 함께 시작된 한류의 문명시대는 방송콘텐츠를 중심으로 한 한국 대중문화가 전 지구화를 이행해 가는 시기다. 2002년 문화수입국에서 문화수출국으로의 진화에 성공하고, 아시아시장 중심이던 수출지역을 미주, 중남미, 중동, 유럽, 아프리카 등지로 급속히 확대해간다. 수출 콘텐츠의 영역도 드라마에서 애니메이션, 다큐멘터리, 음악, 교양, 리얼리티쇼, 뉴스 클립 등 다양한 장르와 소재로 넓혀가고, 수출 드라마의 장르도 트렌디드라마trendy drama에서 홈드라마, 한국형 포스트 트렌디드라마, 역사드라마 등으로 그 스펙트럼을 넓혀간다. 배우들 또한 야만시대, 미개시대의 내수용 이미지에서 개방화된 세계적 스타의 이미지로 스스로를 변화시켜 간다.

이 같은 유기체 한류의 발전적 진화 과정은 마침내 대중문화의 산업화와 더불어 한류지수KWI, Korean wave index[40]라는 측정지수를 개발하기에 이른다. 이는 한류의 산업화를 보다 효과적으로 추진하기 위한 과학적 기준이 되며, 아시아시장의 반한류, 항한류, 혐한류를 조정할 수 있는 전략적 기재가 되기도 한다.

40 한류지수는 지역 한류지표의 합으로 이루어지며, 지역지표는 분야지표의 합, 분야지표는 내용지표인 소비, 호감도의 합, 내용지표는 그 하위단위의 지표의 합으로 이루어져 있다(한국문화산업교류재단, 2009: 318).

언어기호 '한류'의 등장으로 본 한류사의 또 다른 맥락

인류학과 진화생물학의 단계적 진화론의 관점에서 볼 때 유기체 한류의 진화 과정은 '야만시대, 미개시대, 문명시대'의 3단계와 '태동기, 도전기, 정착기, 확장기, 절정 · 위기'의 5단계로 구분, 기술이 가능하다. 이 같은 구분의 준거는 방송콘텐츠 수출의 수치적 표현형, 시장상황의 변화, 티핑포인트, 그리고 언어기호 '한류'의 등장 등이다. 그 가운데서도 특히, 한류개념화의 준거가 되는 언어기호 '한류'의 등장은 한류의 진화 과정을 또 다른 관점에서 바라볼 수 있게 해 준다.

한류의 선사시대

역사 이전 시대인 한류의 선사先史시대는 진화생물학적 진화단계의 '태동기, 도전기, 정착기, 확장기'에 해당하는 기간이고, 인류학적 진화단계의 야만시대, 미개시대에 해당하는 기간이다. 한류의 역사시대, 유사有史시대를 배태하고 있는 1990년대 한류의 개념화 이전 시기이다. 이 시기는 한국의 드라마가 아시아 드라마시장의 주도권을 쥐고 있던 일본 드라마에 도전하는 경쟁시기, 아시아시장에 불던 일본화Japanization 바람, 일명 '일류'日流를 한국 드라마가 공략해 가는 아시아시장에서의 드라마 전국戰國시대다(박장순, 2008: 155). 한류의 선사시대와 유사시대의 구분은 언어기호 '한류'의 등장으로 이루어진다. 새로운 언어기호 '한류'가 등장하기 이전, 그러니까 '원시수프' 상태의 한류가 무엇으로 진화할지, 어떤 형태로 진화할지 아무도 예견하지 못했던 비非개념화의 시기가 바로 한류의 선사시대다. 일본 드라마에 대한 모방과 탈동조화의 경향이 동시에 이루어지는 시기이기도 하다.

한류의 역사시대

언어기호 '한류'의 등장(1999)은 한류사적인 측면에서 특별한 의미를 갖는다. 아시아 방송콘텐츠 시장에서 그 동안 벌어졌던 한국과 일본의 시장 쟁탈전이 끝나고, 한국이 시장의 새로운 패권국이 되었음을 알리는 기표다. 드라마 전국시대의 패자霸者인 한국이 아시아시장의 새로운 주인으로 등극해 아시아 방송콘텐츠 시장의 트렌드를 주도하는 맹주가 되었음을 의미하는 신호다(박장순, 2008: 216).

언어기호 '한류'의 등장과 함께 하는 2000년대 한류의 유사시대, 역사시대는 진화생물학적 관점의 '절정기 · 위기'와 인류학적 관점의 '문명시대'로, 한국의 대중문화가 5천년 역사 이래 가장 화려하게 꽃피는 만개의 시기다. 다양한 한류밈들의 복제가 시장에서 왕성하게 이뤄지고, 이런 과정이 한류밈복제의 충실성fidelity, 다산성fecundity, 장수성longevity 등을 강화함으로써 한류가 아시아시장을 넘어 세계시장으로 급속히 확산될 수 있는 계기를 만들어 준다.

원거리교역long distance trade의 관점에서 본 한류의 실체

역사학의 가치와 효용은 지식과 인식을 가르쳐서 과거의 사건이나 상태가 어떻게, 그리고 무엇으로 생성되고, 무엇이 장차 그런 것에서 생성될 것인가를 알게 해 과거의 사건이나 상태에서 현재의 그것을 이해하게 하는 데 있다(Bernheim, 1912: 68). 한류사 연구 또한 과거의 파편적 단서들로부터 오늘의 한류를 이해하고, 미래의 한류를 예측해 볼 수 있게 해 준다. 경험의 자료를 발굴, 기록하지 않는다면, 한류의 확산을 위한 우리의 지혜로운 행동은 가능하지 않을 수도 있다. 많은 전문가들이 한류의 지속적인 성장을 위해 여러 방안들을 모색하고 있지만, 결국 지혜로운 해답은 한류의 생성 과정과 요인에 관한 한류사 연구를 통해서만 명징하게 얻어질 수 있다. 한류사 연구의 중요성이 여기에 있다. 한류가 무엇인지, 그 실체에 대한 규명도 아시아시장의 역사적 큰 흐름 속에서 새롭게 바라봐야 할 필요가 있다.

역사가 벤틀리Bentley는 세계사를 서로 다른 이종 문화 간 상호 인터렉션 과정에서 반발요인으로 작동하는 문화의 '집단이동'mass migration, '세력확장'empire building, '원거리교역'long-distance trade 등을 중심으로 서술한다(Bentley, 1993: 6). 한류사는 이 가운데서 특히, '원거리교역'의 관점에서 서술이 가능하다. 드라마의 해외수출, 즉 원거리교역으로부터 한류가 시작되었기 때문이다. 드라마 수출이 한류의 생성, 진화 과정에서 중심소재 역할을 했다는 근거는 여러 학자와 전문가들의 주장,[41] 정부와 정부 산하 유관기관의 통계자료, 언론사들의 비학술적 취재자료 등을 통해서도 확인이 가능하다.

"드라마는 한국의 주력 문화 수출상품이다."[42] "드라마는 아시아시장에서 가장 인기 있는 한국의 대중문화 장르이고, 아시아인들이 가장 선호하는 한국의 문화상품이다."[43] "한국 드라마의 소비자인 아시아인들은 한국 드라마와 한류를 동일시한다."[44] "한류 형성에 가장 기여한

---

41 "한국 드라마에 대한 높은 시청률로 시작되었던 한국 대중문화의 유행은 가요, 영화로 파급되더니 특정의 한국 연예인들에게 열광하고 이들을 모방하는 데까지 이르렀다. 한국 연예인들의 헤어스타일, 화장법, 옷 입는 모양이 유행하는가 하면, 이들을 모델로 앞세운 상품들이 날개 돋친 듯이 팔리는 효과까지 나타난다(신윤환, 2006: 11)." "중국에서는 1997년 중앙텔레비전에서 방영한 〈사랑이 뭐길래〉라는 한국 드라마를 중국에서 '한류'가 시작된 계기로 볼 수 있다. 그 당시 시청률이 4.3%에 이르러 외국 드라마로서는 최고 기록을 갱신할 정도였다. 그 후 대만과 베트남 등지에서도 연이어 〈사랑을 그대 품 안에〉 등 한국 드라마를 방영하면서 '한류'는 점차 동남아 지역에 불기 시작하였으며, 그 후 인기 한국 가수들인 '클론'과 'NRG', 'H.O.T' 등 스타들의 노래와 율동적인 춤, 패션이 그야말로 '한류'의 열풍을 고조시켰다(한영, 2009: 210; 한영은 중국 대련대학교 한국학연구중심 교수임)." "한국의 대중문화 중에서 아시아 전역에서 공통적으로 높은 인기를 얻고 있는 장르는 드라마다(히라타, 平田由紀江, 2005: 20~21)." "한류를 이끈 것은 드라마다(강철근, 2006: 108)." "한국의 트렌디드라마는 1990년대 후반, 아시아에서 한류 열풍을 일으킨 주역으로 인정받으며, 한국의 자존심을 높이는 문화상품으로 주목을 받게 된다(이동후, 2005: 126)."

42 드라마는 방송콘텐츠 전체 수출 물량의 90% 이상을 차지하는 한국의 주력 문화 수출 상품이다. 드라마의 수출 비중은 2003년 93.6%, 2004년 95.5%, 2005년 96.2%, 2006년 68.3%, 2007년 89.7%, 2008년 91.1%에 이른다(문화관광부 2003/2004년도 방송프로그램 수출현황, KBI포커스, 2009: 7). 따라서 본 연구에서는 드라마의 해외수출을 한국의 전체 방송콘텐츠 수출로 간주한다.

43 문화체육관광부, 보도자료(2011.2.18 배포; 2.19. 조간 보도): 중국인들이 가장 만족해하는 한국 문화콘텐츠 1위가 드라마(36.4%)로 나타난다.

44 중국의 한 언론은 한류의 매력을 '평민화(平民化), 진실, 정직, 유행선도, 선량함, 화목, 편안함, 아름다움' 등 8가지 요소로 설명한다(경제투데이. 2005.10.27). 그런데 중국인들이 꼽은 이 8가지 한류의 매력이 모두 한국 드라마의 매력을 압축, 요약하고 있다는 사실이다. 그만큼 드라마는 한류 연구의 주 대상이 될 수밖에 없는 여러 가지 요건들을 갖추고 있다.

대중문화는 드라마다."[45] 이처럼 한류사와 드라마는 떼려야 뗄 수 없는 불가분의 관계에 있다.

원거리교역의 관점에서, 아시아 드라마시장의 역사는 메인스트림이었던 일본 드라마와 한국 드라마의 관계를 중심으로 시기구분periodization이 가능하다. 일본 드라마에 대한 모방과 동조화가 광범위하게 이루어지던 1단계 일본 드라마의 '수입시기'(1950년대-1980년대), 일본 드라마에 대한 모방과 탈동조화가 동시에 이루어지던 2단계 '경쟁시기'(1990년대), 그리고 일본 드라마가 후발 주자인 한국 드라마를 모방하고 동조화하는 3단계 '역모방시기'(2000년-2014년 현재)가 그것이다. 이 같은 '수입시기→ 경쟁시기→ 역모방시기'로 이어지는 아시아 드라마시장의 역사 속에서 한류의 실체 또한 규명이 가능해진다. 다시 말해 한류는 아시아 문화시장의 주변부에서 1980-1990년대 급속한 경제성장과 함께 시장의 중심부로 이동한 한국 드라마의 상업적 가치가 창조해낸 일종의 문화적 창발emergent behavior 현상이다.

일본 드라마의 수입시기, 모방과 동조화의 시기

모방

아시아시장에 텔레비전이 처음으로 도입[46]된 1950년대부터 1980년

45 바이타민비즈(2005), "한류 실태 파악을 통한 활성화 방안 연구" 요약본.

46 아시아 최초의 TV방송사는 일본 NHK(1953), 두 번째는 필리핀 DZAQ(1953), 한국의 HLKZ는 태국TV에 이어 아시아의 네 번째 텔레비전 방송사로 1956년 출범한다.

대까지는 한국 드라마가 일본 드라마를 모방하고, 동조화하는 시기다. KBS는 1960년대 초 홈드라마 〈가정극장〉에서 연 3주째 일본 작가의 표절 작품을 계속해서 방영한다(정영희, 2005: 35; 정순일, 1999a: 62). 신규 편성한 홈드라마 〈일요연속극〉(1962) 가운데 〈서울의 뒷골목〉(김석야 작, 황은진 연출)도 NHK의 〈버스 길 뒷골목〉[47](1958-1963)의 영향을 받은 드라마다(김승현 외, 2001: 43; 장한성 외, 2000). 서민층 가정, 미장원을 경영하는 젊은 미망인, 교육자 가정 등 세 가정을 중심으로 서민의 삶을 통해 도시 주변에서 일어나는 문제를 보여 준 시사성 드라마다. 1970년 3월 방영을 시작해 당시 최고의 인기를 구가했던 일일연속극 〈아씨〉(TBC)도 그 당시 일본 NHK에서 방송해 사상 최고의 시청률을 올렸던 일일TV소설 〈오하나항〉おはなはん(1966)을 표절한 것이라고 해서 논란이 일기도 한다(정영희, 2005: 74; 노정팔, 1995: 441).

홈드라마가 기세를 잃고 쇠퇴하던 1974년부터 1980년까지 일본에서는 청춘 드라마 〈빨간 미로〉赤い迷路, 〈빨간 운명〉赤い運命 등이 인기리에 방송된다. 당시 인기 스타였던 야마구치 모모에山口百惠가 주연을 맡았고, 여주인공이 출생의 비밀이나 교통사고 등 온갖 불행을 겪으면서도 행복을 찾게 된다는 내용이 그려진다(히라타, 2005: 33). 일부 미디어는 1990년대 한국의 트렌디드라마가 1970년대 일본에서 방송된 이 같은 일련의 '빨간 시리즈' 드라마와 유사한 구조와 줄거리를 가지고 있다고 지적한다. 2000년대 초 한국 드라마로는 처음으로 일본 지상파 TV에

47 1962년 6월 3일부터 총 6회 방영.

서 방송된 〈이브의 모든 것〉(MBC, 장동건 · 채림) 또한 일본 드라마 〈사랑의 기적〉恋の奇跡(1999)을 표절했다는 의혹을 받는다(ibid. 29). 이처럼 '수입시기' 일본 드라마의 영향력은 그 잔영이 한류의 절정기가 시작되는 2000년대 초까지도 사라지지 않고 남아 있게 된다.

동조화

1960년대 홈드라마

일본에서는 1950년대 홈드라마라는 새로운 영화 장르가 탄생한다. 일반적으로 서민 가정을 무대로 가족 간의 갈등이나 가정 내 문제 등을 유머와 페이소스를 섞어 묘사한다. 대부분은 영상에 의한 드라마라고 할 수 있다(Iwao, 2000: 11-12; 坂本圭鶴惠, 1997: 97). 홈드라마의 개념[48]이 정작 일반인들에게 널리 알려지게 된 것은 텔레비전의 보급이 이루어지면서부터다. 일본의 선구자적 홈드라마는 앞서 언급한 〈버스 길 뒷골목〉(NHK, 1958-1963: 1,395회 방송)이다. 고교 교사 일가一家와 미용사 일가의 일상생활을 밝고 건강하게 그린다. 1960년대 전반에는 대가족을 그린 홈드라마가 유행한다. 젊은 부부와 부모 간의 평화로운 일상

48 40대, 50대 여성이 나름대로 아름답고 즐겁게 인생을 즐기는 모습을 그리는 홈드라마는 영화에는 없고, 텔레비전에 의해 적극적으로 개발된 것이다. 결혼 전의 미혼 여성을 중심으로 영화제작이 이루어졌는데, 텔레비전 드라마에서는 40대, 50대 여성도 화려하게 치장하고 수다를 떨며 여성 전성기를 크게 확대시켜 놓았던 것이다. 주부들은 여기에서 자기 자신의 이상적인 자화상을 발견한다(Iwao, 2000: 12; 佐藤忠男, 1995: 18). 홈드라마는 이상한 성격이나 이상한 행동심리 상태를 그리지 않는다. 여기서 그려지는 것은 보통 사람들이 느낄 것 같은 심리적인 흔들림과 감정이다. 부부와 부모 자식을 그리고 있다고 해서 모두가 홈드라마라고 말할 수는 없다(Iwao, 2000: 23; 坂本佳鶴惠, 1997: 236-237).

을 그려 호평을 받은 〈사끼코씨 잠깐〉(TBS, 1961-1963)을 비롯해서 메이지시대 태어나 회사 사장으로 은퇴한 할아버지와 부모, 자식들의 3대 가족의 일상사를 주제로 한 〈7명의 손자〉(TBS, 1964-1966), 자식이 9명이나 있는 가정의 시끌벅적한 단란함을 다룬 〈다녀왔어요, 11명〉(TBS, 1964-1965) 등이 그것이다. 이들 홈드라마는 유복한 가정을 무대로 중심이 되는 할아버지와 부친이 가족 간의 갈등을 원만하게 수습하는 전통적인 가부장적 권위 중심의 가족이 묘사된다.

1960년대 후반부터 1970년대 전반기는 일본 홈드라마의 전성기다. 이 무렵이 되면 결손가정(모자가정 또는 부자가정)을 무대로 한 홈드라마가 시청자의 인기를 끈다. 국수가게를 운영하는 미망인을 중심으로 서민 상대의 상점가에서 벌어지는 일상을 그린 〈통 큰 엄마〉(TBS, 1968)와 여성 경찰관과 그의 엄마를 중심으로 온정이 넘치는 동네에서 엄마와 딸이 직장, 이웃 사람들과 교류하면서 힘차게 살아가는 모습을 그린 〈고마워〉(TBS계열, 1970-1975) 등이 높은 시청률을 기록한다(Iwao, 2000: 8-9).

이처럼 영화에서 시작된 일본의 홈드라마는 1950년대 말 TV드라마로 시도되고, 1960년대 전반기 새로운 TV드라마 장르로 자리를 잡는다. 홈드라마의 내용과 형식은 급격하게 경제발전을 구가하던 전후 일본 사회를 대변한다. 전후 흐트러진 청년세대를 가족을 통해 규합하고, 경제와 사회건설에 매진해야 할 가장을 화합하는 가정이 도와주어야 한다는 공동체중심주의적 이데올로기가 작용한다. 그리고 1960년대 하반기부터 1970년대 전반기 홈드라마는 절정기를 구가하다가, 이후 새로운 드라마 트렌드로서의 의미를 상실하게 된다.

한편, 한국 최초의 TV홈드라마는 일본 홈드라마와 5년여의 시차를 두고 등장한다. 본격적인 홈드라마는 〈어머니의 가슴〉(KBS, 1964)이다. KBS '금요무대' 시간대에 편성되어 대단한 인기를 누렸다(김승현 · 한진만, 2001: 37). 그러나 홈드라마성 드라마의 출현은 이보다 앞서 방송된 〈일요연속극〉(KBS, 1962)이다. 4명의 작가가 시사성을 가미한 소재들을 다뤘다. 〈서울의 뒷골목〉도 〈일요연속극〉의 한 에피소드다. TBC(동양방송)는 1965년 말부터 일요일 저녁을 경쾌한 홈드라마 노선으로 결정한다. 그리고 코믹 터치의 극작가 유호를 고정 필자로 해서 로맨스극장(1966)→ 일요드라마→ 유호극장(1969) 등을 이어간다(ibid. 40). 드라마의 소재와 형식이 TBC의 등장(1964)으로 다양해졌다면, MBC의 등장(1969)은 드라마의 소재를 다루는 방식에서 변화를 보이게 한다. 홈드라마에서도 불륜이 일상성과 맞물리면서 전개되고, 그 수위가 때로는 지나쳐 당국으로부터 제재를 받기도 한다(정영희, 2005: 57-58).

한국 홈드라마의 절정기는 일본 홈드라마의 절정기(1960년대 후반부터 1970년대 전반)와 일치하는 1970년대 초 〈아씨〉(TBC, 1970)와 〈여로〉(KBS, 1972)의 방송에 의해 이루어진다. 가난하게 태어나 험한 길을 헤쳐 나가면서 아내로서의 부덕과 어머니로서의 사랑을 끈기 있게 보여주는 한 여인의 일생을 그린 작품들이다. 극작가 차범석은 이 드라마들을 '한국적 여성상의 재발견이자 찬미가'라고 평가한다. 〈아씨〉는 처음부터 끝까지 주인공 아씨를 통해 한국인들이 살아왔던 험한 행로를 조명한다. 〈여로〉 또한 일제시대에서 6 · 25 부산 피난시절에 이르는 역사의 어두운 질곡 속에서 저능하지만 순박한 남편을 위해 모든 것을 희생하고 헌신하는 한 여인상을 그린다. 이렇게 두 작품이 보이는 탄탄하고도 흔들리지 않는 집요한 인간추구가 시청자를 텔레비전 앞에 붙잡아 놓을 수 있었다고 해도 과언이 아니다(차범석, 1985: 204-205).

그러나 이후 한국의 홈드라마는 양면성을 보이기 시작한다. 〈신부일기〉[49](MBC, 1975)는 '건전드라마'의 표상이 되어 1975년 방송대상 대통령상을 수상하는가 하면, 〈안녕〉(MBC, 김수현 극본)과 〈아빠〉(TBC, 나현숙 극본)는 여대생과 유부남의 파행적 애정행각을 다루었다는 퇴폐조장혐의로 중도 하차하게 된다. 텔레비전은 불륜과 부도덕한 애정 설정의 온상이 될 수 없다는 사회적 전제가 혹독한 비판을 받게 한다(오명환, 1993: 341). 이와 같은 홈드라마의 양극화는 1970년대 말 미니시리즈[50] 〈나룻터 삼대〉(KBS, 1977)라는 새로운 드라마 장르의 탄생과 함께 한국의 홈드라마를 쇠퇴의 길로 이끈다.[51]

결국, 한국의 홈드라마는 일본의 홈드라마와 5년여의 시차를 두고 그 시작과 끝을 같이 하게 됨으로써 모방과 동조화의 근거를 제공하게 된다. 특히, 초기 한국 홈드라마의 일본 드라마 동조화는 일본과 같

49 층층시하 시댁에서 불안하고 불편한 삶을 살아가는 어린 신부(김자옥 분)를 주인공으로 대가족제도 내의 여성의 지위를 묘사하며, 착한 며느리가 애처로운 시집살이를 하면서도 쌍둥이를 낳아 가족으로서 정체성을 찾아간다는 줄거리를 갖는다(정영희, 2005: 94).

50 보통 3-4회, 길어야 10회 내외로 짧게 구성된 드라마.

51 물론, 이것이 언론을 장악하기 위해 1980년 군부에 의해 단행된 언론통폐합의 결과일 수도 있다.

이 경제의 절정기나 사회조직화의 시기에 도달하지 못한 정치적 격동의 시기를 거치면서 한국 사회가 보여 주었던 불안정성을 대변한다. 지순한 한국의 여인상과 아버지상을 강조하는 전근대적 이미지와 격동의 시절에 흔들리는 남녀의 불편한 상태를 교차적으로 보여 준다.

1970년대 유사가족 드라마와 사회성 드라마

유사가족이란 혈연관계가 없는 낯선 사람들이 한 지붕 아래 모여 어깨를 맞대고 살아가는 의사疑似 가족을 뜻한다. 이런 유사가족 드라마는 일본의 경우, 1971년 〈쓰쿠시는 누구 아들〉(니혼텔레비전 계열, 1971-1975)로부터 시작해 1980년 〈항구마을 순정시네마〉(TBS 계열), 1992년 〈맨얼굴 그대로〉(후지텔레비전 계열), 1994년 〈너와 함께 한 여름〉(후지텔레비전 계열) 등으로 그 맥을 이어간다. 〈쓰쿠시는 누구 아들〉과 항구의 영화관을 무대로 한 〈항구마을 순정시네마〉는 사회로부터 버림받은 사람들이 유사가족을 이룬다. 〈맨얼굴 그대로〉는 전혀 다른 집안에서 자란 여자들끼리 엉뚱한 일로 동거하게 되고 결국은 가족 이상의 유대를 쌓아가는 삶을 그린다. 〈너와 함께 한 여름〉은 부모가 해외에 나가 있는 동안 아들의 집에 남녀 몇 명이 함께 모여 공동생활 하는 모습을 그린다(Iwao, 2000: 23-24).

한국의 유사가족 드라마는 일본의 유사가족 드라마보다 26년 뒤인 1996년 청춘시트콤 〈남자 셋, 여자 셋〉(MBC, 1996-1999)으로부터 시작해서 2006년 〈불량가족〉(SBS)으로 이어진다. 〈남자 셋, 여자 셋〉은 같은 대학에 다니는 6명의 젊은 남녀학생들이 같은 하숙집에 기거하면서 벌어지는 해프닝을 코믹하게 그린 드라마로 하숙집 주인과 학생들의 관계가 유사가족의 형태를 취한다. 한류스타 송승헌, 이의정, 소지섭, 신동엽, 우희진 등이 커플로 출연한 〈남자 셋, 여자 셋〉은 신동엽과 우희진 커플의 결혼을 다룬 '그들의 결혼식'(700회)을 끝으로 1999년 대단원의 막을 내린다.

이렇게 시작된 한국의 유사가족 드라마는 10년 뒤인 2006년 〈불량가족〉으로 재탄생한다. 〈불량가족〉은 교통사고로 가족을 잃고, 그 후유증으로 기억상실증에 걸린 어린 '나림'을 치료하기 위해 결성된 유사가족이다. 김명민, 남상미, 박진우, 현영 등이 출연한 〈불량가족〉은 사채를 쓴 사람들이 주인공 건달 '오달건'(김명민 분)의 아르바이트생이 되어 가짜 가족 연기를 펼치는 휴먼 코믹 드라마다. 가족은 소중하고 가정의 행복은 모든 가치의 최우선이다. 진짜 가족을 잃어버린 어린 '나림'을 위한 가족대행서비스 업체의 아르바이트 등장인물들이 펼치는 가짜 가족 역할을 통해서 진짜 가족의 의미를 찾아간다.[52]

이처럼 일본의 유사가족 드라마가 1970년대 시작해 1990년대까지 지속적으로 하나의 트렌드를 형성해 간다면, 한국의 유사가족 드라마는 그렇지 못했다. 1996년 〈남자 셋, 여자 셋〉으로 시작했지만, 후속 작품은 그보다 10년 뒤인 2006년이 되어서야 나타난다. 다시 말해 유사가족이 하나의 트렌드로 자리를 잡지 못한다. 이는 고속 경제성장 이후 가족적 연대성이 해체되어 가는 일본과 달리, 혈연을 중시하는 한국 사

52 http://wizard2.sbs.co.kr/resource/template/contents/tpl_iframetype.jsp.

회의 오랜 문화적 전통이 낳은 결과일 수 있다.

한편, 일본 경제는 1973년 1차 오일쇼크를 겪으며 고속성장에서 저속성장의 단계로 접어든다. 이런 급박한 시대 상황은 사회문제나 사회와 연계된 가정의 문제, 환경문제 등 사회의 어두운 단면을 다루는 사회성 드라마의 등장 계기가 된다. 이 시기 일본의 홈드라마는 선량한 주인공이 조그만 사건을 둘러싸고 우왕좌왕하는 모습을 보이다가, 결국은 해피엔딩으로 끝나는 공식화된 패턴에서 가족 또는 가정의 문제를 다루는 스타일로 점차 바뀌어간다.

이 같은 홈드라마의 전환기는 〈각자의 가을〉(TBS계열, 1973)이라는 오일쇼크가 터진 그 해에 방송된 프로그램으로부터 시작되었다. 이 드라마는 장기 융자를 받아 그토록 바라던 자기 집을 지은 초로의 부모 밑에서 세 자식들이 잇따라 떠나간다는, 중류 가정이 각자 뿔뿔이 흩어져 붕괴되어 가는 모습을 극명하게 그린 작품이다. 〈강가의 앨범〉(TBS, 1977)은 〈각자의 가을〉에서 각본을 쓴 야마다 타이치山田太一가 신문에 연재한 소설을 드라마화한 것으로 도쿄의 다마가와多摩川 강 부근에 사는 중류 샐러리맨 가정에 내재된 어두운 부분을 묘사한다.[53] 이전의 드라마에서는 다루지 않았던 심각한 사건이 차례차례 전개된다. 마지막 회, 융자로 지은 자기 집이 제방이 무너지는 바람에 탁류에 휩쓸려 가버린다. 전후의 일본 사회를 저변에서 지지해 온 가족의 붕괴, 예정조

53 아버지의 직장은 도산 직전, 어머니는 바람피우는 것 같고, 딸은 미국인 청년에 성폭행 당해 임신중절, 재수생인 아들은 그런 가족의 모습에 고민하고 가출한다.

화적인 홈드라마의 종언을 상징하는 마지막 장면이었다(Iwao, 2000: 13-14).

한국의 드라마는 1980년대 초, 군사정권의 억압과 통제로 표현이 자유롭지 못했다. 그러다가 88서울올림픽을 앞둔 1987년 이후, 오랫동안 사회적으로 금기시 되어 왔던 주제들에 대해 접근을 시작한다. 개발논리에 의해 피폐된 사회상을 조금씩 드러내고, 맹목적으로 추구했던 개발논리를 새로운 시각에서 바라본다. 가정의 테두리 안에서 논의되던 가족과 가정의 문제를 사회극화 하여 사회적 이슈로 부각시키는가 하면 민주화의 문제, 환경 문제 등을 새로운 시각에서 접근한다. 성의 문제에 있어서도 변화한 가치관을 드러낸다. 이혼, 가출을 통한 가정의 파괴, 부권상실의 문제, 노인문제, 자녀의 탈선 등이 다루어짐으로써 이전 시기와는 다른 소재와 관점으로 홈드라마를 구성한다. 무조건 참고 희생을 강요당하기만 하던 어머니의 상에도 변화가 있었고, 가정의 절대자로 재현되던 아버지의 상에도 변화가 온다.

예를 들어, 〈아버지와 아들〉(KBS, 1970)에서의 아버지는 권위와 강권의 상징이었다. 그러나 〈아버지〉(MBC, 1971)는 권위를 잃고 뒷자리로 물러나는 아버지의 모습을 예견케 한다. 이를 구현한 드라마가 〈아빠의 수염〉(MBC, 1980)이다. 사업에 실패하고 완력도, 권위도 사라져버린 고개 숙인 아버지, 좋아하기는 하지만 모시기는 싫어하는 며느리들의 모습이 그려진다. 이제 아버지라는 존재가 가정 내에서 절대적 권위자로서의 자리에서 물러나고, 어머니 혹은 딸은 절대복종, 희생의 굴레에서 벗어나게 된다.

1980년대 후반에는 사회 전반에 여성의 목소리가 높아지면서 드라마에서도 여성문제가 폭넓게 다루어진다. 여성들의 사회 진출을 다룬 드라마가 많아졌고, 자아의식이 뚜렷한 여성들의 가치관이 드라마의 내용에 묻어난다. 주말연속극 〈세여인〉(MBC, 1988)은 자아의식이 뚜렷한 세 여인과 그들의 가족, 결혼 상대자들이 각기 다른 개성으로 펼치는 결혼관, 여성관, 삶의 유형을 그린다. 〈찻잔 속의 달〉(MBC, 1989)은 남편과 자식으로부터 소외당한 중년의 부인이 자기를 발견해 나가는 과정을 그린다. 특히 동시대를 살아가는 여성들의 문제를 다양한 측면에서 조명한 〈절반의 실패〉(KBS, 1989)는 이경자 원작을 드라마화한 것으로, 주부 시청자들의 폭발적인 호응에 의해 예정된 8회보다 4회를 연장해 총 12회에 걸쳐 방영되기도 한다(김승현 · 한진만, 2001: 114-116).

22년간 방송된 한국의 최장수 드라마 〈전원일기〉(MBC, 최불암 · 김혜자: 1980-2002)는 인간성 회복에 역점을 두었던 초창기와 달리 이후에는 사회적인 영역의 주제를 꾸준히 확대해 농촌사회 전반에 깔려 있는 농산물 가격, 농가 부채, 결혼문제, 세대차이 및 고추파동까지 많은 사회적 문제를 다룬다(ibid. 102).[54] 〈은빛여울〉(KBS, 1985)은 개인과 가정, 부모형제 나아가서 이웃과 사회의 문제를 제시하고, 통찰하며 삶의 의미를 부여한다(한국방송공사, 1987: 99).

이처럼 1970년대 시작된 일본의 사회성 드라마와 1980년대 후반에

54 한편에서는 이 드라마가 '농민들에게는 거짓생활을, 도시인들에게는 꿈과 낭만을 준다'는 엇갈린 비평도 있었지만 전반적으로 농촌드라마의 틀에 사회성 드라마의 색채를 입힌 것이다.

시작된 한국의 사회성 드라마 사이에는 동조화와 관련해 10여년 이상의 시차가 존재한다. 사회성 드라마는 2차 세계대전 후 경제개발에 몰두했던 서방세계와 일본이 1970년대부터 서서히 자유와 민주주의의 욕구를 드러내면서 나타나기 시작한 드라마 장르라고 볼 수 있다. 1970년부터 레이건과 대처가 등장하는 1980년대 중반까지 서구와 동유럽, 미국과 일본사회는 자유화와 민주화 열풍에 휩싸였으며 사회성 드라마의 출현은 이 시기 유럽과 미국, 일본에서 동일하게 나타난다.

특히, 1978년 시작된 2차 석유파동은 세계경제를 큰 혼란에 빠뜨린다. 선진국의 경제성장률은 1978년 4.0%에서 1979년 2.9%로 낮아진다. 소비자 물가상승률은 10.3%를 기록한다. 개발도상국의 경우는 이보다 더 극심한 32.0%의 급격한 소비자 물가상승률을 기록한다.[55] 이런 시대적 상황은 텍사스의 석유 부호 어윙Ewing가의 암투와 사랑을 그린 미국 드라마 〈달라스〉(Dallas: CBS, 1978-1991)의 등장을 가능하게 한다. 한국 사회는 이보다 늦은 1980년대 후반에 와서야 비로소 사회성 드라마에 대한 동조화의 기운을 보이기 시작한다.[56]

1980년대 트렌디드라마

버블 경제로 소비가 과열되는 1980년대 후반, 일본에서는 홈드라마가 TV브라운관에서 거의 자취를 감추고, 이를 대신해 새로운 장르

55 http://100.naver.com/100.nhn?docid=774606.

56 한국의 초기 사회성 드라마는 1980년대 후반, 〈은빛여울〉(KBS, 1985), 〈세여인〉(MBC, 1988) 등으로부터 시작된다.

가 등장하는데 이것이 트렌디드라마trendy drama다. 후지다케 아끼라藤竹曉는 이를 "주인공의 인생관, 생활양식이 직장여성OL을 중심으로 한 젊은 이들의 사고 및 패션, 나아가 소비 방법에까지 영향을 미치는 연속 텔레비전 드라마"라고 정의한다. 종전의 드라마는 주부가 주요 타깃이었지만, 버블기 이후에는 미혼인 젊은 여성을 타깃으로, 이들에게 드라마 주인공들의 생활양식을 보여 준다. 젊은 여성과 남성 7인의 한여름 도시의 사랑이야기를 그린 〈남녀 7인 여름 이야기〉男女7人夏物語(TBS계열, 1986)는 트렌디드라마의 원형이라고 불린다.

그러나 이런 경향이 정착된 것은 동경 시부야 거리를 배경으로 젊은 남자 형사 두 명을 주인공으로 하는 〈너의 눈동자를 체포한다!〉(후지텔레비전 계열, 1988)와 여자 친구 두 사람이 당시 유행하던 가타가나라는 벤처 신종 직업을 가진 주인공을 상대로 빠른 템포의 러브코미디를 전개하는 〈껴안고 싶다〉(후지텔레비전 계열, 1988)의 방송과 함께 정착된다(Iwao, 2000: 19-20).

트렌디드라마에서는 〈남녀 7인 여름 이야기〉처럼 주인공이 여러 명 등장하는데, 아베키쇼阿部嘉昭는 이에 대해 다음과 같이 말한다.

"트렌디드라마에는 소비의 핵이 이곳저곳에 다원적으로 박혀 있어 그 다원성의 '다'多가 시대적 다행증多幸症의 '다'多와 만난다. 그리고 여기에서는 '다'의 감각이 팝 감각이라고 쉽게 믿는다. 트렌디드라마는 '다수성'이 무기다. 따라서 많은 트렌디드라마에서는 주연급으로 남녀 '몇 명'이 채택되고, 그 순열조합에 의해 장면이 진행된다"(阿部嘉昭, 1996: 32-33).

그는 트렌디드라마의 성격을 '행복' '팝 감각' '여러 주인공들'로 압축하는데, 이는 어찌 보면 다원주의적인 행위자관의 표현이라고 볼 수 있다. 그만큼 사회공동체의 가부장주의가 깨져가고 있던 일본사회의 모습을 보여 주고 있었다. 한 남성의 일관된 사랑을 그린 〈101번째 프러포즈〉(1991년, 후지텔레비전 계열)와 "섹스하자"고 가볍게 남자를 꼬드기는 적극적인 여성이 주인공인 〈도쿄 러브스토리〉(1991년, 후지텔레비전 계열) 등 한결같이 후지텔레비전이 제작한 프로그램들이 당시 높은 시청률을 기록한다. 시차가 있기는 하지만, 결혼식 날 상대로부터 버림받은 30세의 모델과 피아니스트의 사랑을 그려 36.7%라는 높은 시청률을 올린 〈긴 방학〉(1996년, 후지텔레비전 계열), 기무라 다쿠야 주연으로 광고대리점에 근무하는 남녀의 사랑을 그린 〈러브 제너레이션〉(1997년, 후지텔레비전 계열)도 이런 계열에 속하는 인기 드라마라고 할 수 있다(Iwao, 2000: 20).

한국에서 트렌디드라마는 비평적 용어는 아니지만 신세대, 혹은 영상세대를 대상으로 생산된 장르 명칭으로 사용되며, 1990년대 '소비 주체'로 등장한 이른바 신세대 담론을 장르 차원에서 구현한다. 전통드라마와 내용상으로는 크게 차이가 없지만 새로운 드라마 영상언어를 개척했다는 평가를 받으며, 사회적으로는 향락주의, 소비주의를 조장한다는 윤리적인 비판의 대상이 되기도 한다(주창윤 외, 2007: 64). 신세대 문화와 맞닿아 있는 트렌디드라마는 스토리텔링이나 대사 위주가 아니라 감각과 분위기 위주이며 X세대라고 불리는 청소년층을 대상으로 한 드라마다. 이런 드라마에서는 젊은이들의 유행, 말투, 그들이 선호하는 음악 등이 중시되며, 그들의 라이프스타일 위주로 극이 전개된다.

또한 테마보다는 에피소드 중심으로 드라마가 엮어지기 때문에 에피소드 자체가 중요한 의미를 가진다. 이는 에피소드를 질서 있게 구성해 테마를 표현하는 기존의 드라마 문법과는 상반되는 것으로 '보는 즐거움'을 극대화시킨다(장기오, 1998: 105). 표현방식에 있어서도 직감에 호소하기 때문에 감각적이고 물신주의적이며 비사고적인 인간을 보편화시킨다는 비판을 받기도 한다. 간결하고 짧은 대사, 빠르고 거침없는 전개, 순간적인 자극과 반응 등의 방법론을 사용하기 때문에 이런 드라마는 심각한 인간형, 진지한 느낌의 배우보다는 미모와 재치를 보여 주는 배우를 요구하며, 40-50대 배우들을 2군으로 밀려나게 한다. 주로 상류사회라고 가정되는 내용들이 보여지며, 배경은 주로 압구정동이 되어 생산적이라기보다는 소비적인 문화를 말해 준다. 이로 인해 시청자의 허영심을 자극하고 구매욕을 부추겨 과소비를 조장한다는 사회적 비난을 받기도 한다(김승현 · 한진만, 2001: 148).

기술적으로 보면, 트렌디드라마는 보통 1회 50분 내외의 에피소드가 16회에서 20회 정도의 분량으로 구성된다. 이는 5-6개월에서 1년 이상씩 장기 방영되는 일일연속극이나 주말연속극에 비해 매우 짧은 길이다. 주제 면에서도 도시를 배경으로 젊은이들의 일과 사랑 이야기를 다룬다는 점에서 복잡한 가족관계와 다양한 세대의 이야기가 포진해 있는 기존의 드라마와는 차별화된다. 플롯 구성 역시 신데렐라 이야기처럼 매우 단순해서, 복잡하게 얽힌 갈등구조와 다양한 사건의 동시적 전개를 보여 주는 기존 드라마와 달리, "수용자의 입장에서 간혹 몇 개의 시퀀스를 놓쳤다고 해도 전체적인 이야기의 흐름을 이해하는 데 별 어려움이 없다"(황인성, 1999: 233). 등장인물 사이의 대화 양이 극소화되는 대신 이미지와 음악이 결합된 뮤직비디오적인 영상이 큰 비중을 차지한다는 점에서 이야기보다 시각적 볼거리를 지향하는 드라마라고 할 수 있다(손병우 · 양은경, 2003: 154; 오명환, 1994).

한국 최초의 트렌디드라마는 〈질투〉(MBC, 1992)다. 대학 동창생 하경과 영호, 그들의 연인인 영애와 채리 등 젊은이들의 우정과 사랑이 줄거리를 이룬다. 이 드라마는 현대적인 소비유형을 암묵적으로 교시한 작품으로 사회성의 실종으로 비판받기도 한다. 그러나 〈질투〉가 방영되는 월요일과 화요일을 기다리는 재미로 월요병이 없어졌다는 시청자의 편지가 있는가 하면, 월요일과 화요일 밤에는 대학 도서관과 학원가가 텅텅 비고 대신 기숙사 휴게실이 만원이 된다는 소문, 촬영장마다 남녀 주인공인 최진실과 최수종에 대한 팬들의 사인공세로 촬영이 지연되는 사태, '질투 신드롬'이라는 새로운 유행어를 만들어 내기도 한다(김승현 · 한진만, 2001: 130). 〈질투〉는 단순히 시청률에서 성공한 드라마가 아니라, 한국 드라마사에 트렌디드라마의 등장과 유행을 만들어 내며, 신세대 드라마의 대표적인 형식으로 트렌디드라마를 자리 잡게 한다.

같은 해인 1992년 방송된 〈두려움 없는 사랑〉(SBS, 최재성 · 고현정)도 젊은 시청자들을 텔레비전 속으로 흡입한다. 부유한 가정의 무용학도와 가난한 젊은 작가의 사랑을 그린 전형적 멜로드라마인 〈두려움 없는 사랑〉은 당시 젊은이들에게 인기가 높았던 고현정과 최재성을 캐스팅해 〈질투〉와 함께 드라마시장으로 젊은이들을 끌어들였던 대표적인 작품이다. 이처럼 1992년은 중장년 주부 중심의 한국 드라마시장에 청년층이 유입되고, 이후 드라마시장이 세대별, 계층별로 세분화되어 가는 계기가 마련되는 의미 있는 해다(정영희, 2005: 161-163).

한국의 트렌디드라마가 일본 트렌디드라마의 영향을 받았다고 지적하는 미디어학자 이동후는 이를 지역 미디어 상품이 형성되는 과정에서 일어나는 문화 혼종의 예라고 설명한다.[57] 일본 측 입장에서는 자국 문화의 한국 이동으로 볼 수 있고, 한국 측 입장에서는 일본의 문화 트렌드를 흡수해 한국의 것으로 소화해내는 문화접변acculturation[58]의 과정으로 해석할 수도 있다. 어쨌든 일본의 트렌디드라마는 1986년 〈남녀 7인 여름 이야기〉男女7人夏物語(TBS계열)로부터 시작했고, 한국의 트렌디드라마는 6년 뒤 〈질투〉(MBC, 1992)로부터 시작한다. 그리고 1980년대 중반에 시작된 일본의 트렌디드라마는 1993년 네오홈드라마인 〈한 지붕 아래〉[59](후지텔레비전)의 등장과 함께 막을 내리고, 한국 트렌디드라

---

57 한국 트렌디드라마의 문화적 형성은 1990년대 세계지역화 과정에서 이루어지는 다차원적인 문화 '섞임'의 예를 보여 준다(이동후, 2005: 130).

58 문화접변이란 하나의 문화가 다른 문화와의 접촉을 통해 어느 일방 또는 쌍방의 문화에 변동을 일으키는 현상을 말한다(노길명 외, 2002: 99).

59 〈한 지붕 아래〉는 조실부모하고 흩어져 살던 형제자매가 한 지붕 아래 모여 가족의 재생을 꿈꾸는 내용이다. 가족의 유대를 다시금 정면에서 다룬 이 드라마는 평균시청률 28.2%, 최고시청률 37.8%를 기록, 당시 후지텔레비전이 갖고 있던 드라마 평균시청률과 최고시청률 기록을 동시에 갱신한다. 〈한 지붕 아래〉의 성공은 트렌디드라마의 종언을 고하는 동시에(도쿄타임스, 1993.05.27), 네오홈드라마라 불리는 홈드라마의 새로운 지평을 연다(Iwao, 2000: 67).

마의 퇴조는 일본보다 2년 늦은 1995년 복고풍 드라마 〈숙희〉(MBC)의 성공과 맞닿는다.

이처럼 몇 년 혹은 십 년 이내의 짧은 시기를 두면서 패턴을 같이 하는 두 나라 트렌디드라마의 등장과 퇴조는 한국과 일본 드라마 사이에 나타나는 동조화 현상을 반증해 준다. 모방이 드라마의 스토리라인이나 이야기 구조를 차용하는 것이라면, 동조화는 드라마의 트렌드를 채택함으로써 이루어지는 드라마의 커플링coupling을 의미한다. 따라서 모방과 동조화는 드라마의 일본화Japanization라는 입장에서 성격을 같이 한다.

일본 드라마와의 경쟁시기, 모방과 탈동조화의 시기

1990년대는 아시아시장에서 문화 확산을 선도하던 일본 드라마에 대한 한국 드라마의 도전이 시작되는 시기다. 일본 드라마와의 '경쟁시기'란 바로 이 시기로 일본 드라마의 '수입시기'(1950년대-1980년대)에서 한국 드라마의 '확산시기'(2000년-2014년 현재)로 넘어가는 아시아시장의 전환기다. 이 시기 일본 트렌디드라마에 대한 동조화는 한국 드라마가 아시아시장을 개척하는 '경쟁시기'의 단초가 되고, 일본 '포스트 트렌디드라마'의 등장은 한국 드라마의 대일 탈동조화의 기재가 된다. 아시아시장에서 한국 드라마의 확산이 이루어지기 시작하는 1990년대 일본 드라마와의 '경쟁시기'는 아시아시장의 무게 중심이 일본에서 한국으로 이동해 가는 한류의 생성시기이기도 하다.

모방과 동조화

일본 후지텔레비전 계열에서 1991년 처음 방송된 11부작 트렌디드라마 〈도쿄 러브스토리〉[60]는 일본 젊은이들의 전폭적인 지지를 받으며, 일본 텔레비전 드라마사에 새로운 전기를 마련해 주는 작품이 된다. 그리고 그 여세를 몰아 아시아 드라마시장에 트렌디드라마 붐을 일으키는 주역이 된다. 특히, 1992년 대만에서는 위성채널 스타TV를 통해 방송된 이후, 지상파인 TTV[Taiwan TV]를 비롯해서 총 6회 이상 방송되는 열기를 보인다. 아시아의 소비 주체들 특히, 여성들이 〈도쿄 러브스토리〉에 환호하는 것은 스즈키 호나미가 연기한 주인공 리카를 매력적인 캐릭터로 받아들여 리카와 심리적 동일시를 이룰 수 있었기 때문으로 평가되고 있다. 리카는 자신감에 넘치고 자립심이 강한 현대 여성의 바람직한 모델로, 긍정적으로 수용되었고, 캐릭터의 특성 중에서도 개방적이고 적극적이면서 끝까지 한 남자를 사랑하는 태도가 많은 젊은 시청자들의 공감을 얻고 칭찬을 받게 한다(Iwabuchi, 2001 : 197).

60 원작 만화를 드라마로 각색한 〈도쿄 러브스토리〉는 연애에 적극적이고 자기주장이 강한 20대 초반의 아카나 리카(몇 년 동안 외국에서 살다가 귀국한 자녀로 설정되어 있다)와 착하지만 우유부단한 면이 있는 나가오 간치(별명 간치)의 연애를 중심으로 내용이 전개된다. "간치, 섹스할래?" 하는 대사로 상징되는 솔직함, 자유분방함과 자신의 인생을 열심히 살아가려는 자세를 가진 리카의 태도에 간치는 매료되면서도 자주 대립하고 리카와의 관계 때문에 점점 힘들어진다. 그때 간치가 고등학교 시절부터 좋아한 동창 세키구치 사토미가 역시 동창인 의대생과 헤어진 후 간치에게 접근하기 시작한다. 리카는 사토미를 또 다시 좋아하게 되면서 자신과 사토미 사이에서 고민하는 간치를 보고 그와 관계를 정리하고, 미국으로 전근한다. 이야기는 몇 년 뒤 사토미와 결혼한 간치가 우연히 리카와 다시 만나 좋아하는 장면으로 끝난다. 리카는 간치와 연애하던 때를 그리워하면서도 결코 과거에 구속받지 않는다. 리카는 끝까지 적극적이고 독립적인 여성으로 그려진다(Iwabuchi, 2001 : 196).

〈도쿄 러브스토리〉에 의해 아시아 드라마시장에 트렌디드라마 붐이 조성되고 있던 1990년대 초 한국에서는 한국 최초의 트렌디드라마 〈질투〉(MBC, 1992)가 제작 방송된다. 〈질투〉는 56.1%의 시청률을 기록하며 젊은 시청자 층의 인기를 독점한다. 〈도쿄 러브스토리〉의 모작이라는 일부 비판도 있지만, 드라마 〈질투〉의 이승렬 PD는 다음과 같이 제작 당시를 회상한다. 그렇다고 일본의 트렌디드라마라는 거대한 조류 속에서 〈질투〉가 완전히 자유로울 수는 없다. 비슷한 구조와 장면들의 등장이 이를 보여 준다.

> 미국 유학을 마치고 돌아오자마자 처음으로 기획한 드라마였다. 새 드라마를 제작하면서 무엇보다 먼저 기존의 드라마와는 다른 형태의 드라마를 만들어야겠다는 막연한 생각뿐이었다. 사건 전개가 빠르고 밝은 톤을 유지해야겠다는 기본 계획을 갖고 있었다. 드라마 〈질투〉가 큰 인기를 끈 한참 후, MBC 제작국의 한 선배가 참고용으로 일본 비디오테이프를 건네주었다. 그 비디오는 〈도쿄 러브스토리〉였고, 그때 처음 일본 후지TV에서 제작, 유행했다는 트렌디드라마의 내용을 살펴볼 수 있었다(박성수, 2001: 288; 김윤정, 2009: 28).

〈도쿄 러브스토리〉(1991)는 트렌디드라마라는 장르적 특성뿐 아니라, 만화원작 드라마, 최초의 연하남 · 연상녀 드라마라는 타이틀과 함께 1990년대 일본 드라마와의 '경쟁시기' 아시아 드라마시장의 트렌드를 선도한다. 연하남 · 연상녀 드라마인 〈도쿄 러브스토리〉는 여성이 남자를 리드하고, 남자는 리드하는 여성(리카)과 기다리는 여자(사토미) 사이에서 흔들리는 우유부단한 존재로 그려진다(Iwao, 2000: 21). 그러나 연하남 · 연상녀 드라마는 1960년대 홈드라마와 1980년대 트렌디드라마의 동조화와 달리 1990년대 한국 드라마에서의 동조화가 쉽게 이루어지지 않는다. 두 나라 사이의 문화적 차이가 한국에서의 동조화를 방해하는 것처럼 보이기도 한다. 그러나 2000년대 들어서면서 상황은 급반전한다. 오히려 일본보다 더 활발하게 한국에서 연하남 · 연상녀 드라마가 제작 방송된다.

한국에서 맨 처음 인기를 끌기 시작한 연하남 · 연상녀 커플은 〈완전한 사랑〉(SBS, 2003)에 등장하는 부잣집 도련님 박시우(차인표 분)와 수학 과외선생님이었던 연상녀 하영애(김희애 분)의 사랑이다. 다음은 〈올드미스 다이어리〉(KBS, 2004)의 라디오 PD(지현우 분)와 성우(예지원 분)의 사랑이 연하남 · 연상녀 조합이다. 2005년은 유독 연하남 · 연상녀 커플의 사랑이 가장 많이 탄생한 해다. 여배우 고현정의 복귀 작품 〈봄날〉(SBS)에서도 동생(조인성 분)이 형(지진희 분)의 애인인 연상녀(고현정 분)를 사랑하고, 〈내 이름은 김삼순〉(MBC)에서도 스물아홉 살 제과기술자 김삼순(김선아 분)과 스물일곱 살 청년사업가 현진헌(현빈 분)의 계약 연애가 그렇다.

재벌 3세인 새한(전광렬 분)의 아들 혁(김지훈 분)과 카레이서 수정(김민 분)의 10년 연상의 위험한 사랑을 그린 〈사랑찬가〉(MBC)도 연하남 · 연상녀 커플을 다룬다. 〈장밋빛 인생〉(KBS)도 가난한 집안의 장녀로 태어나 막노동하는 아버지와 두 동생들을 키우느라 혼기까지 놓치고, 여상을 나와 은행에 입사한 맹순이(최진실 분)가 대학을 갓 졸업하고 은행에 입사한 5살 연하 반성문(손현주 분)을 만나 사랑을 한다. 2006년 방송된 〈여우야 뭐하니〉(MBC)에서는 철수(천정명 분)와 병희(고현정 분)의 9살 연상연하 커플을 그리고, 〈결혼합시다〉(MBC)도 연상녀 석순(추상미 분)과 같은 대학 6년 후배인 재호(박시후 분)의 사랑을 묘사한다. 〈소문난 칠공주〉(KBS), 〈발칙한 여자들〉(MBC), 〈맨발의 사랑〉(SBS) 등에서도 멋있고 귀여운 연하남들이 누나들에게 러브콜을 보낸다.

드라마 속에서 연하남은 누나의 상처를 보듬어 주고, 누나는 연하남의 성장을 돕는다. 나이 어린 연하남이 기존 남녀관계에서 실패한 누나들과 관계를 맺으며, 순수 · 자존심 등의 연하남 특성과 상처 · 현실성 등을 지닌 누나의 특성을 맞교환하는 것이다. 이는 새로운 남녀 간 역학관계를 형성, 특히 여성 시청자들의 뜨거운 환호를 받는다. 〈소문난 칠공주〉에서는 이름 자체도 연하남인 인물이 등장한다. 상대역인 설칠(이태란 분)과의 관계가 어떻게 진행되느냐가 큰 관심거리였다. 〈발칙한 여자들〉에서는 장우진 역의 이기우가 나선다. 전직 야구선수인 장우진은 자신의 집에 세입자로 들어온 이혼녀 송미주(유호정 분)에게 점차 호감을 보인다. 전 남편을 향해 복수를 다짐하고, '독하게' 살아가는 유호정의 '팍팍한' 인생에 로맨스를 선사한다. 〈맨발의 사랑〉에서는 외강내유형 미혼모 강다연(전혜진 분)의 집에 세입자로 들어온 박주완(박형재 분)이 연하남 역할을 해낸다. 2007년 방송된 〈아현동 마님〉(MBC)도 백시향 검사(왕희지 분)와 부길라 검사(김민성 분)의 12살 연상연하 커플을 그린다.

이런 현상은 2000년대 한국의 사회 환경적 요인에서도 그 원인을 찾을 수 있다. 통계청 자료 '결혼 · 이혼' 통계KOSIS에 의하면 한국 초혼 부부의 연하남 · 연상녀 비율은 1990년대까지 한 자리 수에 머문다. 그러다가 1999년(10.1%)을 기점으로 두 자리 수의 증가세를 보이고 2000년에는 10.7%를 기록한다. 그만큼 한국 사회에 연하남 · 연상녀 부부 커플의 비율이 실제로 높아지고 있다. 이런 이유 등으로 드라마 트렌드 연하남 · 연상녀 드라마는 일본 드라마의 동조화로도 볼 수 있고, 또 한편으로는 한국 사회의 환경적 요인이 만들어낸 자생적 드라마 트렌드로도 논의가 가능해진다.

일본 드라마와의 '경쟁시기' 또 다른 드라마 트렌드는 만화를 원작으로 한 드라마의 유행이다. 이 또한 〈도쿄 러브스토리〉(1991)로부터 시작되지만, 일본 만화원작 드라마가 본격적으로 등장하기 시작한 것은 1990년대 말 이후다. 폭주족 출신의 청년이 교사가 되는 학교드라마 〈GTO〉(후지텔레비전 계열, 1998)와 한 회사의 낙오자들을 모아놓은 서무 2과의 개성 있는 여직원 6명의 이야기를 다룬 〈서무2〉(후지텔레비전 계열)가 그 예다(Iwao, 2000: 23). 만화원작 드라마의 인기는 지속되고 있으며, 2007년 방송된 쇼지 요코 원작의 〈생도제군!〉生徒諸君(TV아사히)도 젊은 시청자 층을 확보하고 있다.

한국에서 만화를 원작으로 한 드라마가 인기를 끌기 시작한 것은 일본의 〈GTO〉보다 5년 뒤에 방송된 강철수 원작 〈헬로 발바리〉[61](KBS, 2003: 권오중 · 김채연)로부터다. 원수연 원작 〈풀하우스〉(KBS, 2004: 정지훈 · 송혜교), 강희우 원작 〈불량주부〉(SBS, 2005: 손창민 · 신애라), 박소희 원작 〈궁〉(MBC, 2006: 윤은혜 · 주지훈), 박인권 원작 〈쩐의 전쟁〉(SBS, 2007: 박신양 · 박진희) 등이 나왔으며 그 인기는 2008년에도 지속된다. 허영만 원작 〈식객〉(SBS, 김래원 · 남상미), 고우영 원작 〈일지매〉(SBS, 이준기 · 한효주), 김진 원작 〈바람의 나라〉(KBS, 송일국 · 최정원), 일본 작가 카미오 요코 원작 〈꽃보다 남자〉(KBS, 이민호 · 구혜선) 등이 있다(박장순, 2008: 140-142).

K-pop을 메인스트림으로 한 2차 한류시대의 원년인 2010년 이후에도 만화원작 드라마는 계속된다. 원수연 원작 〈메리는 외박중〉(KBS, 2010: 장근석 · 문근영), 일본의 호조 츠카사Hojo Tsukasa 원작 〈시티 헌터〉(SBS, 2011: 이민호 · 박민영), 허영만 원작 〈각시탈〉(KBS, 2012: 주원 · 진세연), 박인권 원작 〈야왕〉(SBS, 2013: 권상우 · 수애) 등이 그것이다.

이처럼 1990년대 말부터 본격화하기 시작한 일본에서의 만화원작 드라마 붐은 시차상으로 볼 때 한국 드라마에 영향을 미친 것으로 볼 수 있다. 또한 이는 한국 드라마의 '확산시기'(2000년-2014년 현재)에도 남아있는 일본 드라마에 대한 동조화의 잔영으로 해석할 수 있다. 1990년대 일본 드라마와의 경쟁시기, 트렌드의 동조화를 넘어선 일본 드라마의 모방 사례를 보면 다음 〔표 1-2〕와 같다.

61 강철수의 인기 만화 〈발바리의 추억〉을 원작으로 함.

[표 1-2] 일본 드라마와의 모방 논란 사례[62]

방송	드라마 타이틀	모방 대상	논란 내용
1992	질투(MBC)	도쿄 러브스토리(후지TV)	내용, 특정 장면
1994	금요일의 여자(KBS)	화요일의 여자(NTV)	형식
	느낌(KBS)	일본 순정만화 '불빛 커튼을 열면'	인물설정, 구도
1996	TV소설 은하수(KBS)	아침연속TV소설(NHK)	제목, 시간대, 길이, 포맷, 내용
1997	별은 내 가슴에(MBC)	일본 만화 '캔디', 일본 그룹 차게 & 아스카	인물설정, 구도, 주제가
	꿈의 궁전(SBS)	임금님의 레스토랑(후지TV)	배경, 세트
	의가형제(MBC)	별의 금화(NTV)	인물설정, 구도
	하얀민들레(KBS)	별의 금화, 사랑한다고 말해줘(NTV)	장애인 캐릭터
	모델(SBS)	일본 그룹 완즈	배경음악
	예감(MBC)	도쿄 러브스토리, 롱베케이션,	인물설정, 구도, 특정 장면
1998	Mr. Q(SBS)	러브제너레이션(후지TV)	특정 장면
1999	청춘(MBC)	러브제너레이션(후지TV)	〃
	토마토(SBS)	만화 '해피'	〃
	해피투게더(SBS)	한 지붕 아래(후지TV)	인물설정, 구도

탈동조화

1980년대 일본 사회는 극도의 경제 버블기를 맞는다. 그리고 그 거품이 붕괴되면서 일본 사회는 1990년대 깊은 좌절의 수렁에 빠진다. 경제 버블기에 만들어진 트렌디드라마는 1990년대 들어서면서 포스트 트렌디드라마post trendy drama라는 새로운 드라마 장르로 변모한다. 포스트

62 이동후, 2005: 136. 수정, 편집.

트렌디드라마는 트렌디드라마의 환상으로부터 눈을 뜨고 각박한 현실에 직면하게 된, 버블에 취할 수 없게 된 일본 사람들에게 흥분제를 제공한다. 충동적인 성애에 대한 욕구가 두드러지게 그려지고, 평범한 연애관계도 섹스에 초점을 맞추고, 드라마 전개를 바꾸는가 싶으면 어김없이 강간, 임신, 불륜 등을 등장시킨다.

이 같은 일본의 포스트 트렌디드라마는 1992년 〈줄곧 당신이 좋았다〉(TBS계열)로부터 시작된다. 전형적인 엘리트 남자와 중매결혼한 아내의 드라마다. 컴퓨터나 곤충채집 같은 오다쿠オタク적인 취미를 갖고 있으며, 폭력적이고 성적인 관심이 없는 마마보이 남편과의 관계를 묘사한다(Iwao, 2000: 22).

포스트 트렌디드라마가 트렌디드라마 이후의 새로운 경향을 의미하는 것이라면, 한국형 포스트 트렌디드라마 또한 일본의 포스트 트렌디드라마를 모방, 동조한 드라마 장르로 볼 수 있다. 그러나 한국형 포스트 트렌디드라마는 일본의 포스트 트렌디드라마와는 내용과 소재 면에서 근본적인 차이를 보인다. 일본의 포스트 트렌디드라마가 반反트렌디드라마를 근간으로 한다면, 한국의 포스트 트렌디드라마는 친親트렌디드라마의 발전적 형태를 취하고 있다. 다시 말해 한국의 포스트 트렌디드라마는 젊은이들을 중심으로 한 기존의 트렌디드라마 형식에 부모와 형제가 합류하는 홈드라마적인 성격을 가미해 드라마의 소비 주체인 시청자 층을 확대한다.[63] 그런 의미에서 한국 최초의 트렌디드라마 〈질

63 홈드라마적인 요소와 도시의 세련된 연애를 줄거리의 중심에 둔 한국형 포스트 트렌디드라마

투〉(MBC, 1992)는 일본 트렌디드라마의 동조화로도 볼 수 있고, 탈동조화의 출발로도 볼 수 있다. 젊은 주인공들과 그들의 가족이 함께 등장하기 때문이다.

이처럼 한국형 포스트 트렌디드라마는 일본 드라마와의 '경쟁시기' 아시아 드라마시장의 판도를 뒤집는 한국 드라마의 비장의 무기로 작동한다. 그 시기의 대표적 작품으로는 〈파일럿〉(MBC, 1993: 최수종 · 채시라 · 김혜수), 〈마지막 승부〉(MBC, 1994: 손지창 · 장동건 · 심은하), 〈젊은이의 양지〉(KBS, 1995: 이종원 · 박상민 · 하희라), 〈첫사랑〉(KBS, 1996: 최수종 · 이승연 · 배용준), 〈꿈의 궁전〉(SBS, 1997: 김지호 · 이훈), 〈토마토〉(SBS, 1999: 김희선 · 김석훈) 등이 있다.

한국 드라마의 확산시기, 일본 드라마의 한국 드라마 역모방의 시기

한국 드라마가 서로 다른 이종 문화 간 인터렉션 과정을 거치며 아시아시장에서 문화적 확산을 선도하는 시기가 한국 드라마의 '확산시기'(2000년-2014년 현재)다. '수입시기'(모방과 동조화의 시기: 1950년대-1980년대)를 이끌던 일본 드라마가 한국 드라마를 모방하는 역逆모

는 2000년대 일본의 드라마 소비 주체들에게는 아주 신선한 것이었다. 칼럼니스트인 고이즈미 스미레(小泉すみれ)는 '이것이 1990년대의 텔레비전 드라마(That's テレビドラマ90's)'라는 칼럼에서 젊은 세대의 연애에 그치지 않는 - 한국형 포스트 트렌디드라마와 같은 - 가족 드라마를 보고 싶다고 기술한다(히라타, 2005: 34-35).

방의 시기다. 일본 드라마 〈달의 여인〉[64](후지TV)은 줄거리만 보면 '차도남'[65]이 등장하는 전형적인 한국 드라마, 일명 '한드'식 신데렐라 드라마다. 인테리어업체 사장인 남자 주인공이 첫눈에 반한 여공을 회사 모델로 발탁해 신데렐라로 만들어 준다는 내용이다. 일본 드라마 〈겨울의 벚꽃〉冬のサクラ[66](TBS)은 시한부 인생을 사는 여자와 운명적인 사랑에 빠지는 남자의 이야기다. 담당 프로듀서는 인터뷰에서 "〈겨울소나타〉[67]에 지지 않는 러브스토리를 만들고 싶다"고 고백해 드라마 〈겨울연가〉의 모작임을 스스로 밝힌다. 새하얗게 눈 덮인 풍경, 남녀 주인공이 목도리를 두르고 등장하는 포스터까지 〈겨울연가〉(KBS, 배용준 · 최지우)와 똑같다. 여주인공은 사고로 기억상실증에 걸렸다 기억을 되찾고, 이번엔 뇌종양에 걸려 남자 주인공과 슬픈 사랑을 한다. 드라마 초반에는 〈겨울연가〉의 여주인공 최지우가 지나가는 여인으로 카메오 출연하기도 한다.

일본 드라마 〈외교관 구로다 고사쿠〉外交官 黒田康作[68](후지TV)는 드라마 〈아이리스〉(KBS, 이병헌 · 김태희)와 비슷하다. 해외 로케이션으로 이목을 끌었던 〈아이리스〉처럼 첫 회를 미국 샌프란시스코에서 찍었다. 주인공 고사쿠는 직업이 외교관이지만 하는 일은 비밀작전을 수행하는

64 2010년 5월-7월 방송.

65 '차가운 도시 남자'의 은어적 축어.

66 2011년 1월부터 방송.

67 드라마 〈겨울연가〉의 일본 제목(Winter Sonata, 冬季戀歌).

68 2011년 1월부터 방송.

스파이다. 〈아이리스〉의 국가안전국NSS 요원 김현준(이병헌)의 역할이 다. 이를 인증이라도 하듯 이병헌이 드라마 초반 주인공을 돕는 비밀요원으로 카메오 출연한다. 한국 드라마를 벤치마킹한 드라마들은 일본 드라마 중에서도 신경을 많이 쓴 드라마에 속한다. 〈겨울의 벚꽃〉의 주인공은 일본 국민 아이돌그룹 SMAP의 구사나기 쓰요시草彅剛가 맡았다. 〈외교관 구로다 고사쿠〉의 주연은 〈춤추는 대수사선〉으로 일본 국민배우 반열에 오른 오다 유지織田裕二다. 〈달의 연인〉은 시청률 제조기로 불리는 일본 최고 스타이자 SMAP의 멤버인 기무라 다쿠야木村拓哉가 주인공으로 나온다(동아일보, 2011.02.12).[69]

이처럼 2000년 이후 2014년 현재까지 펼쳐지는 한국 드라마의 '확산시기'는 일본 드라마에 의해 쓰여지던 아시아 드라마시장의 역사가 모방과 동조화, 탈동조화의 과정을 거치며 성장한 한국 드라마에 의해 새롭게 쓰여지는 21세기 대체, 반전의 아시아 드라마시장의 역사다.

69 하지만 이들 모작 드라마에 대한 일본 시청자들의 반응은 미지근하다. 〈달의 연인〉은 일본 드라마의 황금시간대로 꼽히는 월요일 오후 9시에 방영된 '게쓰쿠(월9) 드라마'임에도 시청률은 10% 중반에 머문다. 〈겨울의 벚꽃〉이나 〈외교관 구로다 고사쿠〉도 첫 회 시청률이 10% 중반이었고, 그 뒤론 계속 떨어지고 있다.

제2장

한류와 문화콘텐츠

용어의 탄생 과정

한류

언어기호 한류가 탄생하게 된 직접적인 계기는 K-pop 남성그룹 클론의 북경공연이다. KBS미디어가 (주)이지스와 공동 기획하고, 중국의 북경성공장음악오락유한공사北京星工場音樂娛樂有限公司가 주최한 클론의 북경공연은 그들의 중국 투어콘서트 첫 번째 행사로 1999년 11월 11-12일(목/금) 양일간 북경공인체육관에서 성대하게 치러졌다. 클론의 북경공연에는 '2002 한일월드컵' 당시 중국 국가대표 축구팀 응원단장으로 내한했던 중국의 유명 한국인 에어로빅 강사 조수진이 사회를 맡았고, 〈쾌락지남〉快樂指南으로 개사되어 중국인들에게 널리 알려진 〈꿍따리 샤바라〉 등 독특한 형식의 가사와 다이내믹한 춤이 가미된 클론의 초기 히트곡들이 선보여 중국 젊은이들을 사로잡았다.

개방화의 물결을 타고 자유와 풍요로움에 눈뜨기 시작한 중국 젊은 이들은 클론의 노래와 춤에 열광했고, 관중과 하나 되는 클론의 화려한 라이브 공연은 이들로 하여금 새로운 음악적 커뮤니케이션의 세계를 접하게 했다. 그러나 한국 대중음악에 매료된 젊은이들의 열광하는 모습을 지켜보는 중국 보수층의 눈에는 이런 문화 현상들이 외국 대중문화의 대 중국 침투라는 부정적 시각으로 인식된다. 한국의 대중문화 바람 '한류'韓流가 초기에 '한류'寒流로 불리게 된 배경에도 이런 사회의 부정적인 시각이 깔려 있었다.

클론의 북경공연이 있었던 그 다음 주, 중국의 《북경청년보》는 11월 19일(금)자 기사 "동풍東風도 동점東漸할 때가 있다"에서 처음으로 '한류'라는 단어를 사용한다. 여기서 '동풍'은 '한국의 바람'으로 대표되는 아시아의 바람을 의미하고, 오랫동안 세계문화시장을 지배해 온 미국과 유럽의 서구 바람, 즉 '서풍'西風에 대항하는 대립적 개념으로 취택된다. '동점'東漸이란 '동쪽에서 일어나다'라는 뜻이다. 다시 말해 "아시아의 바람도 (동쪽에서) 일어날 때가 있다"라는 제목으로, 중국인들이 한류를 얼마나 아시아의 자부심으로 인식하고 있었는지를 확인할 수 있게 해 주는 기사 제목이다.

언어기호 '한류'의 탄생 계기라는 측면에서 클론의 북경공연은 한류사적으로 큰 의미를 갖는다. 그러나 여기서 잊지 말아야 할 것은 언어기호 한류의 탄생이 오랜 기간 소리 없이 아시아 방송콘텐츠 시장을 개척해 온 방송 해외마케터들의 땀과 노력의 결실이라는 사실이다. 오랜 세월 죽의 장막에 둘러싸여 있던 거대 중국시장과 불모지인 아시아시장을 넘나들며, 이들 마케터들은 방송콘텐츠의 해외수출과 함께 클론의 북경공연을 기획했고, 이런 숨은 노력들이 모아져 마침내 언어기호 한류의 탄생을 보게 된 것이다.

문화콘텐츠와 CT

드라마의 수출이 지상파 방송 3사를 중심으로 활발하게 전개되던 1990년대 중반, 문화체육관광부는 새로운 국가전략산업의 하나로 방송콘텐츠를 주목하게 되고, 수출 전선을 독려하기 위한 여러 가지 시책들을 내놓기 시작한다. 정부의 이런 노력은 방송콘텐츠가 21세기 국가전략산업으로서 그 역할을 충실히 수행할 수 있을 것이라는 전략적 판단에 의한 것으로 이해할 수 있다. 실제로 1990년대 중반부터 불붙기 시작한 드라마를 중심으로 한 방송콘텐츠 해외수출은 1997년 말 IMF 한파 속에서도 흔들림 없이 지속되었고, 〈겨울연가〉 신드롬이 절정을 이루던 2005년까지도 다이내믹한 성장 랠리를 계속한다. 예를 들어, 한류의 태동기, 도전기인 1990년대 초를 지나면서 미미했던 방송콘텐츠 수출은 1995년 500만 달러, 1998년 그 2배인 1,000만 달러, 4년 뒤인 2002년에는 3배인 3,000만 달러, 3년 뒤인 2005년에는 4배 가까운 1억2,350만 달러 수출시대를 연다.

이처럼 방송콘텐츠의 해외수출은 문화체육관광부의 공식적인 집계가 시작된 1995년부터 2005년 사이, 10여 년 동안 무려 22배 가까운 경이로운 성장을 기록한다. 특히, 방송콘텐츠 수출의 90% 이상을 차지하는 드라마의 편당 수출가격이 1990년대 초 800-900달러에서 2004년 4,088달러로 6배 이상 높아짐에 따라 방송콘텐츠 수출은 외형적 성장뿐 아니라 내적 성장도 함께 이룬다. 2012년 말 현재 방송콘텐츠 수출 규모는 2억3천4백만 달러(문화체육관광부, 2013: 74)로 2005년 1억 달러를 넘어선 이후 7년 만에 2배의 성장을 보이고 있다.

이처럼 1987년 애니메이션 〈떠돌이 까치〉(KBS)의 유럽 수출로부터 시작된 한국의 방송콘텐츠 수출은 드라마, 오락, 교양, 다큐멘터리 등으로 영역을 확대하고, 수출지역도 초기 동남아시아 중심에서 중국, 일본, 대만, 홍콩을 비롯한 아시아 전역과 중동, 아프리카, 유럽, 북미, 남미 지역 등 전 세계를 무대로 확대돼 가고 있다. 방송콘텐츠 이외에도 K-pop, 게임 등 한국의 문화콘텐츠 수출은 특정 영역, 장르에 국한되지 않고 폭넓게 세계인들의 관심을 끌며 확대돼 가고 있다.

IMF라는 국가 초유의 경제위기 상황을 극복한 정부는 2001년 제9회 국가과학기술위원회를 열고, 문화기술CT, culture technology을 21세기형 미래 국가전략산업의 하나로 채택한다. 물론, 그 배경에는 1990년대 급속히 성장한 방송콘텐츠의 해외수출과 이에 따른 언어기호 '한류'의 등장이 결정적 역할을 한다. 문화체육관광부는 실행기구로 같은 해 한국문화콘텐츠진흥원KOCCA을 설립했고, 이것이 계기가 돼 '문화'와 '콘텐츠'의 합성어인 '문화콘텐츠'라는 신조어가 널리 쓰이기 시작한다. 결국 정부는 드라마, K-pop, 영화, 온라인게임, 애니메이션 같은 한류 중심 소재영역들을 통칭하는 언어기호가 필요했고, 이 필요가 '문화콘텐츠'

라는 신조어를 만들어 내게 한다.

문제는 국가기술위원회가 채택한 문화기술CT이라는 용어와 정부가 만든 문화콘텐츠라는 신조어가 충돌하면서 묘한 개념적 혼선을 빚게 한다는 점이다. 예를 들어, 2007년 5월 문화관광부가 발행한 《2006 문화산업백서》의 3장 2절은 "문화콘텐츠 기술 개발 사업"이라는 제목으로 내용이 구성되어 있다. 그런데 이 절의 하위 제목들은 모두 문화콘텐츠가 아닌 "CT 육성 전략 수립, CT 정책 개발 및 정보 서비스, CT 기술 개발 지원, CT 홍보 및 활성화 지원" 등 문화기술을 뜻하는 CT라는 단어들로 채워져 있다. 마치 CT가 "문화콘텐츠 기술"의 약자인 것처럼 인식되게 포장되어 있는 것이다. 이런 용어 사용의 혼선과 오류는 특히, 목적과 수단의 전도라는 또 다른 문제를 야기하는 원인이 될 수도 있다.

CTcultural technology란 말은 본래 1992년 조지 버랜드Berland가 처음 사용한 말이다. 비디오기기, 워크맨, 가라오케, 디지털카메라, 비디오 등 일본이 만든 소비자용 매체 기술을 뜻한다(岩渕功一, 2001: 39). 그런데 우리가 쓰는 문화기술CT이라는 용어는 소비자용 매체 기술이 아니라, "좁은 의미로는 문화상품의 기획, 개발, 제작, 생산, 유통, 소비 등과 관련된 기술과 이에 관련된 서비스 기술을 말하며, 광의의 개념으로는 이공학적인 기술뿐만 아니라 인문사회학, 디자인, 예술 분야의 지식과 감성적 요소를 포함하여 인간의 삶을 향상시키는 총체적인 기술을 총칭한다"(문화관광부, 2007: 75)고 정부는 선명치 않은 정의를 내놓고 있다. 정의는 간단하고, 명징해야 한다. 그렇지 않을 경우, 많은 혼선을 야기하게 된다.

예를 들어, "문화상품의 기획, 개발, 제작, 생산, 유통, 소비 등과 관련된 기술과 이에 관련된 서비스 기술"이 과연 '컬처 테크놀로지'CT가 될 수 있는가? 인간의 아날로그적 감성이 각별히 요구되는 이런 분야까지도 디지털 기술에 기반한 '컬처 테크놀로지'의 영역에 포함시켜야 하는 것인가? 또, 이것을 CT의 협의의 개념이라고 정의하고 있는데, 이것이 정말 협의의 개념인가? 그렇다면 무엇이 협의이고, 무엇이 광의인가? 협의와 광의의 기준은 또 무엇인가? CT가 인간의 삶을 향상시키는 '총체적인 기술의 총칭'이라고 한다면, 과연 이 세상에 CT가 아닌 것은 또 무엇인가?

이런 혼란스러움을 잠재울 수 있는 방법은 문화콘텐츠와 CT가 서로 다른 개념이라는 사실을 인정하는 것이다. 인위적으로 문화콘텐츠와 CT를 하나로 묶으려 해서는 안 된다. 이 둘은 하나로 묶일 수 없는 서로 다른 가치다. CT는 그 자체가 목적일 수 없다. 문화콘텐츠의 상품적 가치를 높이기 위해 필요한 수단일 뿐이다. 그렇지 않을 경우, 창작상품인 문화콘텐츠는 모듈화 된 문화기술의 틀 속에 밀어 넣어져 밀가루 반죽이 기계를 통과하며 똑같은 모양의 국수 가락이 되어 나오듯이 일률적인 모양과 패턴의 공산품으로 변질될 수 있다. 기술을 강조할 수밖에 없는 테크노크라트technocrat가 중심인 국가기술위원회의 입장에서 문화기술을 강조하고, CT의 존립을 위해 그 의미를 과대 포장할 수밖에 없었을지도 모른다. 그러나 우리가 문화콘텐츠산업을 21세기 미래 국가전략산업으로 채택한 이상, CT는 문화콘텐츠의 창작에 필요한 적극적인 기술지원 수단이 되어 주어야 한다. CT는 문화콘텐츠를 위해 존재할 때에만 그 가치가 살아나기 때문이다.

문화콘텐츠의 개념적 이해

문화콘텐츠는 '주체 · 객체 · 서비스'라는 세 개의 핵심 키워드로 개념화할 수 있다. '주체'는 문화콘텐츠를 생산하는 생산자, 또는 생산자 그룹을 의미한다. '객체'는 타자화된 생산 주체의 대립적 오브제가 아니라, 문화콘텐츠를 수용하는 소비 주체를 의미한다. 소비 주체를 '객체'로 명명한 것은 단지, 서술 과정상 '생산 주체' '소비 주체'라는 4음절 표기보다 '주체' '객체'라는 2음절 표기가 편의성 면에서 훨씬 더 낫기 때문이다. '서비스'는 본래 가치창출 수단이다. 문화콘텐츠를 개념화하면서 이 단어를 취택한 것은 문화콘텐츠가 상업적 가치를 창출하는 수단이라는 본질적 속성을 단어 자체에서 명확히 드러내 주기 위함이다.

정의

주체와 객체를 기본 구성요소로 하는 문화콘텐츠는 "서비스를 중심으로 주체와 객간에 이루어지는 내밀한 교감이 객체에게는 재미와 즐거움을 주고, 주체에게는 상업적 가치창출의 기회를 제공하는 것"이다. 이 같은 문화콘텐츠의 정의는 〔그림 2-1〕 '문화콘텐츠의 가치 획득을 위한 커뮤니케이션 구조도'를 통해 확인할 수 있다. 다시 말해 주체가 제공하는 서비스(①②)를 중심으로 주체와 객체는 내밀한 교감(③④, ③′④′)을 하게 되고, 그 결과는 주체와 객체, 그리고 그 둘 사이에 변화를 요구하게 된다. 이들의 변화는 서비스에 직접 반영(③④)되고, 이런 반복적인 커뮤니케이션의 과정은 객체에게 궁극적 가치인 재미, 즐거움, 정신적 고양, 해방감, 카타르시스 등을 제공하고(⑤), 주체에게는 이에 대한 대가를 획득할 수 있는 기회를 제공한다(⑤′).

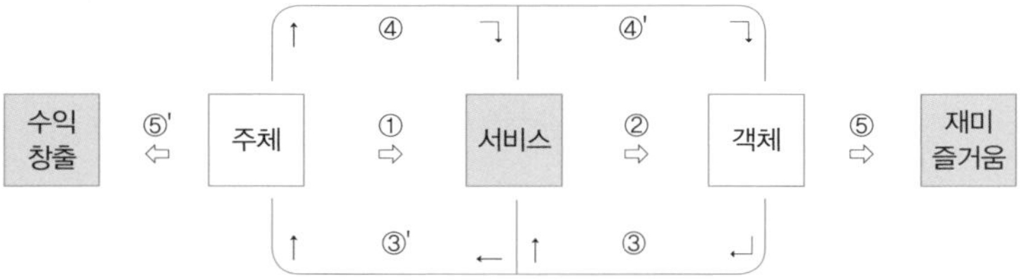

[그림 2-1] 문화콘텐츠의 가치 획득을 위한 커뮤니케이션 구조도

기원은 무엇이고, 원형은 무엇인가?

작가와 작품의 관계는 창조주와 피조물의 관계와 같다(변광배, 2006: 24). 작가는 희곡, 시나리오, 각본의 창조주로 소우주인 작품 속에서 하늘과 땅, 산과 바다, 들짐승과 날짐승, 수풀과 나무, 각양각색의 집과 사람들을 그려낸다. 작가는 작품 속에 나오는 여러 인물과 생명체들의 운명을 좌우하고, 그들의 운명을 속속들이 알고 있다. 우주만물의 창조주인 하느님과 마찬가지로 작가는 극중 인물들의 시초와 중간과 종말을 알고 있다. 그러나 피조물인 인간은 자신의 시초와 중간, 과거와 현재는 알고 있지만, 창조주에 의해 예정된 내일을 예견하지는 못한다. 이처럼 끝을 알지 못하는데서 오는 불안은 불안정한 상태로부터의 탈출과 해방을 원하게 한다.

일시적인 '유보, 유예'[70]를 뜻하는 엔터테인먼트entertainment의 어원적 의미가 말해 주듯 문화콘텐츠란 비록 시공간적으로 제한적이기는 하지만, 불안정한 상태로부터의 해방, 일시적인 유보를 위한 도구다. 즐거

70 엔터(enter)와 테인(tain)의 합성어인 엔터테인(entertain)은 본래 '가지다, 잡다, 쥐다' 즉, 홀드(hold)를 뜻하는 테인(tain)을 어근으로 하고, '가운데, 사이에, 함께' 즉, 투게더(together)를 의미하는 엔터(enter)가 합쳐져서 홀드 투게더(hold together), 즉 '함께 잡다, 함께 붙들어 두다'라는 어원적 의미를 갖는 동사다. 엔터테인먼트란 바로 동사형인 엔터테인에 명사형 어미인 먼트(ment)가 붙어 완성된 합성어로 "사람들을 한 곳에 모아 놓고 벌이는 굿판의 총칭"으로 이해할 수 있다. 한편, 미국의 평론가이자 의학자인 크로셔(Crawshaw)는 엔터테인먼트의 어원에 대해 '투 스탠드'(to stand) 또는 '투 홀드 비트윈'(to hold between), 즉 일시적인 유보, 유예를 뜻하는 중세 프랑스어에서 엔터테인먼트가 유래했다는 주장을 한다. 복잡한 세상사로부터 해방(유보)되어 비록 제한된 시공간 내이지만 잠시나마 세상사를 잊고 편안하게 머물 수 있게 해 준다는 의미로부터 엔터테인먼트가 출발했다는 해석을 하고 있다(박장순, 2005: 6-7).

움을 제공하는 서비스의 주체와 이를 수용하는 객체 사이의 내밀한 교감으로부터 객체가 정신적 고양과 해방감, 카타르시스를 얻게 한다는 문화콘텐츠의 정의로부터 우리는 문화콘텐츠의 기원을 유추해 낼 수 있는 중요한 단서를 발견하게 된다. 즉, '즐거움을 제공하는 서비스의 주체'가 그것이다. 태초에 인간은 왜 누군가에게 즐거움을 제공해야만 했는가? 내일을 모르는 불안정한 상태의 인간은 자연에 대한 경외감, 신에 대한 두려움을 안고 살아왔고, 원시 종족들은 불가항력적인 자연 현상, 천둥과 번개, 태풍, 폭우, 장마, 쓰나미와 같은 해일, 산사태, 질병 등의 자연재해를 신의 노여움으로 인식했다. 이런 신의 노여움을 풀어주기 위한 방법의 일환으로 원시 종족들은 제사와 같은 제의적인 형태를 취하기도 하고, 춤과 노래와 같은 유희적인 형태를 취해 신을 위로하고, 즐겁게 해 주려고 노력했다.

이 같은 인간의 주체적 서비스 행위가 바로 문화콘텐츠의 기원이다. 신의 노여움을 풀어주고, 신을 즐겁게 해 주려는 원시 종족들의 다양한 제의적, 유희적 노력은 점차 시간이 흐르면서 그 대상인 객체, 즉 '신'을 '인간'으로 대체, 진화해 가는 양상을 보이는데, 객체가 신에서 인간으로 대체된 그것이 바로 문화콘텐츠의 원형이다. 객체가 신에서 인간으로 대체되어 가는 역사적인 과정은 고대 그리스의 극장구조 변화에서 찾아볼 수 있다.

고대 그리스의 극장은 스케네skene, 오케스트라orchestra, 테아트론theatron 등 크게 3개의 공간으로 이루어졌다. 스케네는 작품의 배경, 장치적 역할을 하는 고정 건물이다. 내부는 배우들의 대기실, 의상실, 분

장실 등으로 쓰였다. 오케스트라는 연극, 무용, 노래 경연 등 연희가 펼쳐지던 원형무대다. 테아트론은 주로 경사지를 이용해 만든 둥근 관람석, 즉 객석이다. 여기서 주목해야 할 곳이 연희 공간인 오케스트라다. 디오니소스 신을 위한 춤과 노래가 펼쳐지던 이곳 고대 그리스 초기 극장의 오케스트라 중앙에는 제단thymele이 설치되어 있었다. 이는 당시 공연이 디오니소스 같은 신들을 위한, 신을 객체로 한 제례의식이었음을 보여 준다.

그런데 기원전 4세기 말, 알렉산더 대왕이 페르시아까지 영토를 확장하던 헬레니즘시대에 접어들면 오케스트라 중앙에 있던 제단은 극중 장치나 의상, 분장실 등으로 활용되던 스케네 뒤쪽으로 옮겨져 관객들의 시야에서 완전히 사라지게 된다. 이는 결국, 기원전 4세기 말 이후 그리스의 연극, 무용, 노래 경연이 신을 객체로 한 전통적 제의의 형태에서 인간을 객체로 한 문화콘텐츠로 바뀌었음을 의미한다. 인간을 즐겁게 해 주기 위한 이 시기의 공연이 바로 문화콘텐츠의 원형이다.

특성

서비스는 재화를 창출하는 일종의 가치이자 상품이다. 그렇기 때문에 즐거움을 제공하는 서비스 주체들의 행위는 어떤 형태로든지 수혜자인 객체의 보상을 담보로 한다. 따라서 문화콘텐츠의 특성을 나타내는 가장 중요한 키워드는 '상업성'이다. 문화콘텐츠의 상업성이란 주체가 제공하는 서비스를 향유하는 객체, 즉 소비 대상인 대중을 전제로 한 것이고, 대중들로부터 유형무형의 재화를 취득할 수 있을 때 문화콘텐츠는 완성된다.

대중이란 여러 관점에서 이해될 수 있다. 사회학sociology에서의 대중은 지배자의 심벌 조작에 의해 쉽게 움직이는 비조직집단으로 민주주의의 위기를 몰고 올 수 있는 비합리적 존재로 인식된다. 불평등주의에 기초한 파시즘fascism에서의 대중은 지배와 복종의 관계로, 엘리트 계층에 의해 지배되는 복종하는 존재로서의 의미를 갖는다. 마르크시즘marxism에서의 대중은 역사발전의 원동력으로, 사회변혁을 담당하는 주체로 인식된다. 그러나 문화콘텐츠에서의 대중은 이와 달리 지위, 계급, 직업, 학력, 재산 등 일반 사회적 속성을 초월한 불특정 다수의 사람들로 이루어진 비조직집단이다. 이런 일반적 개념의 대중을 구성요소로 하지 않는 문화콘텐츠는 존재할 수 없다. 관객 즉, 대중은 문화콘텐츠의 상업성을 담보해 주는 필수요소이기 때문이다.

물론, 시민의식이 싹트기 이전인 고대 왕정이나 봉건제후시대와 같이 사회계급이 분명하게 나뉘어 있던 시절에는 일부 문화콘텐츠가 특권 귀족층을 위한 전유물이던 시절도 있었다. 그러나 이 또한 당시의 시대적 관점에서 볼 때, 오늘의 대중 개념과는 차이가 있겠지만, 서비스의 객체였던 특권 귀족층을 일반적인 대중의 개념으로 이해할 수도 있다. 왜냐하면 시대 특성상 당시의 피지배계층은 인간으로서의 가치를 인정받지 못한 단순한 지배층의 귀속물이거나 생산도구에 불과했기 때문이다. 이처럼 문화콘텐츠의 상업성이 '대중성'을 전제로 한 것이라면, 서비스의 주체는 언제나 객체인 대중들의 관심을 불러일으킬 수 있는 재미있는 소재와 형태, 요소들을 찾아내고 가공해서 이를 상품화하기 위한 노력을 경주해야 한다. 하나의 상품을 개발해 내기 위한 서비스 주체들의 피나는 노력은 문화콘텐츠의 또 다른 특성을 탄생시키는데, 이것이 바로 문화콘텐츠의 '오락성'이다.

오락성이 결여된 문화콘텐츠는 대중성을 잃게 되고, 대중성을 잃은 문화콘텐츠는 상업성이 결여된다. 상업성이 결여된 문화콘텐츠는 순수예술이나 순수 창작물일 수는 있어도 진정한 문화콘텐츠로서의 가치는 상실한다. 그렇다고 문화콘텐츠가 저급예술이나 저급문화를 의미하지는 않는다. 그것은 서비스의 주체들이 창조성, 창의성, 예술성에 기반을 두고 새로운 문화콘텐츠를 탄생시키기 때문이다. 다시 말해 오락성은 서비스 주체들의 예술적 '창조성'에 기반한다. 이처럼 문화콘텐츠는 '상업성, 대중성, 오락성, 창조성'이라는 네 가지 특성이 절묘하게 조화를 이루는 통합적 문화, 예술 영역이다.

분류

문화콘텐츠는 주체와 객체가 어떤 형식으로 만나고, 어떤 커뮤니케이션의 형태를 취하는가에 따라 대면對面문화콘텐츠와 비非대면문화콘텐츠로 대별된다. 대면문화콘텐츠는 서비스를 제공하는 주체와 이를 제공받는 객체가 동일한 장소, 동일한 시간대에 만나, 제한된 공간과 제한된 시간 안에 직접 교감을 나누는 소통의 형태face to face를 취하는 문화콘텐츠다. 이에 반해 비대면문화콘텐츠는 미디어와 같은 중간 매체를 통해 주체와 객체가 간접 교감하는 소통의 형태non face to face를 취한다. 대면문화콘텐츠에 비해 시간과 공간의 제약으로부터 자유로울 수 있다. 이들의 소통방식은 대부분 주체와 객체 간에 이루어지는 '주－객 커뮤니케이션'으로 이루어진다. 그러나 MMORPG와 같은 온라인게임에서는 주－객 커뮤니케이션과 더불어 게임에 참여하는 객체와 객체 간에 소통이 이루어지는 '객－객 커뮤니케이션'의 형태가 활발하게 이루어지는 경우도 있다.

대면문화콘텐츠에는 연극, 뮤지컬, 오페라, 가면극, 창극, 인형극, 무용, 음악회, 콘서트 등의 공연예술과 축제, 퍼포먼스, 스포츠 등의 이벤트, 그리고 대면문화콘텐츠를 위해 특별히 기획된 게임쇼, 영상축제, 연극제, 영화제, 패션쇼 등의 행사이벤트가 이에 포함된다. 비대면문화콘텐츠에는 텔레비전 수상기나 극장의 스크린을 중간 미디어로 하는 영화, 다큐멘터리, 애니메이션, 드라마, 시트콤, 스포츠중계, 광고 등과 같은 영상콘텐츠가 있고, 게임기, MP3, CD플레이어와 같은 디지털 디바이스를 중간 미디어로 하는 콘텐츠, 그리고 음반 · 소설 · 시 · 수필 · 동화 같은 중간 미디어를 통해 서비스의 주체와 객체가 간접 커뮤니케이션을 하게 되는 음반 · 출판 콘텐츠도 비대면문화콘텐츠에 속한다.

기능과 역할

문화콘텐츠의 기능은 크게 본질적 기능과 파생적 기능으로 나눌 수 있다. 본질적 기능은 즐거움을 제공하는 서비스의 주체와 이를 수용하는 객체의 내밀한 커뮤니케이션에 의해 이루어지는 근원적 기능이다. 이는 다시 내적 기능과 외적 기능으로 세분화 된다. 내적 기능에는 자기정화 기능, 레크리에이션 기능, 자기계발 기능, 자기실현 기능 등이 있고, 외적 기능에는 문화콘텐츠와의 커뮤니케이션을 통해 이루어지는 사회통합 기능, 인류통합 기능 등이 있다.

수익창출 기능은 본래 문화콘텐츠의 본질적 기능 중의 하나였다. 기원전 5-6세기 고대 그리스시대의 연극, 무용, 노래 경연[71]에서부터 100여 년 전인 19세기 말 조선시대 산대도감 계통극의 공연에 이르기까지 역사적으로도 모든 공연은 대부분 수익창출원으로서의 기능을 수행해 왔다. 그런데 『한류학개론』에서 이를 '파생적 기능'이라고 따로 분리, 명명한 것은 한류가 확산시기에 접어드는 2000년 이후, 문화콘텐츠의 산업 경제적 가치창출 기능이 상상할 수 없을 정도로 급팽창해 과거와 같이 본질적 기능의 일부로서 그대로 존치시킬 수 없는 단계에 이르렀기 때문이다. 다시 말해 문화콘텐츠의 수익창출 기능이 이제 독자적인 연구대상으로서의 가치를 갖게 되었다는 것이다.

71 그 이전에도 있었을 것으로 추정되지만, 기록상으로는 기원전 5세기 중엽 관객들이 공연을 보러 갈 때 입장료를 냈다(Brockett, 1982: 40).

본질적 기능

내적 기능

– 자기정화 기능

자기정화란 일종의 정신적 승화작용으로 카타르시스catharsis라고도 한다. 아리스토텔레스는 『시학』 제6장 '비극의 정의' 편에서 주인공의 비참한 운명이 관객의 마음에 두려움과 연민을 유발시켜 인간적 정념을 어떤 형태로든지 간에 순화시킨다고 비극을 정의하면서 처음으로 카타르시스라는 용어를 사용한다. 그런데 카타르시스에 대한 여러 학자들의 해석을 정리하면 두 가지 유형으로 나눌 수 있다. 하나는 종교의식상의 정화작용으로부터 유래한 은유적 표현으로, 비극의 목적을 도덕적인 것, 즉 여러 감정의 정화에 있다고 보는 견해다. 다른 하나는 카타르시스를 신체 안의 좋지 못한 체액의 배설, 제거 등을 의미하는 의학상의 용어에서 유래한 표현으로 보아, 예술의 목적을 비도덕적인 것으로 보는 견해다(Aristoteles, 1974: 19).

그러나 비극이나 예술의 목적이 도덕적이건 비도덕적이건, 문화콘텐츠는 인간의 심성을 순화하고 고양시키는 정신적 기능과 역할을 수행한다. 기쁨과 슬픔, 고통과 분노, 즐거움과 짜증스러움, 환희와 비통함 등 온갖 삶의 단면과 희로애락을 담아내는 서비스 주체들의 창조적 행위는 대중 객체들에게 웃음과 눈물, 페이소스를 제공함으로써 그들의 마음을 정화하고, 그들의 삶을 순화시킨다. 이것이 문화콘텐츠의 자기정화 기능이다.

– 레크리에이션 기능

문화콘텐츠는 인간을 노동으로부터 해방시키고, 자신을 새롭게 탄생시키는 레크리에이션recreation의 기능을 가지고 있다. "홀드 투게더; 투 스탠드 오어 투 홀드 비트윈"hold together; to stand or to hold between, 다시 말해 복잡한 세상사로부터 해방(유예, 유보)되어 비록 제한된 시공간 내이지만 잠시나마 세상사를 잊고 편안하게 머물 수 있게 해 준다는 엔터테인먼트의 어원적 접근(박장순, 2005: 6-7)에서도 알 수 있듯이 문화콘텐츠는 복잡한 세상사로부터 인간을 탈출시켜 잠시나마 자신을 비울 수 있게 하고, 찌든 삶으로 피폐해진 인간 본성의 회복을 가능하게 한다. 이것이 문화콘텐츠의 레크리에이션 기능이다.

– 자기계발 기능, 자기실현 기능

서비스의 주체가 제공하는 미적 가치와 역할은 수용 객체의 자기계발을 유도하고, 객체는 문화콘텐츠를 통해 대리체험, 대리만족 등 자기실현을 간접 체험해 보기도 한다. 신데렐라의 꿈을 〈파리의 연인〉(SBS, 2004: 박신양 · 김정은)이라는 드라마를 통해 실현하고, 〈별에서 온 그대〉(SBS, 2014: 전지현 · 김수현)를 통해 시대를 넘나드는 사랑을 체험하고, 〈밀회〉(JTBC, 2014: 김희애 · 유아인)를 통해 욕망이 이끄는 대로 자신을 맡겨보기도 한다. 현실에서 이루기 어려운, 그러나 한번쯤은 이루어보고 싶은 꿈같은 일들을 문화콘텐츠는 실현시켜 준다.

외적 기능

– 사회통합 기능, 인류통합 기능

문화콘텐츠는 객체의 자유의지에 의해 선택된다. 따라서 객체의 충성도가 매우 높아 사회적 공감대 형성에 용이하다. 특히, 초고속통신망의 발달로 인터넷의 활용이 보편화되고, 쌍방향 커뮤니케이션이 가능해지면서 문화콘텐츠를 중심으로 형성된 두터운 마니아층의 결집력은 적극적인 사회 참여를 강조하는 객체의 성격적 패러다임의 변화를 이끈다. 예를 들어, 스포츠 빅 이벤트인 2002 한일월드컵에서 보여 준 붉은악마와 일반 시민들의 자발적인 참여와 충성도는 이런 문화콘텐츠의 사회통합 기능을 보여 주는 좋은 사례가 되기도 한다.

나아가 문화콘텐츠의 이런 사회통합 기능은 미디어와 네트워크의 발달로 그 기능이 확대되면서 지역과 국가, 민족을 초월해 인류의 화합과 정신적 일체감까지도 구현해 내는 인류통합의 긍정적 동인으로 작용한다. 예를 들어, 한류의 메인스트림인 드라마와 K-pop이 30억 아시아인과 세계인의 마음을 하나로 연결시켜 주고, 온라인게임이 실시간으로 지역과 국경, 인종을 초월해 세계 각국의 서비스 수용 객체들과 커뮤니케이션을 가능하게 해 지구촌 가족의 형성에 이바지하고 있다. 남녀노소 할 것 없이 세계 각국의 사람들이 〈강남스타일〉(싸이)의 말춤을 따라하고, 이를 패러디한 커버댄스가 전 세계적으로 유행하는 것도 인류통합 기능의 한 사례로 볼 수 있다. 이처럼 문화콘텐츠가 갖고 있는 사회통합 기능, 인류통합 기능은 그 어떤 기능보다도 중요한 의미를 갖는다. 한류토피아hallyutopia[72]의 건설을 가능하게 하는 원동력이기 때문이다.

파생적 기능: 산업 경제적 가치창출 기능

정보기술 혁명시대의 문화콘텐츠는 고부가가치를 창출하는 대표적인 21세기 국가전략산업이다. 〈명성황후〉, 〈난타〉, 〈사물놀이〉 같은 국내 대면문화콘텐츠의 성공적이고 활발한 해외공연, 〈리니지〉, 〈바람의 나라〉, 〈어둠의 전설〉, 〈드래곤 라자〉 같은 최첨단 디지털기술의 종합 결정체인 온라인게임 타이틀의 성공적인 출시와 해외진출, 한류 열풍을 몰고 온 드라마와 K-pop 뮤직비디오, 애니메이션, 영화 같은 비대면문화콘텐츠의 핵심인 영상콘텐츠의 활발한 수출과 이에 따른 고수익 창출이 문화콘텐츠의 산업 경제적 가치창출 기능을 강조하는 사회적 분위기를 조성하였다.

실제로 드라마 〈별에서 온 그대〉(SBS, 2013-2014: 전지현 · 김수현)의 여주인공 전지현이 만들어낸 신드롬의 경제적 파급효과[73]는 드라마 수출 33억2,400만 원, 광고수익 68억5,700만 원, 관련 상품 수출 549억 5,500만 원, 관광수익 4,651억6,400만 원 등 총 5,300억 원에 이르는 것

72 제4장 '한류비평' 참조.

73 주인공 천송이(전지현 분)가 드라마에서 먹은 '치맥'(치킨과 맥주)은 중국의 젊은 연인들에게 선풍적인 인기를 끌었고, 우리나라 맥주의 중국 수출이 그 시기 200% 늘어나는 데 크게 기여했다. 또 전지현이 입은 트렌치코트와 가방 패션, 그리고 일명 '청순화장'이라고 불리는 메이크업 방식은 한국의 패션 · 화장품 · 식음료 · 인테리어 등 연관 산업의 글로벌 매출을 급등하게 했다(전자신문. 2014.04.28).

으로 조사되었다. 이로 인한 국내 생산유발효과는 약 1조110억 원, 부가가치 유발효과는 약 4,151억 원, 취업유발효과는 10억 원 당 1만1,635명 정도의 파급효과가 예상된다. 이를 자동차 생산의 경우와 비교해 보면, 생산유발효과의 경우 2014년형 쏘나타 더 브릴리언트 2만1,495대 생산에 따른 생산유발효과와 동일하며, 부가가치유발효과는 2만8,838대, 취업유발효과는 6만8,627대 생산에 따른 취업유발효과와 동일하다(정헌일, 2014).

한류사의 중요한 티핑포인트 가운데 하나인 〈겨울연가〉는 드라마 관련 개발상품만 해도 방송권과 DVD, 비디오 등을 비롯해 모두 40여 종에 이른다. 2005년 3월 아시아문화산업교류재단이 산업정책연구원(IPS)에 의뢰해서 조사한 연구결과에 따르면, 〈겨울연가〉로부터 시작된 한류의 경제적 효과는 그 당시 4조5,000억 원에 이르는 것으로 나타났다. 이는 방송, 영화, 음반, 게임 등 4개 분야 문화콘텐츠산업의 생산유발액, 부가가치유발액, 취업유발인원 등의 총계인 직접효과와 휴대폰, 가전제품, 의류, 화장품, 관광 등 5개 분야 제조 및 서비스업의 생산유발액, 부가가치유발액, 취업유발인원의 총계인 간접효과를 합친 결과로, 국가별 경제효과는 중국이 3조3,506억 원, 홍콩 1조3,004억 원, 대만 6,201억 원 순으로 나타났다. 이처럼 문화콘텐츠의 산업 경제적 파급효과는 한류가 확산시기를 맞는 2000년 이후 - 과거와 달리 - 엄청난 규모로 급팽창해 21세기 핵심적인 국가전략산업의 하나로 자리매김하기에 이르렀다.

한류의 중심소재영역들 사이에서 찾는 문화콘텐츠의 개념적 단서

기본 구성요소의 동일성

상품이란 판매를 전제로 해서 만들어진 물건이다. 드라마, K-pop, 영화, 온라인게임, 애니메이션, 뮤지컬 같은 문화콘텐츠 또한 판매를 전제로 해서 만들어진 상품이다. 다시 말해 서비스를 이용하는 객체의 유·무상의 보상을 담보로 그들에게 제공된다. 객체는 상품의 가치를 최종적으로 구현하는 한류 중심소재영역들의 핵심 구성요소다. 왜냐하면 서비스 주체들에 의해 창조된 한류 중심소재영역들은 서비스의 대상인 객체를 전제로 한 것이고, 객체의 자발적인 참여와 이들의 수용에 의해 최종적으로 완성되기 때문이다.

이는 곧, 사르트르Sartre가 이야기하는 타자에 의한 예술, 독자에 의한 문학과 궤를 같이한다. 사르트르는 문학 작품을 작가와 독자의 '상호주체성의 발산'émanation de l'intersubjectivité으로 규정한다. 작가와 독자는 각각 자신들의 주체성을 하나의 작품 속에 불어 넣음으로써 공동으로 '작품'Euvre을 만들어낸다는 것이다(변광배, 2006: 46). 한류 중심소재영역들은 모두가 서비스를 제공하는 주체와 이를 수용하는 객체를 기본 구성요소로 하는 동일한 특성을 갖고 있다.

기능과 특성, 추구하는 가치, 가치 획득구조의 동일성

드라마, K-pop, 영화, 온라인게임, 애니메이션, 뮤지컬 같은 한류 중심소재영역들은 서비스 주체들의 예술적 창조성에 기반해서 탄생한 인위적 생산물이다. 우리들의 삶과 밀접한 관계를 갖고 있다. 그렇기 때문에 서비스를 자연 선택하는 객체들은 이를 통해 쉽게 자기정화, 레크리에이션, 자기계발, 대리체험 등 자기실현을 경험하게 된다. 또, 자발적인 객체와 객체의 온라인상의 소통은 네트워크 개념의 사회통합, 인류통합을 가능하게 하는 공통된 특징을 보인다.

특히, 드라마와 K-pop 같은 한류 중심소재영역들이 사회적 관심을 불러일으킬 수 있었던 가장 큰 이유 중의 하나는 이들이 갖고 있는 산업 경제적 가치창출 기능 때문이다. 굴뚝산업이라고 불리는 전통산업에 비해 6-7배 높은 성장세를 보이고 있고, 세계시장 점유율 또한 2013년 말 현재 2.7%에 불과해 앞으로도 무한히 커갈 수 있는 시장 잠재력과 가능성을 갖고 있기 때문이다. 이들이 갖고 있는 산업 경제적 가치창출 기능은 문화콘텐츠가 추구하는 지고의 선인 '상업성'과 맞닿아 있다. 이는 서비스 주체가 추구하는 초목표로, 순수문화예술의 작가가 추구하는 가치와 극명하게 대별되는 차별적 특성이기도 하다.

객체들은 한류 중심소재영역들을 통해 재미와 즐거움, 정신적 고양과 카타르시스를 얻고 대신, 그 보상으로 서비스 주체들에게 상업적 가치를 제공한다. 한류 중심소재영역들의 주체와 객체가 추구하는 이 같은 가치의 획득 과정 또한 – 비록 이질적 이종간 장르임에도 불구하고 – 동일하다는 특성을 보인다. 드라마, K-pop, 영화, 온라인게임, 애니메이션, 뮤지컬 같은 한류 중심소재영역들 사이에서 찾을 수 있는 이 같은 문화콘텐츠의 개념적 단서들을 정리하면 다음 네 가지로 요약될 수 있다.

한류 중심소재영역들은

첫째, 주체와 객체를 기본 구성요소로 한다.

둘째, 상업성, 대중성, 오락성, 창조성 등 네 가지 특성을 공통적으로 갖는다.

셋째, 주체에게는 상업적 가치, 객체에게는 재미, 즐거움, 해방감, 카타르시스를 제공한다.

넷째, 추구하는 가치의 획득구조가 동일하다.

문화콘텐츠, 한류의 중심소재영역

애니메이션; 문화수출 출발 소재영역

한류의 역사는 지금으로부터 27년 전인 1987년으로 거슬러 올라간다. 88서울올림픽을 준비하느라 나라 안팎이 무척 분주했던 시기다. 세계 각국의 방송사들 또한 올림픽 개최 예정국인 한국의 문화를 자국민들에게 소개하기 위해 골몰하고 있었다. 그때 KBS는 우리나라 최초의 TV애니메이션 시리즈 〈떠돌이 까치〉(이현세 원작)를 제작 방송했고, 한국 프로그램을 찾던 프랑스는 문화할인율이 낮은 TV애니메이션 시리즈를 선택, 구매하게 된다. 이것이 상업적 베이스에서 이뤄진 우리나라 방송콘텐츠 수출의 효시다.

이후 KBS의 〈아기공룡 둘리〉(에이콤프로덕션), 〈달려라 하니〉(대원동화), 〈천방지축 하니〉(대원동화), 〈2020 원더키디〉(세영동화)와 MBC의 〈태권동자 마루치〉(삼도필름), 〈머털도사〉(신원동화) 등 애니메이션 시리즈가 주력 상품으로 수출 선봉에 나섰고, 비록 규모는 크지 않았지만 수출시장을 선도해 간다. 1990년대 초, 신생 방송인 SBS를 포함해 KBS, MBC 등 지상파 방송 3사는 수출 전담조직을 갖춘 계열사[74]를 설립하고, 본격적인 방송콘텐츠 수출전선에 뛰어든다. 이때도 애니메이션은 유일한 수출상품이었다. 드라마 수출은 꿈도 꿀 수 없었던 시절, 몇 안 되는 외국의 바이어들이 그나마 관심을 갖고 접근했던 장르가 애니메이션이었다.

한류 '정착기'(1994-1996)에 해당하는 1990년대 중반까지 KBS는 〈옛날 옛적에〉(한호흥업), 〈영심이〉(대원동화), 〈날아라 슈퍼보드〉(한호흥업), 〈지구는 초록별〉(대원동화), 〈마법사의 아들 코리〉(대원동화), 〈꼬비 꼬비〉(한신코퍼레이션) 등을 제작 수출했고, MBC는 〈머털도사와 108 요괴〉(신원프로덕션), 〈요정 핑크〉(다이너서), SBS는 〈내일은 월드컵〉(선우프로덕션) 등을 제작해 수출했다. 이처럼 방송콘텐츠의 해외수출에 눈을 뜨기 시작한 1987년부터 1990년대 중반까지의 7-8년 동안 한국 애니메이션은 지상파 방송 수출물량의 거의 대부분을 차지하며, 수출전략상품으로서의 지위를 확고히 하고 있었다.

74 KBS영상사업단, MBC프로덕션, SBS프로덕션.

드라마; 1차 한류시대의 메인스트림,

콘텐츠 수출 = 드라마 수출

드라마가 아시아인들의 관심을 끌고, 이들과 적극적인 교감을 갖기 시작한 것은 1990년대 중반 한류사의 '정착기'(1994-1996)에 해당하는 시기부터다. 이때부터 주요 수출품목이 애니메이션에서 드라마로 전환되고, 수출지역도 일부 아시아 국가에서 아시아 전역으로 확대되는 변화를 맞게 된다. 문화관광부가 방송콘텐츠 수출에 관심을 갖기 시작한 것도 이때부터다. 수출용 방송콘텐츠의 M/E 분리 등 국제규격화를 위한 예산지원과 방송콘텐츠 해외마케터들의 사기진작을 위한 시상제도[75]도 도입한다.

1995년부터 본격화하기 시작한 드라마 수출은 1997년 말 IMF라는 국가 초유의 경제위기 상황에서도 꾸준히 성장을 계속해 마침내 1999년 11월 언어기호 '한류'의 탄생을 보게 된다. 이 기간이 드라마 수출의 '확장기'(1997-1999)다. 기업드라마 〈욕망의 바다〉(KBS, 1997)가 편당 평균 1,500-1,600달러 하던 때 드라마 편당 수출가격을 4,000달러로 끌어올렸고, KBS의 드라마 연간 수출계약고가 250만 달러(1998)에 이르렀다. 방송사별로 연간 수천만 달러씩 수출하고 있는 지금의 시점에서는 비교할 수조차 없는 미미한 액수지만, 당시로서는 의미가 큰 수치였다. 확장기인 1997년에서 1999년까지 수출 증가율이 평균 28.7%를 넘

75 KBS영상사업단, MBC프로덕션, SBS프로덕션.

어서고 있다는 수치적 근거(한국언론재단, 2005: 401)가 이 시기 드라마 수출의 빠른 성장세를 증명해 준다.

뉴밀레니엄시대에 접어들면서 지상파 방송 3사를 중심으로 한 수출 경쟁은 더욱 치열해지고, 수출의 외형적 성장 또한 급속히 진행되면서 한류는 절정기를 맞이한다. 2001년의 방송콘텐츠 수출총액은 2,271만 5,000달러를 기록한다(방송위원회, 2002: 131-134). 2002년은 전년대비 52.3%가 증가한 2,881만3,000달러를 기록한다. 1997년부터 2002년까지 6년간 방송콘텐츠의 수출성장률은 연평균 31.0%로 놀라운 수치를 보인다. 2003년도 수출은 전년대비 46.2%가 증가한 4,213만5,000달러, 2004년도 수출은 전년대비 69.6% 증가한 7,146만1,000달러를 기록한다(문화관광부, 2004-2005).

그런데 이렇게 급속히 전개되는 한류의 생성 및 진화 과정을 들여다보면, 드라마가 얼마나 중요한 역할을 했는지를 알 수 있다. 다시 말해 조사가 이뤄지지 않은 2009년과 2010년을 제외하고, 2001년에서 2008년까지 8년간 드라마의 수출비중은 평균 88.2%로 방송콘텐츠 수출이 곧, 드라마 수출이라는 등식을 성립시켜 준다. 더욱이 2003년 이후에는 드라마의 수출비중이 계속해서 90%를 넘어서고 있다.[76]

한편, 드라마는 2000년대 초 한류 절정기의 시작과 함께 불어 닥친 대만, 홍콩, 중국시장에서의 반한류를 극복하는 구원 메커니즘으로도

76 2003년 93.6%(방송위원회, 2004), 2004년 95.5%(방송위원회, 2005), 2005-2006년 각각 90% 이상(문화관광부, 2006), 2007년 90.2%(문화체육관광부, 2007), 2008년 91%(문화체육관광부, 2008).

작동한다. 일본에서 불어온 드라마 〈겨울연가〉 신드롬이 그 대표적인 사례다. "한국은 5천 년 역사 이래 가장 거만한 시대를 살고 있다"는 대만 인스리아 이지건李志建 대표의 2005년 국회 한류공청회 발언이 아시아 시장의 반한류 정서를 상징해 주는 대표적인 표현이라면, 〈겨울연가〉는 이런 아시아시장의 반한류 기운을 가라앉히며, 한류의 지속적인 성장을 이끄는 한류밈운반자의 역할을 충실히 수행한다. 이처럼 드라마는 1차 한류시대(1987-2009)의 메인스트림으로 한류의 진화 과정을 선도한다.

K-pop; 1차 한류시대의 마이너, 2차 한류시대의 메인스트림

애니메이션과 드라마로부터 시작된 한국의 방송콘텐츠 수출 붐은 1990년대 말부터 H.O.T, 클론, 핑클, NRG 등 국내 인기 그룹들이 대만을 기점으로 중국시장 공략에 나섬으로써 한국의 대중음악, 즉 K-pop은 또 하나의 한류 중심소재영역으로 부상하게 된다. 안재욱, 이정현, H.O.T 출신의 강타, 그리고 주 무대를 일본으로 하고 있는 보아, K, 세븐, 류시원, 동방신기, 무대를 전 세계로 확장한 비 등 수많은 K-pop 가수들의 등장은 한류 중심소재영역의 다양성을 강화시켜 준다. 또 이 같은 가수들의 활발한 해외 활동은 한국 음악산업 전반에 활력소가 되고, 이들의 해외 활동은 한국 음악산업의 수익구조 개선에도 기여한다. 2004년 K-pop은 3,420만 달러의 수출을 기록하는데, 이는 1,330

만 달러였던 전년대비 157.1%가 증가한 수치로 가수들의 해외 활동이 얼마나 활발했는가를 반증해 주는 수치이기도 하다(문화관광부, 2007). 이 시기 K-pop의 수출 성장세는 마이너스 성장을 기록한 애니메이션을 비롯해 게임(113.5%), 방송(67.0%), 출판(21.7%) 등 다른 비교대상 10여 개 문화산업 장르 중에서도 가장 높은 수준이다.

〈아이디 피스 비〉ID: Peace B로 2000년 데뷔한 가수 보아는 일본에서 발매된 첫 앨범 〈리슨 투 마이 하트〉Listen to my Heart로 2002년 3월 오리콘 차트 데일리 · 위클리 1위를 기록해 영국의 파이낸셜타임스(2002.02.08)와 프랑스의 르몽드(2002.06.01)로부터 집중 조명을 받는다. 그 해 12월 말, 일본 레코드 대상 금상을 수상한 보아는 한 달 뒤 두 번째 앨범 〈발렌티〉VALENTI를 발표, 발매 당일 음반 판매 100만 장 돌파, 오리콘 차트 데일리 1위를 기록하고, 2004년 아시아의 가장 영향력 있는 가수상Most Influential Artist in Asia을 수상한다.

무대를 중국과 대만으로 확대한 보아는 2003년 중국 문화부가 주최하는 '한 · 중 사스퇴치기념공연'과 문희준, 이정현, 쥬얼리, 구준엽 등과 함께 '제5회 한 · 중가요제'에 참가한다. 2004년 강타, 동방신기와 함께 '중국상해풍하음악계' '중국 호남 금응제 특별축하공연'에 참가하고, 2005년 '2008 북경올림픽 문화페스티벌 개막공연'에도 참가한다. 대만에서는 2004년 대만 '골든 멜로디 어와드'(금곡장 시상식)에서 강타, 동방신기와 함께 '한류폭풍'이라는 타이틀로 특별무대를 갖기도 하고, 2005년 5집 후속곡 〈모토〉MOTO로 대만 최고의 라디오 차트인 'HIT FM 아시아 음악차트'에서 1위를 차지하기도 한다.

〈n001〉로 출발한 가수 비의 해외 음악활동은 데뷔 다음 해인 2003년 제1집 앨범 〈나쁜 남자〉Bad Guy의 대만 발매로부터 시작한다. 대만에서 시작된 그의 음악활동은 2004년 제2집 앨범 〈태양을 피하는 방법〉과 함께 태국과 중국으로 확대됐고, 2005년 12월 〈어얼리 웍스〉Early Works 발매와 함께 일본시장에 진입, 곧바로 다음 달인 2006년 1월 일본에서 첫 번째 앨범 〈새드 탱고〉Sad Tango를 발매하고, 6월 두 번째 앨범 〈프리웨이〉Free Way를 발매하면서 일본 팬들을 사로잡는다. 비의 음반 활동이 '대만→ 태국→ 중국→ 일본' 순으로 진행되었다면, 콘서트는 역순에 가까운 '일본→ 홍콩→ 중국→ 대만→ 미국→ 태국' 순으로 이어진다. 2005년부터 시작된 비의 해외 콘서트는 8월 오사카 후생연금회관 콘서트, 9월 부도칸武道館 경기장 콘서트로 이어졌고, 10월 홍콩 콘서트, 베이징 콘서트, 12월 대만 타이페이 콘서트를 거쳐 두 달 뒤인 2006년 2월 뉴욕 맨해튼 메디슨 스퀘어 가든 콘서트, 태국 방콕 콘서트로 이어졌다. 뉴욕타임스는 "비는 엄청난 스타로 아시아 고유의 가수이자, 아시아의 문화적 자존심의 중심이 됐다"고 평가했다. 한국의 대중문화가 미국에서 빠르게 자리 잡아가는 상황에 대해서도 뉴욕타임스는 상세히 설명했다. 우선 아시아계 청소년들이 한류의 주된 소비자로 부상하고 있다고 전했다. 인터넷의 보급으로 세계 어느 곳에서든 원하는 음악과 공연을 접할 수 있게 됐으며, 이것이 아시아계 미국인들이 아시아의 스타에 열광하는 배경이 됐다고 분석했다(중앙일보. 2006.01.31).

〈저스트 리슨〉Just Listen으로 출발한 세븐의 해외 음악활동은 데뷔 첫 해인 2003년 말부터 2005년까지 2년여 동안 대만, 태국, 홍콩, 중국 등 아시아지역 현지 방문과 음반 프로모션으로 진행된다. 그 사이 2004년 7월 제2집 앨범 〈머스트 리슨〉Must Listen이 발매되고, 2006년 1월 '2005 중국 오리지널 종합음악랭킹 SPRITE 시상식'에서 아시아 베스트 뮤직 아티스트상을 수상한다. 곧이어 일본으로 진출한 세븐은 3월 일본 제1집 앨범 〈퍼스트 세븐〉First Seven을 발매하고, 4월 요요기경기장 제1체육관에서, 5월 오사카 그란큐브에서 잇따라 '2006 콘서트'를 개최해 일본 팬들을 사로잡는다. 아시아시장 진출 이후 일본, 중국, 대만, 홍콩, 태국 등 여러 나라에서 한류 열풍몰이를 하고 있던 세븐은 그 해 7월 중국 장사시 헤 롱 팔라에스트라에서 개최된 SPRITE 시상식에서 '한류 최고 인기상, 베스트 M/V상, 베스트 아시아 뮤직상' 등 총 3개 부문 수상의 영예를 안았다.

싱글 앨범 〈허그〉HUG로 데뷔(2004)한 동방신기東方神起는 2006년 3월 일본에서의 첫 번째 정규 앨범 〈하트, 마인드 엔 소울〉Heart, Mind and Soul을 발매하고, 4번째 싱글 〈아스와 쿠루카라〉(내일은 오니까)로 오리콘 데일리 싱글 차트 10위에 랭크되는 등 화려한 출발을 한다. 활동무대를 말레이시아로 넓혀 2006년 7월에는 쿠알라룸푸르의 푸트라인도어 스타디움에서 '라이징 선 콘서트'를 개최, 말레이시아 팬들을 열광시킨다. 1만5,000여 명이 참가한 콘서트에는 이웃한 인도네시아, 싱가포르, 태국, 브루나이 등 주변 국가의 팬들까지 모여들어 아시아의 동방신기임을 확인시켜 주었다.

일본을 주 무대로 하고 있는 J-pop의 신성, 가수 K도 2006년 1월 일본 첫 정규 앨범 〈비욘드 더 시〉Beyond the Sea로 오리콘 데일리 앨범 차트

2위를 차지하고, 도쿄 부도칸 콘서트(2005)로부터 일본 공연을 시작한 한류스타 류시원도 〈벚꽃〉으로 오리콘 차트 2위, 싱글 〈해바라기의 랩소디〉로 오리콘 차트 4위에 랭크되는 등 일본에서의 활발한 음악활동을 인정받아 2005년 일본 레코드대상 대중상, 오리콘 차트가 뽑은 '2005년 한류 최고의 아티스트'로 선정되기도 한다. 이처럼 보아, 비, 세븐, 동방신기, K, 류시원 등 한국 가수들의 활발한 해외 음악활동은 한류 중심소재영역으로서 K-pop의 포지셔닝을 확실하게 해 주고, 해외 음악시장의 확대로 이어져 국내 음악산업의 성장을 이끄는 원동력으로 작용한다. 2004년도 한국 문화산업 매출 가운데 음악부문 총 매출액은 2조 1,331억 원으로 2003년 대비 18.9% 증가한 것으로 나타난다.

그런데 이 같이 높은 성장률에도 불구하고, 한국의 음악산업이 당시 극도의 위기 상황으로 비쳐졌던 것은 음반시장의 급격한 쇠락 때문이다. 한국음악산업협회에 따르면 드라마가 1차 한류시대의 메인스트림으로 한류시장을 선도하고 있던 2004년 우리나라 음반시장 규모는 1,338억 원으로 전년대비 27%가 감소한 것으로 나타났다(문화관광부, 2006). 주요 원인은 온라인시장의 불법 다운로드다. 이 같은 오프라인 시장과는 달리 온라인 음악시장 규모는 2004년 2,014억 원으로 전년대비 8.9% 증가(ibid. 34)한 것으로 나타났는데, 이는 한국 음반시장의 유통 패러다임이 음원 중심으로 변화해 가고 있음을 의미한다. 이런 시장 변화의 과정에서 마이너 한류 소재영역으로 1차 한류시대의 메인스트림인 드라마에 가려져 제 가치를 인정받지 못했던 K-pop의 위상에 본격적인 변화의 바람이 일기 시작한 것은 2005년 유튜브^U-Tube^라는 소셜 네트워크 서비스SNS의 등장 이후다(제3장 한류사, 'K-pop과 2차 한류시대' 참조).

영화; 공진화를 통해 이룬 르네상스

한국영화는 애니메이션 시리즈가 문화수출의 물꼬를 트기 시작하는 1980년대 말부터 드라마가 애니메이션을 대체하며 선도 수출상품으로 나서는 1990년대 중반까지, 어두운 암흑의 시기를 보내고 있었다. 어찌 보면, 한국영화 100년사에서 가장 어려운 시기였는지도 모른다. 규모도 규모지만, 수출액이 1991년 47만2,850달러에서 1992년 19만5,900달러, 1993년 17만3,838달러(문화관광부, 2005: 5)로 매년 급격히 떨어져 마치 한국영화가 어느 순간 종언을 고할 것 같은 분위기였다. 이는 3선 개헌과 전국 비상계엄 선포, 유신체제 돌입 등 일련의 정치적 소용돌이 속에서 나라 전체가 패닉상태에 빠졌던 1970년대 초의 한국영화보다도 더 심각한 상태였다.

당시도 90만2,600달러(1971), 48만2,137달러(1972), 21만1,000달러(1973)(ibid. 24)로 수출이 급격한 감소세를 보였다. 그러나 수출 규모면에서는 1990년대 초의 2배를 넘었다. 결국, 1970년대 초의 한국영화 수출 규모는 1990년대 초의 한국영화가 얼마나 심각한 지경에 놓여 있었는가를 반증해 주는 수치적 근거가 된다. 한국 애니메이션이 해외시장에서 각광을 받고 있던 그 시절, 한국영화는 이렇게 20여 년 전의 절반 수준에도 못 미치는 그런 심각한 상황을 맞고 있었다.

그러나 1차 한류시대의 메인스트림이 애니메이션에서 드라마로 대체되는 1995년을 전후해서 영화시장에도 변화의 바람이 일기 시작한다. 공진화co-evolution의 움직임이 보이기 시작한 것이다. 추락하던 수출 하향세가 일단 멈추고, 1993년 17만3,838달러까지 떨어졌던 해외수출이 1994년 62만879달러로 3배 가까이 반등하면서 재기의 가능성을 보여 준다. 1998년 한국영화는 전년대비 6.2배의 성장을 보이며 307만3,750달러의 수출실적을 기록하고(ibid. 24), 1999년 2월 〈쉬리〉(감독 강제규, 한석규 · 최민식)의 성공적 론칭과 해외 진출을 계기로 새롭게 한류 중심소재영역으로 편입된다.

한국영화가 이처럼 급성장세를 보였던 1998-1999년은 한류의 확장기(1997-1999)다. 드라마가 중심이 되어 한류시장을 전 지구적으로 넓혀가고 있던 시기다. 이처럼 드라마가 중심이 된 한류 확장기, 공진화를 통해 한국영화는 부흥기를 맞는다. 한국영화가 2004년 5,828만4,600달러의 수출을 기록해서 드라마를 포함한 방송콘텐츠 수출액 7,146만달러의 81.6%를 기록한 것은 공진화에 성공한 한국영화의 위상 변화를 보여 주는 근거가 된다.

이 밖에도 공진화에 성공한 한국영화 르네상스의 수치적 근거는 여러 곳에서 발견된다. 먼저 영화제작사 수가 1999년을 기해 전년대비 216.4%의 폭발적 증가를 보이며 367개사로 급격히 늘어난다. 이런 수적 변화의 결정적 요인은 그 해 2월 개봉한 〈쉬리〉의 250만 명 관객동원에 힘입은 바 크다. 이후 영화제작사의 수는 매년 기하급수적으로 늘어나 다음 해인 2000년에는 1999년 대비 94.8%가 늘어나 거의 두 배 가까운 증가세를 보였고, 2004년 말 영화제작사 수는 1,375개사로 1999년 대비 274.7%의 경이적인 증가세를 보인다(문화관광부, 2005). 이처럼 영화제작사 수의 증가 추세는 한국영화 르네상스가 언제 시작되고, 어떻게 진행되고 있는지를 가늠해 볼 수 있게 해 주는 바로미터가 된다.

영화 관람객 수의 증가도 공진화를 통해 이룬 한국영화 르네상스의 수치적 근거가 된다. 드라마 〈사랑이 뭐길래〉가 중국시장에서 한국 드라마 붐을 조성하고 있던 1997년 한국영화는 1,212만 명의 관객을 동원하며 9년 전인 1988년의 상태를 회복한다. 힘들게 증가세로 돌아선 관객 수는 언어기호 '한류'가 등장하는 1999년 전년대비 66.7%의 급격한 증가세를 보이며 관객동원 2,000만 시대로 재진입해 통계조사 첫해인 1981년의 관객동원 수를 회복해 한국영화 르네상스 원년의 토대를 마련한다(ibid. 2). 한국영화의 공진화는 이후에도 계속되어 2002년 한국이 문화수입국에서 문화수출국으로 변신하는 그 해 관객 1억 명 시대에 진입하고, K-pop이 2차 한류시대를 선도하는 2013년 2억 관객시대를 연다(영화진흥위원회, 2006/2014).

스크린 수의 증가도 공진화를 통해 이룬 한국영화 르네상스의 수치적 근거가 된다. 1998년 507개이던 스크린 수는 한국영화 르네상스 원년인 1999년 599개로 19.1% 증가하고, 〈겨울연가〉가 붐을 이루기 시작하는 2003년 1,132개로 증가한다(문화관광부, 2005: 41). 그리고 K-pop이 유튜브를 통해 전 지구적 확산을 시작하는 2008년 스크린 수는 2,000개를 넘어서서 한국영화의 공진화를 뒷받침해 준다(영화진흥위원회,

2014). 관객 수의 증가와 스크린 수의 증가는 입장료 수입의 증가로 연결된다. 1996년-1998년 사이 450억 원에서 620억 원 규모였던 입장료 수입은 1999년 1,000억 원대를 돌파한다. 이후 한국영화는 2000년부터 '1,160억 원→ 2,600억 원→ 3,000억 원' 등 매년 전년대비 124.1%, 15.4%, 26.6%의 입장료 수입 증가를 보이다가 〈태극기 휘날리며〉, 〈실미도〉 등의 대작이 탄생한 2004년에는 5,000억 원이 넘는 입장료 수입을 만들어낸다(ibid. 2). 이 밖에도 한국영화의 수출 증가, 시장점유율 증가, 상영일수 증가 등도 한국영화의 공진화를 설명할 수 있는 근거가 된다.

온라인게임; 저평가되고 있는 문화산업적 가치

1997년 말, 경제위기 이후 문화수출 대열에 본격 합류하기 시작한 한국의 게임산업은 애니메이션과 드라마에 비해 비록 출발은 늦었지만, 시작부터 수출 규모면에서 다른 여타 문화산업 소재 장르를 압도한다. 게임수출 집계가 시작된 1998년부터 2014년 현재까지도 문화산업 전체 소재 장르 중에서 게임이 차지하는 수출비중이 가장 높다. 《2003 문화산업 백서》(문화관광부)에 따르면 수출 첫해인 1998년 게임의 수출 비중은 78.6%로 문화산업 전체 수출액 1억468만 달러 중 8,226만 달러를 차지한다.

[표 2-1] 게임과 방송콘텐츠의 수출비중 비교

	문화콘텐츠산업 연간 수출 총액	게임		방송콘텐츠	
		수출액	수출비중	수출액	수출비중
2005	1,301,136	564,660	43.4	121,763	9.4
2006	1,373,158	671,994	48.9	133,917	9.8
2007	1,944,631	781,004	40.2	150,953	7.8
2008	2,337,603	1,093,865	46.8	171,348	7.3
2009	2,608,702	1,240,856	47.6	184,577	7.1
2010	3,189,074	1,606,102	50.4	184,700	5.8
2011	4,302,012	2,378,078	55.3	222,372	5.2

※출처: 문화체육관광부, 2013: 55-56, 편집. 단위: 천 달러, %.

이후, 집계대상 문화산업 소재 장르의 수가 늘어나면서 게임의 비중은 상대적으로 낮아진다. 1999년 55.2%이던 게임의 수출비중은 2000-2003년 사이 평균 29.1%로 떨어진다. 그러나 1차 한류시대의 메인스트림인 드라마를 포함한 방송콘텐츠의 수출비중이 1998년 9.6%, 1999년 6.5%, 2000년대 초반 4년간의 평균 수출비중이 5.2%인 것을 감안하면, 게임의 수출비중이 얼마나 높은지를 실감할 수 있다. 게임은 방송콘텐츠 수출의 7.6배가 넘는다. 특히, 온라인게임의 수출지역이 전 세계로 확대되면서 2004년 게임의 수출비중은 문화산업 전체의 42.2%를 넘어섰고, 다른 문화산업 소재 장르들과의 수출비중 격차를 더욱 벌려 놓는다.

이런 흐름은 드라마 〈겨울연가〉 신드롬과 드라마 〈대장금〉 신드롬이 아시아 전 지역을 휩쓸던 2005년부터 드라마를 메인스트림으로 한 1차 한류시대가 끝나는 2009년까지도 계속된다(〔표 2-1〕 참조). 이 시기 5년 동안의 평균 수출비중은 게임이 45.4%, 방송콘텐츠가 8.3%다. 더욱이 K-pop을 메인스트림으로 한 2차 한류시대가 시작되는 2010년부터는 게임의 수출비중이 50%를 넘어서고, 반대로 방송콘텐츠의 수출비중은 5%대로 추락한다. 산술적으로 보면, 50%대 전후의 게임에 대한 관심이 8% 전후의 방송콘텐츠에 대한 관심에 비해 최소 6배 이상 커야 하는 것이 상식인데, 세상은 8%대의 방송콘텐츠에 대해서는 열광하면서도 50%대의 게임에 대해서는 불편한 시선을 감추지 않고 있다. 이유는 게임이 갖고 있는 본질적인 문제, 즉 과몰입과 중독에 취약할 수밖에 없는 특성 때문이다. 그렇다고 게임 과몰입을 막기 위해 셧다운제[77] 같은 강제권을 발동한다는 것은 게임 유저들의 자율권, 인격권을 침해하는 위헌적 요소를 안고 있다. 게임이 갖는 문화산업 소재 장르로서의 가치를 인정하고, 디지털시대의 새로운 문화 아이콘이라는 보다 적극적인 자세로의 전환이 절실히 요구된다.

77 강제로 정해진 시간에 게임 이용을 금지시키는 제도.

제3장

한류사

한류의 생성배경

인식적 요인: 아시아인의 한국 드라마에 대한 인식

한국 드라마에 관한 학술적, 비학술적 자료들을 수집 분석해 보면, 타자인 아시아인들이 즉자인 한국 드라마에 대해 갖고 있는 대타적 인식이 크게 드라마의 '내용과 소재, 드라마투르기, 등장인물, 객관적 이미지의 건전성, 연출 및 제작 기술' 등 다섯 가지 유목에 초점이 맞춰져 있는 것을 알 수 있다. 여기서는 이들 다섯 가지 유목을 중심으로 일본 드라마와의 '경쟁시기'인 1990년대 타자인 아시아인들이 시장에서 한국 드라마를 자연 선택하게 된 배경, 다시 말해 한류의 생성요인에 대해 기술하고자 한다.

내용과 소재

중국이나 대만인들은 한국 드라마가 아시아인들의 원초적 공감대를 잘 표현해 주고 있다고 인식한다. 가족과 결혼, 세대 간의 갈등이 서로 유사하고, 한국 드라마가 보여 주는 조금은 비현실적일 수도 있는 순수한 사랑이 이들에게 대리만족과 새로운 감성을 제공해 준다고 인식한다. 일본인들은 한국 드라마를 통해 그리움과 순수로 규정되는 한국인들의 한의 정서, 그리고 일본에서는 찾아볼 수 없는 가족관계[78]와 따뜻한 가족애를 발견한다. 이런 문화적 근접성과 차이의 발견이 일본인들로 하여금 한국 드라마를 통해 일본의 과거를 느끼게 하고 향수를 불러일으키게 하는 것으로 인식한다(주창윤 외, 2007: 102-103).

태국인들은 한국 드라마를 통해 멀게만 느껴졌던 한국인들이 자신들과 유사한 코드를 가진 같은 아시아인이라는 사실을 발견하면서 한국 드라마를 선호하게 된 것으로 인식한다(한국관광공사, 2004a: 2/7). 한국 드라마에 대한 이 같은 아시아인들의 대타적 인식요인을 분석해 보면 특히, 내용과 소재 측면에서 한류의 생성요인은 크게 다음 세 가지로 요약된다.

첫째, 한국 드라마의 현실적 · 비현실적 내용과 소재의 절묘한 조합

78 일본에서는 제2차 세계대전 이후 법적으로도 '가'(家)제도가 폐지되었다(巖本通弥, 2005; 박범훈, 2005: 79).

둘째, 아시아시장의 니즈를 충족시킬 수 있었던 그 조합의 등장 시점
셋째, 한국 드라마의 내용과 소재에 담긴 아시아 문화와의 근접성과 차이

〔표 3-1〕은 일본 드라마의 스토리가 갖는 '현실성'과 '시청률'의 관계를 보여 준다. 1977년 시청률 상위 25%에 해당하는 드라마 중 70%가 '현실적'인 내용을 다루고 있고, '비현실적'인 내용을 다루고 있는 드라마는 30%에 그친다. 이 결과는 시청자들이 드라마의 '현실적'인 스토리에 더 관심을 갖는다는 것을 보여 준다. 그러다가 해가 거듭되면서 '현실적'인 스토리의 비중은 작아지고, '비현실적'인 스토리의 비중이 급격히 커진다. 특히, 한류의 태동기(1987-1990)에 해당하는 1989년 두 관계의 사이에 역전현상이 벌어진다. 즉, '비현실적' 스토리의 비중이 13년 동안 우위를 점해 왔던 '현실적' 소재의 드라마 비중 33%를 뛰어넘어 67%를 기록한다. 그리고 이 같은 '비현실적' 스토리의 강세 현상은 한류의 정착기(1994-1996)에 해당하는 1994년까지 지속된다. 이런 시청자들의 니즈 변화가 바로 대일 수출 초과 시점(1999) 이전, 한국 드라마의 상품으로서의 시장가치를 드러나게 해 주는 시기적인 변인이 된다.

[표 3-1] 시청률 상위 25% 드라마의 '현실적' · '비현실적' 스토리 비중

스토리	현실적	조금 비현실적	아주 비현실적
1977년	70	18	12
1980년	44	28	28
1983년	39	24	36
1986년	52	22	26
1989년	33	46	21
1994년	47	53	0
평균	48	30	22

※출처: 岩男壽美子, 2000: 98. 단위: %.

다시 말해 당시, 한국의 트렌디드라마는 현실 속에 실재 가능한 내용을 재현하는 듯이 보여 주면서 동시에 비현실적인 내용을 교묘하게 잘 조화시켜 한국 드라마의 인기 비결로 이어갔다. 〈질투〉(MBC, 1992: 최수종 · 최진실), 〈파일럿〉(MBC, 1993: 최수종 · 채시라 · 한석규), 〈마지막 승부〉(MBC, 1994: 손지창 · 장동건), 〈호텔〉(MBC, 1995: 한석규 · 이승연), 〈첫사랑〉(KBS, 1996: 최수종 · 이승연), 〈꿈의 궁전〉(SBS, 1997: 김원희 · 이훈), 〈미스터 Q〉(SBS, 1998: 김민종 · 김희선), 〈토마토〉(SBS, 1999: 김희선 · 김석훈) 등의 트렌디드라마가 대표적인 사례다(박장순, 2008: 233-234).

이들 트렌디드라마 속의 극중 현실이 실생활에서는 찾아보기 힘든 비현실적인 허구요, 영상일 뿐이라는 사실[79]을 시청자들은 알고 있다.

79 예를 들어, 〈꿈의 궁전〉은 당시로서는 상상하기 쉽지 않은 프랑스 요리 전문 최고급 레스토랑을 배경으로 한 드라마이고, 〈파일럿〉은 꿈같은 젊은 비행 조종사들의 이야기를 다룬 드라마다. 〈토

그러면서도 시청자들은 드라마가 실제의 생활과 애정을 이야기하고 있다는 느낌을 받음으로써 사랑에 대한 동경을 체험하게 된다. 작품 속에서 동화와 같은 순수한 사랑이 이루어지고, 몽상과 같은 동경이 구체화되어 가는 과정을 통해 시청자들은 카타르시스를 얻게 된다.

한국 드라마 가운데 애정극은 주로 동화 속에 나오는 '백마 탄 왕자'와 '신데렐라' 같은 남녀 주인공들이 순수한 사랑과 낭만을 만들어 가면서 겪게 되는 희로애락을 그리는데, 여기에는 초현실적인 사랑이란 모식模式이 크게 적용되고 있다. 그런데 초현실적인 모식을 바탕으로 한 드라마는 대부분 현실생활과 유리된 그저 '드라마 속의 현실'(비현실)로 인식될 수밖에 없는 가능성이 큰데 반해, 한국의 초현실적 애정극에서는 현대인들이 진선미에 대한 갈망과 이상적인 애정을 느낄 수 있도록 해 줌으로써 시청자들의 강한 공감대를 만들어준다(주창윤 외, 2007: 162-163; 任威, 韓劇的超現實悲情模式).

대일 드라마 수출 초과 시점(1999) 이전, '비현실적'인 내용과 소재를 다루고 있는 한국 트렌디드라마가 아시아 젊은이들의 인기를 끌고 있었다는 사실은 중국의 인터넷 사이트 게시글[80]과 CCTV 시청자 게시판[81]에 올라온 중국 시청자들의 댓글을 분석한 결과를 가지고도 확인이 가능하다. "게시판에서 언급된 한국의 드라마 유형 중 90% 이상이 트

마토〉 또한 구두회사 직원 한이(김희선 분)와 상류층인 그 회사 사장 아들, 변호사인 승준(김석훈 분)과의 계층과 신분을 뛰어 넘는 사랑과 야망, 꿈을 그린 드라마다.

80 ktv2002.xilubbs.com.

81 topcool.net.

렌디드라마다. 이들은 중화권에서 '청춘우상극青春偶像劇'이라고 불리기도 한다"(손병우 외, 2003: 157-158). 이처럼 조금은 '비현실적'인 내용과 소재를 중심으로 하고 있는 1990년대 한국 드라마가 아시아인들의 관심을 끌 수 있었던 또 다른 이유는 전통적인 가치의 공유에서 오는 아시아 문화와의 '근접성'과 한국의 독자적 문화가 갖는 아시아 문화와의 '차이'에서 발견된다.

중국을 비롯한 동아시아 국가들은 대부분 한국과 여러 측면에서 문화적 공통분모를 가지고 있다. 불교와 유교라는 전통적 가치의 공유, 가풍을 중시하고 경로효친, 장유유서의 전통을 중심으로 한 가족주의와 가부장제도 등이 그것이다. 또, 1970년대 한국이 겪었던 고도 경제성장에 따른 급격한 사회변동과 여기에서 비롯된 갈등 역시 최근 동아시아 국가들이 겪고 있는 갈등 양상과 흡사하다. 이들 국가들은 경제개방 이후, 급속한 경제성장과 함께 빈부격차와 자본주의의 도입에 따른 부정부패, 물질만능주의, 그리고 외래문화의 유입에 따른 기존 가치와의 갈등이라는 후유증을 겪고 있다(윤재식, 2005b: 2/5).

한편, 중국의 수용자들은 한국 드라마의 내용과 소재가 자신들과 다른 '차이'가 나는 선진 라이프스타일과 문화적 취향을 보여 주고 있다고 인식한다. 그럼에도 불구하고 이 차이가 현실과 동떨어진 드라마 속의 이야기에 머무는 것이 아니라, 중국의 변화하는 새로운 환경에 걸맞은 새로운 삶의 태도와 가치를 제시해 주는 역할(손병우 외, 2003: 163)을 함으로써 한류의 생성요인으로 작동한다. 이처럼 문화적 '근접성'에 기초한 한국 드라마의 내용과 소재가 갖는 시장 친화적 특성과 한국 드라마가 보여 주고 있는 이들 문화와의 차이가 1990년대 아시아 드라마 소비 주체들의 한국 드라마에 대한 우호적 인식을 자극하게 되었고, 이 것이 내용과 소재 측면의 한류생성 요인으로 작동하게 된다.[82]

드라마투르기dramaturgy

드라마를 풀어가는 일종의 극작술, 극작방식을 뜻하는 드라마투르기 또한 한국 드라마의 시장 친화적 소구력을 강화시켜 주는 요인 중의 하나다.[83] 대만인들은 한국 드라마가 줄거리의 반전이 커서 몰입도가 높고, 일본 드라마에 비해 한국 사회의 특성인 가부장적인 요소와 여성의 의식 변화로 벌어지는 충돌이 대만 사회와 유사해 시청자들이 쉽게 친숙함을 느끼는 것으로 인식한다(한국방송영상산업진흥원, 2007a: 5). 홍콩인들은 한국 드라마의 사건 전개가 단조롭게 진행되는 홍콩 드라마에 비해 우위를 보이고 있기 때문에 한국 드라마를 선호한다(한국관광

82 드라마의 내용 전개와 소재 선택에 영향을 미치는 드라마의 주제가 드라마의 수출액 규모와 관련이 있다는 연구결과도 있다. 전반적으로 판매액 규모에 관계없이 남녀 간의 애정을 주제로 한 드라마의 수출이 많았다(64.0%). 그런데 이런 현상은 판매액이 높은 드라마에서 비중이 더 큰 것으로 나타났다. 예를 들어, 4만 달러 미만에서는 47.7%, 4만 달러 이상 20만 달러 미만의 경우에는 67.3%, 20만 달러 이상인 경우에는 73.7%가 애정을 주제로 했다(이문행, 2005: 53).

83 드라마의 수출에 영향을 미치는 중요한 요인 가운데 하나는 등장인물들 간의 관계 요인이다. 등장인물들의 관계에 있어 갈등 요소가 증가할수록 극적 재미를 줄 수 있기 때문이다(이문행, 2005: 40). 등장인물 간의 관계, 특히 주인공들 간의 관계가 드라마의 수출액 규모에 영향을 미친다. 전체적으로는 삼각관계가 54.7%로 가장 많았다. 4만 달러 미만인 경우에는 삼각관계가 34.1%, 20만 달러 이상인 경우에는 64.9%를 차지했다(ibid. 55). 다시 말해 삼각관계로 인한 주인공들 사이의 심각한 극적 갈등이 드라마의 재미요소로 작용하고 있는 것이다.

공사, 2004b: 4). 자연스럽게 흘러가는 드라마의 줄거리 구성이 아시아인들로 하여금 한국 드라마 속에 푹 빠지게 한다(한국방송영상산업진흥원, 2007b: 24-25). 이처럼 한국 드라마의 이야기 구성과 스토리 전개방식, 즉 드라마투르기가 1990년대 한류의 생성요인으로 작동한다.

드라마 〈겨울연가〉(KBS, 배용준 · 최지우)의 심층구조 속에 자리 잡은 핵심 코드는 '순수한 사랑'이다. 이 코드가 시청자들로 하여금 잃어버린 첫사랑을 기억해 내게 하는 역할을 한다. 다시 말해 〈겨울연가〉의 송신자는 코드엮기encoding를 통해 메시지 속에 첫사랑이라는 코드를 삽입하고, 드라마의 메시지를 해독하는 수신자는 메시지 속에 숨겨진 코드풀기decoding를 통해 첫사랑이라는 숨겨진 코드를 찾아낸다. 일본에서의 한류 열풍은 이와 같은 시청자들의 코드풀기가 정확하게 이루어졌기 때문에 가능했던 것으로, 일본 시청자들이 순수한 사랑의 코드를 유치하고 평범한 젊은 남녀의 가벼운 사랑 정도로 해석했다면 한류 열풍은 일어나지 않았을 수도 있다. 이런 현상은 〈겨울연가〉에 끊임없이 순환하고 있는 '순수한 사랑'이라는 핵심 코드가 일본인들의 코드풀기 과정에서 명확하게 의미작용을 했기 때문에 가능한 것이다(백승국, 2005: 79-80).

한국 드라마의 탄탄한 스토리 라인[84] 또한 시장 친화적 요인 가운데

84 1990년대 한국의 트렌디드라마는 〈질투〉의 영호(최수종 분)와 이혼녀 영애(이응경 분), 하경(최진실 분)의 관계, 〈파일럿〉의 민기(최수종 분)와 첫사랑 혜란(채시라 분)의 관계, 〈마지막 승부〉의 동민(손지창 분)과 철준(장동건 분), 다슬(심은하 분) 등의 관계 설정에서 보듯이 성격이 명확한 인물들로 짜여져 있고, 견고한 인물설정은 드라마의 스토리라인을 탄탄하게 해 주는 기재가 된다.

하나다. 한국 드라마의 뚜렷한 캐릭터, 명확한 줄거리 전개, 순정만화 같은 로맨틱한 상황 설정, 복고적인 순애보[85] 등, 한국 드라마의 스토리 구성이 흥미롭고 탄탄하다. 극적인 대사와 아름다운 말, 효과적인 음악 등 드라마가 보여 주는 부가적인 요소가 시청자들에게 어필해 일본에서는 〈겨울연가〉의 대사가 일상생활에서 많이 인용되기도 한다. 한·일 공동제작 드라마 〈소나기 비 갠 오후〉(MBC, 2002: 지진희·요네쿠라 료코)를 방송한 후지TV의 관계자도 드라마는 한국 쪽의 내용 구성이 일본보다 훨씬 다양하다고 말한다(삼성경제연구소, 2005: 34; 굿데이, 2002.10.23).

[표 3-2] 중국의 한류 드라마 소비자 조사

제작국	접촉률	선호1위	만족도	만족이유	선호이유
3위 (14%)	71%	가을동화 (35%)	3.78	스토리 (76%)	스토리 (51%)

※출처: 방정배 외, 2007: 156.

〔표 3-2〕는 중국에서 방송되고 있는 세계 여러 나라 드라마들 가운데, 제작 국가별 순위에서 한국 드라마가 3위(14%)에 올라 있음을 보여 준다. 1위는 자국인 중국 드라마, 2위는 미국 드라마다. 그럼에도 불구하고, 중국인들은 드라마 〈가을동화〉(KBS, 송승헌·송혜교)를 가장 선호한다. 이유는 스토리에 연유하는데, 드라마의 전개 속도 또한 한국

85 〈가을동화〉(KBS, 2000), 〈여름의 향기〉(KBS, 2003), 〈봄의 왈츠〉(KBS, 2006) 등은 순정만화 같은 사랑과 복고적인 순애보를 보여 주는 대표적인 작품들이다.

드라마가 가지는 시장 친화적 요인 중의 하나다. 빠른 템포의 트렌디드라마가 주류를 이루고 있지만, 〈가을동화〉나 〈겨울연가〉와 같이 느린 템포로 승부하는 드라마도 많다. 〈겨울연가〉는 15-16년 이상의 긴 세월에, 이야기의 전개나 주인공들의 말하는 속도, 눈을 깜박이며 눈물 흘리는 장면도 모두 천천히 진행된다. 일본 시청자들은 '드라마 속의 시간'이라고 하는 새로운 리듬에 적응하면서 이를 즐긴다. 일본에서는 시간과 정성을 들여 천천히 만들어 내고, 여유를 즐기는 '슬로우 무브먼트'slow movement가 새로운 가치로 자리 잡아 가고 있다. 스토리가 유유히 전개되고 있는 〈겨울연가〉는 이런 일본 시청자들에게 아름다움과 정신적인 치유, 안도감을 주어 현대 일본인들의 마음을 사로잡는다(방정배 외, 2007: 101).

홈드라마와 트렌디드라마의 특성을 결합한 한국형 포스트 트렌디드라마의 극 구성형식 또한 한국 드라마의 시장 친화적 소구력을 강화시켜 주는 요인으로 작동한다. 특히, 가족을 배경으로 한 드라마가 많지 않은 중국이나 일본 드라마와 달리 한국형 포스트 트렌디드라마는 대부분 가족과 관련되어 있고, 극 구성상의 위기 또한 가족 간의 관계 속에서 이루어진다. 예를 들어 〈천국의 계단〉(SBS, 권상우 · 최지우)에서는 아버지의 재혼과 이로 인한 새로운 가족들과의 갈등이 젊은 여주인공의 운명을 바꾸어 놓는다. 주인공들은 가족과의 갈등 때문에 사랑을 포기하기도 하고, 젊은 주인공들의 연애는 '순애'로 그려지기도 한다. 한류의 정착기(1994-1996)와 확장기(1997-1999)에 해당하는 1990년대 후반부터 일본에서는 '퓨어'pure라고 불리는 순애물이 인기를 누린다[86] (平田由紀江, 2005: 32-33). 이런 시대적 경향 또한, 1990년대 후반 한국 드라마의 시장 소구력을 강화시켜 주는 환경적 요인으로 작동한다.

이와오(Iwao, 2000: 106-107)는 1977년부터 1994년까지 18년간 여섯 차례에 걸쳐 665편의 일본 드라마를 분석했다. 드라마의 결말을 해피엔드happy end, 언해피 엔드unhappy end, 복합複合, 불명不明 등 네 가지로 범주화한 그의 연구결과를 보면, '해피엔드' 프로그램이 '언해피엔드' 프로그램보다 압도적으로 많다는 사실을 발견하게 된다.[87] 이는 드라마의 생산 주체가 드라마의 소비 주체들이 소구하는 바를 수용한 결과로 볼 수 있다. 이런 측면에서 해피엔드가 많은 한국 드라마의 결말 또한 한국 드라마의 시장 친화적 소구력을 강화시켜 주는 드라마투르기상의 기법으로 해석할 수 있게 해 준다. 예를 들어, 트렌디드라마 〈질투〉는 남자 주인공 영호(최수종 분)와 이혼녀 영애(이응경 분), 쾌활한 성격의 친구 하경(최진실 분)이 벌이는 삼각관계를 그린다. 그러나 결말은 친구 하경의 사랑을 뒤늦게 깨달은 영호가 유학을 떠나는 하경을 붙잡고, 포옹을 하는 장면으로 끝을 맺는다. 이때 카메라는 포옹하는 두 사람의 주위를 빙빙 돌며 사랑의 기쁨을 표현해 준다. 드라마가 해피엔딩임을 확인시켜 준다.

한국 최초의 항공 드라마 〈파일럿〉 또한 해피엔딩으로 끝을 맺는다.

86 이런 경향은 2003년과 2004년, 일본에서도 〈세상의 중심에서 사랑을 외치다〉(世界の中心で愛を叫ぶ)와 같은 순애물이 인기를 끌게 한다.

87 1977년 한 해만 '해피엔드'보다 '복합'적 성격의 결말이 많이 나타난다. 이유는 분명하지 않다.

두 여인 사이에서 방황하던 남자 주인공 민기(최수종 분)는 행글라이딩을 하다가 랜딩에 실패해 정신을 잃고 쓰러진 첫사랑 혜란을 보고, 그때서야 "너는 내가 유일하게 사랑했던 첫사랑이야"라고 마음을 고백한다. 결국, 랜딩 사고는 민기의 방황을 끝나게 하는 기재가 되었고, 두 사람의 사랑을 다시 이어주는 극적인 모멘텀이 된다. 이처럼 한국형 포스트 트렌디드라마의 대부분은 '해피엔딩'으로 극을 마감함으로써 시장 친화적 소구력 강화에 유리한 드라마투르기상의 조건을 갖추게 된다.

등장인물

한 · 중 수교 20주년을 기념해 문화체육관광부가 실시한 '일반인 문화수요 설문조사' 자료[88]에 따르면, 중국인이 '한국' 하면 떠올리는 1위로 김치(27.9%)와 한국연예인(24%)을 꼽았다. 이처럼 한국 드라마의 등장인물(배우)은 아시아시장의 수요를 유발하는 중요한 한류생성 요인 중의 하나다.[89] '안재욱 여름캠프'와 'KBS뮤직뱅크' 참가자 95명을

88 문화체육관광부, 보도자료(2011.2.18; 2.19 조간 배포). 조사대상, 총929명. 한국인 313명, 중국인 616명.

89 이문행이 방송 프로그램의 해외수출 담당자 7명을 대상으로 실시한 심층인터뷰(2005년 4월 25일-27일) 결과, 드라마의 해외수출에 가장 큰 영향을 미치는 요소는 등장인물인 한류스타의 출연 여부다(이문행, 2005: 39). 전체 수출 드라마 가운데 한류스타가 출연한 경우와 출연하지 않은 경우의 비율은 5:5다. 그러나 판매액은 현격한 차이를 보인다. 판매액이 4만 달러 미만인 경우, 한류스타가 출연하지 않은 경우가 65.9%로 더 많았고, 4만 달러 이상 20만 달러 미만인 경우에도 한류스타가 출연하지 않은 경우가 69.4%로 더 많았다. 그러나 20만 달러 이상인 경우에는 반대로, 한류스타가 출연한 경우가 75.4%로 더 많았다(ibid. 54).

대상으로 한 '한류체험에 대한 설문조사'에서 중국 참가자들은 한국의 대중문화 가운데 드라마를 가장 선호하는 것으로 나타나고, 드라마를 선호하는 가장 큰 이유는 '좋아하는 연예인 때문'이라고 응답한다. 복수 응답을 포함해서 응답자 102명 가운데 63.7%인 65명이 한국 드라마를 좋아하는 이유를 '좋아하는 연예인 때문'이라고 밝힌다(한국관광공사, 2003a: 5). 중국의 방송사업자들 또한 한국 드라마를 구입할 때 등장인물이 누구인가에 큰 비중을 두고 있다(한국방송영상산업진흥원, 2002: 6).

[표 3-3] 중국인들이 한국 드라마를 선호하는 이유

구분	좋아하는 연예인 때문에	대중문화 자체가 좋아서	합계
응답자수	65 (63.7%)	37 (36.3%)	102

※출처: 한국관광공사, 2003a: 5. (단위: 명). 복수응답자 포함

한국 드라마에는 신체 조건이나 집안 배경이 아주 뛰어난 거의 완벽한 모습의 남자 주인공들이 등장하고, 여자 주인공들은 당차고 강한 성격, 혹은 연약하고 가련한 형상으로 등장해 시청자들의 주목을 집중시킴으로써 큰 효과를 본 작품들이 많다. 드라마에서 남자 주인공들은 건장한 외모와 매력 넘치는 태도, 그리고 부유한 가정환경 등을 바탕으로 자기 분야에서 대단한 귀재로 등장하고 있다. 〈불꽃〉(SBS, 2000: 이영애 · 차인표)에서 기업가 차종혁이 그렇고, 〈가을동화〉(KBS, 2000: 송승헌 · 송혜교)에서 호텔가의 아들인 한태석(원빈 분)이나, 〈이브의 모든 것〉(MBC, 2000: 장동건 · 채림)에서 뭇 여성들의 가슴을 설레게 하는 윤영철 이사, 〈호텔리어〉(MBC, 2001: 배용준 · 송윤아)에서 야심차고 유능

한 남자 신동혁, 〈아름다운 날들〉(SBS, 2001: 이병헌 · 최지우)에서의 기획실장 이민철 등이 그렇다.[90]

한국 드라마가 보여 주고 있는 극중의 이런 캐릭터를 소화하는 한국의 배우들은 멋있고 현대적 감각의 외모를 가지고 있으면서도 순수한 이미지를 보유하고 있다. 또한 극중 메시지를 호소력 있게 전달하고 배역을 잘 소화하는 능력을 가지고 있다. 〈겨울연가〉를 본 일본의 중년 여성들은 한국 배우에 대해 "키가 크고 지적이면서 수려한 외모에다가 예의 바르고 순수한 이미지와 감정표현이 풍부한 스타"라고 표현한다(삼성경제연구소, 2005: 35-36).

이처럼 일본 여성들이 한류스타에 매료되는 이유는 '얼짱' '몸짱'을 기본으로 하는 한국 남자 스타들의 수려한 외모와 "일본 남성에게서는 찾아보기 힘든 강인하면서도 자상한 매력 때문"이라는 분석이다. 자기 의사를 지나치리만큼 나타내지 않는 일본 남성들과 달리, 드라마 속의

90 〈이브의 모든 것〉에서 윤영철 이사는 성숙한 모습으로 상대의 마음을 잘 헤아려 주고 있고, 〈천국의 계단〉(SBS, 권상우 · 최지우)에서 성준은 온유함과 자상함으로 사랑의 집착에 대해 후회하지 않고, 〈파리의 연인〉(SBS, 박신양 · 김정은)과 〈러브스토리 인 하버드〉(SBS, 김래원 · 김태희)에서 보여 준 한기주와 현우의 빈틈없는 사랑은 인간의 고귀한 사랑과 지고무상한 애정을 느낄 수 있게 해 줄 뿐 아니라, 강한 대리만족도 가능하게 해 준다. 여자가 주인공인 드라마 중에는 삶의 나락까지 떨어졌다가, 극한상황을 극복하고 일어서서 자신의 이상을 실현하는 젊은 여성들의 스토리가 사랑을 많이 받았던 것으로 평가된다. 그 중에는 〈대장금〉(MBC, 이영애 · 지진희)의 주인공 장금이가 가장 대표적인 예다. 〈인어아가씨〉(MBC, 장서희 · 우희진)의 아리영, 〈노란 손수건〉(KBS, 조민기 · 이태란)의 자영, 〈돌아온 싱글〉(SBS, 김성민 · 김지호)의 정금주, 〈내 이름은 김삼순〉(MBC, 김선아 · 현빈)의 김삼순 등도 같은 인물이다. 사극 〈여인천하〉(SBS, 강수연 · 전인화)와 현대극 〈여자만세〉(SBS, 채시라 · 변우민)도 역시 같은 유형에 속한다. 한편, 〈가을동화〉의 최은서, 〈아름다운 날들〉의 김연수, 〈엄마야 누나야〉(MBC, 안재욱 · 황수정)에서의 벙어리 장여경과 같이 '청순 · 연약 · 가련'이란 표현으로 요약되는 여자 주인공들의 불행과 처경(處境)이 시청자들의 가슴을 아프게 해 인기를 모으는 비법이 되기도 한다(주창윤 외, 2007: 163-165).

한국 남성들은 일편단심, 자신의 사랑을 직선적으로 표현하는 카리스마를 보여 주어 일본 여성들을 압도한다(방정배 외, 2007: 101). 한류 4대 천왕이라고 불리는 '배용준 · 이병헌 · 장동건 · 원빈'에 대한 분석을 통해 아시아인들이 한국의 배우를 선호하는 인기의 비밀을 캐기도 한다. 이들의 매력은 크게 세 가지로 요약된다.

첫째, 남성성 · 여성성을 모두 지녔다. 얼굴형이 전반적으로 작은 데 비해 이마는 넓다. 얼굴 폭을 결정하는 광대가 덜 발달해 얼굴이 대체로 갸름하다. 눈이 크고 쌍꺼풀이 짙으며, 오똑한 코에 코폭도 좁다. 이런 장점들이 조화를 이루어 한 마디로 잘 생겼다는 이미지를 주지만 동시에 여성적인 느낌을 보이는 것도 사실이다. 이런 유약한 이미지를 보완해 주는 게 코와 눈썹이다. 적당한 길이에 일자로 뻗은 코는 분명 여성들과는 다르다. 또 짙은 눈썹은 작은 얼굴과 좁은 턱 선이 주는 여성스런 느낌을 남성적인 강인함으로 전환시킨다. 타고난 얼굴형 뿐 아니라 4대 천왕의 웃음도 이들을 다른 사람들과 구별짓게 한다. 입꼬리가 위로 활짝 올라가며 밝고 환하게 웃는 모습은 건전한 인상을 준다. 언뜻 생각하기에는 카리스마 풍기는 강한 이미지와 귀엽고 선해 보이는 이미지가 서로 상반되는 것으로 여길 수도 있다. 그러나 이들은 강한 카리스마적 인상과 귀엽고 선한 이미지가 공존해 여성들의 마음을 설레게 한다.

둘째, 예의 바르고 팬을 존중한다. 일본 팬들이 4대 천왕에게 호감을 갖게 된 데는 드라마뿐 아니라 인터뷰, 팬 미팅 등에서 스타들이 보이는 태도가 한몫을 한다. 팬들을 배려하는 매너가 사랑을 받는 요인인 셈이다. 4대 천왕은 일본 스타들의 무뚝뚝한 표정과 달리 이를 드러내며 환하게 웃는 얼굴을 한다. 여러 번 목례를 하는 모습이 예의를 중시하는 아시아인들에게 친근감을 불러일으킨다. 특히, 배용준은 두 손을 모아 목례를 하는데, 이는 중년 여성 팬을 고려한 것 같다. 동작이 많으면 산만해 보일 수 있는데 팬들의 환호에 답할 때도 오른손을 들어 답하는 정도의 절제된 움직임을 보여 정돈된 느낌을 준다. 서 있을 때 팔짱을 끼는 등 자유분방한 느낌의 할리우드 스타들과 달리 양쪽 발에 무게를 고루 실어 반듯한 느낌을 준다.

셋째, 부드러움으로 감싼 카리스마를 지녔다. 4대 천왕은 '꽃미남'에 연기력까지 겸비해 스타로 오를 수 있는 특성을 갖고 있다. 일본은 대개 여자 스타를 중심으로 드라마를 제작한다. 때문에 4대 천왕처럼 매력적인 남성 캐릭터가 일본 여성들의 결핍된 욕구를 충족시켜 주는 역할을 한다. 배용준은 〈첫사랑〉(KBS, 최수종 · 이승연)과 〈젊은이의 양지〉(KBS, 이종원 · 하희라), 〈호텔리어〉(MBC, 배용준 · 송윤아) 등에서 다소 차가운 이미지의 캐릭터로 인기를 얻었다. 즉 반항기가 있으나 냉철하고 합리적인 성향의 캐릭터가 시청자들에게 어필했다는 말이다. 이렇게 냉철한 이미지였지만 〈겨울연가〉에서는 헌신적으로 사랑하는 부드러운 캐릭터로 변신한다. 배용준이 연기한 〈겨울연가〉의 이민영 역할은 배용준으로서는 처음 시도한 캐릭터였기에 전과는 다른 변신을 많이 시도한다. 바람머리 같은 헤어스타일이나 두툼한 털목도리 등의 의상은 부드러운 이미지를 만들기 위한 주요한 장치로 쓰인다.

부드러움과 반항아적인 이미지를 동시에 갖고 있는 이병헌의 극중 캐릭터를 설명하기에 가장 좋은 드라마는 〈올인〉(SBS, 이병헌 · 송혜교)

이다. 이병헌은 여기서 파란만장한 인생을 살아간 프로 겜블러 인하 역을 맡아 카리스마 넘치는 눈빛과 평생 한 여인을 향한 순수한 사랑이라는 상반된 요소를 잘 표현한다. 장동건은 대표적인 꽃미남 스타지만 이 외모가 한동안 장애가 된다. 그러나 이후 카리스마를 가진 매우 강한 남성상으로 변신하며 성공을 거둔다. 원빈은 장동건처럼 꽃미남의 외모가 주는 단점을 반항적인 남성상을 통해 해소하고 있다. 원빈이 스타성을 보이기 시작한 것은 〈꼭지〉(KBS, 김희정 · 조민기)에서 고등학생 문제아인 송명태를 연기했을 때다. 반항기 넘치지만 연상의 여인을 순수하게 사랑하는 역할이 인상적이었다. 그리고 〈가을동화〉(KBS, 송승헌 · 송혜교)에서도 반항적이지만 한 여성에 대해서는 한없이 순수한 태석으로 스타의 자리를 굳혔다(유상철 외, 2005: 80-82). 이처럼 한국 배우들이 갖는 스타성은 한국 드라마의 시장 친화적인 소구력을 강화시켜 주는 시장의 변화요인으로 작용한다.

객관적 이미지의 건전성

아시아시장은 드라마의 폭력성과 선정성에 예민한 반응을 보인다. 중국의 광전총국SARFT은 2004년 '살인, 폭력 등 사건 소재 영상물의 주시청시간대 방송금지 규정黃金时段不得播放渲染凶杀暴力涉案題材影視劇的規定'을 발표하기도 한다. 목적은 텔레비전을 정화하는 동시에 정책을 이용해 시장을 조절하고 제작자 측이 보다 건전하고 진보적인 작품을 제작하도록 유도하는 데 있다(한국방송영상산업진흥원, 2005: 37-38). 이런 측면에서 아시아인들은 대부분 한국 드라마가 일본 드라마보다 폭력성이나 선정성이 낮고, 세련되며, 가족적이고 또 교육적이라는 인식을 갖고 있다. 미국도 한국 드라마는 가족을 중시하고 드라마 제작 수준이 높고, 선정적이고 폭력적인 장면이 적다는 것에 높은 점수를 준다(주창윤 외, 2007: 102-103).

이처럼 한국 드라마가 경쟁관계인 일본 드라마나 미국 드라마에 비해 폭력성과 선정성이 낮고, 가족 중심적이고, 교육적이라는 아시아인들의 인식은 한국 드라마가 가지고 있는 객관적 이미지의 건전성을 보여 주는 것으로, 한국 드라마의 시장 친화적 소구력으로 작용한다.

〔표 3-4〕는 아시아인들이 한국의 대중문화, 특히 드라마[91]를 즐기는 이유를 "유행을 따르고 있음, 미국 대중문화보다 폭력성 낮음, 접촉이 용이함, 신선하고 새로움, 일본 대중문화보다 폭력성 낮음, 세련되고 화려함, 미국 대중문화보다 선정성 낮음, 일본 대중문화보다 선정성 낮음, 문화적으로 근접함, 일본 대중문화의 매력 감소, 미국 대중문화의 매력 감소" 등 11가지로 들고 있다. 그 가운데서 한국 드라마의 건전성과 관련된 것으로 볼 수 있는 드라마의 '폭력성'과 '선정성'에 관한 4개 항목, 즉 '미국 대중문화보다 폭력성 낮음 · 일본 대중문화보다 폭력성 낮음 · 미국 대중문화보다 선정성 낮음 · 일본 대중문화보다 선정성 낮음'에 대한 조사결과를 보면, 중화권 거주민들은 한국 드라마가 '미

91 물론, 한국관광공사는 아시아인들에게 한국의 대중문화를 즐기는 이유가 무엇인지를 조사했다. 그러나 조사된 11가지 항목의 대부분은 한국 드라마를 즐기는 이유에 해당하는 항목들이다. 따라서 본 연구는 한국 대중문화를 한국 드라마로 대체, 표기하고 있다.

국 대중문화보다 폭력성이 낮다'에 3.49점을 주었고, '일본 대중문화보다 폭력성이 낮다'에 3.40점을 주어, 한국 드라마가 미국과 일본 드라마에 비해 훨씬 비폭력적이라는 사실에 동의한다. 또, 중화권 거주민들은 한국 드라마가 '미국 대중문화보다 선정성이 낮다'에 3.24점을 주었고, '일본 대중문화보다 선정성이 낮다'에 3.18점을 주어 선정성과 관련해서도 한국 드라마가 미국이나 일본 드라마에 비해 객관적 이미지의 건전성 측면에서 우위에 있음을 확인시켜 준다(박장순, 2008: 252).

[표 3-4] 아시아인들이 한국 대중문화를 즐기는 이유

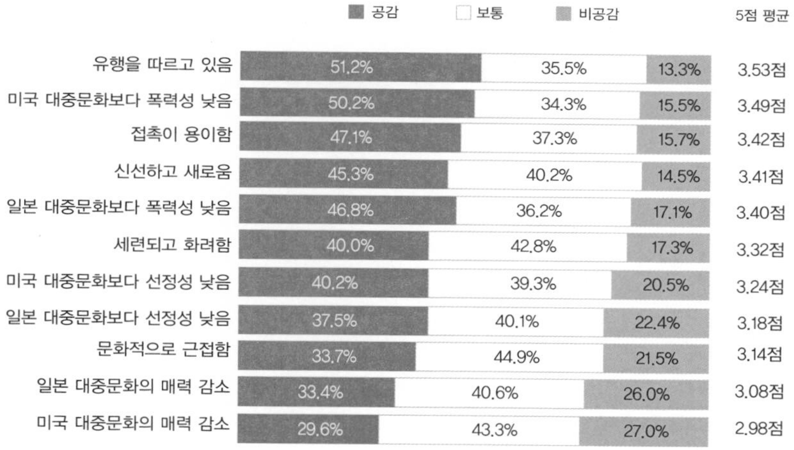

※출처: 한국관광공사, 2003b: 15.

한편 이와오Iwao가 '폭력행위의 중요성과 시청률'의 관계를 조사한 〔표 3-5〕에 따르면 시청률 상위 25%의 드라마 중에서 폭력이 없는 드라마의 경우, 시청률 하위 프로그램보다 시청률 상위 프로그램의 비율

이 거의 배 가까운 평균 33.5%를 차지하고, 폭력이 극의 클라이맥스를 장식하는 드라마의 경우는 시청률 하위 프로그램 비율이 상위 프로그램 비율 11%보다 2배 많은 22%를 기록하고 있음을 보여 준다(Iwao, 200: 252). 다시 말해, 폭력성이 시청률에 방해가 되고 있다는 사실을 〔표 3-5〕는 보여 주고 있다. 이는 한국 드라마의 객관적 이미지의 건전성이 한국 드라마의 시장 친화적 소구력을 강화시켜 주는 요인으로 작용할 수 있음을 확인시켜 주는 근거가 된다.

[표 3-5] 폭력행위의 중요성과 시청률

중요성	폭력 없음		전개에 중요치 않음		전개에 중요		극의 절정	
시청률	상위	하위	상위	하위	상위	하위	상위	하위
	25%		25%		25%		25%	
1977년	24	15	24	35	42	32	9	18
1980년	38	16	28	28	16	38	19	19
1983년	21	6	50	46	21	23	9	26
1986년	44	27	37	14	11	23	7	36
1989년	42	26	13	17	33	44	13	13
1994년	32	20	37	10	26	50	5	20
계	33	17	32	28	25	34	11	22

※출처: Iwao, 2000: 156. 단위: %.

연출 및 제작 기술

한국 드라마가 내용과 소재, 드라마투르기, 등장인물, 객관적 이미지의 건전성 등 여러 측면에서 시장 친화적 요인들을 가지고 있지만, 그 중에서도 가장 으뜸은 영상예술의 꽃인 연출과 이를 뒷받침해 주는 영상 제작 기술에 의한 예술적 미장센 구축에 있다.[92] 경험적인 자료로서 중국의 인터넷 사이트[93] 게시글(손병우 외, 2003: 160-161)에 올라온 중국 시청자들의 한국 드라마 시청 후기를 보면, 한국 드라마의 영상미, 시적 함축미, 배우의 절제된 연기 등 한국 드라마 연출의 시장 친화적 변인이 무엇인지를 쉽게 파악할 수 있게 된다.

"아름다운 야외 경치, 구불구불한 시골길을 은서와 준서가 자전거를 타고 달리고, 하늘에서는 보슬비가 내리기 시작해요. '러브 이즈 블루'라는 음악이 중요한 시기에 들리고, 빨간 단풍, 파란 바다, 녹색의 잔디밭, 배경음악이 아주 잘 어울려요. 아무리 평범하고 현실과 동떨어진 이야기라도, 모든 장면이 아름답고 또, 이런 장면들을 모두 모으면 한 폭의 아름다운 그림이 될 것 같아요. 아름다운 음악은 드라마의 줄거리와 아주 잘 어울리고, 등장인물들의 옷차림, 장면 장식들은 아름다운 그림을 만들어 줘요." (〈가을동화〉 후기)

"한국은 아주 작은 나라지만 시골의 오솔길, 한 그루 나무와 도로, 심지어 버스나 택시에서도 아름다움을 느낄 수 있어요. 아담하기도 하고 활발하기도 해서 이것은 경치이기도 하고 사람들의 정이기도 해요. 그래

---

92 연출 및 제작 기술과 관련해서 홍콩인들은 "한국 드라마가 주제의 다양성과 사건 진행, 촬영기술 등에서 단조로운 홍콩 드라마에 비해 우위를 보이고 있기 때문에 한국 드라마를 선호한다"고 한다(한국관광공사, 2004b: 4).

93 ktv2002.xilubbs.com. #24, 149, 164.

서 저는 한국 드라마가 하나의 시처럼 그 느낌 자체를 사람들이 중요시하는 것이라고 생각해요. 한국이 작기 때문에 작은 것 속에서 풍부함과 아름다움을 만들어야 하고, 간단한 것 속에서 의미를 만들어야 해요."

"한국 드라마의 뻔한 스토리는 전혀 나를 끌리게 하지 못한다. 일어나서 텔레비전을 끄려고 하는 참이었는데, 자그마한 내용에 끌리게 된다. 질투심 많고 마음이 좁고 이기적인 약혼남 상혁에게 버려진 불쌍한 여주인공 유진이 당황하면서 택시를 잡으려고 하는데, 잡지를 못한다. 점점 더 길 가운데로 나가게 되고 하마터면 차에 치일 뻔 한다. 이때 이민형이 유진을 잡아당긴다. 그가 유진을 자기의 뒤에 있게 하고, 자기가 택시를 잡으러 간다. 택시를 잡아 차문을 열어주고 유진을 들어가게 한다. 이 과정에서 두 사람은 한 마디도 말을 주고받지 않는다. 마음이 갑자기 움직였다. 이 침묵하고 부드러운 남자가 심금을 울린다. 그래서 다시 흥미가 생겼고, 계속해서 드라마를 보게 되었다." (〈겨울연가〉 후기)

특히, 이 같은 장면에서는 배우들의 대사가 고도로 정제되고 절제되는 대신, 이미지와 음악이 결합된 뮤직비디오적 영상이 우위에 선다. 즉 이야기보다 시각적 볼거리를 지향하는 드라마라는 특성을 나타낸다(손병우 외, 2003: 154). 드라마 〈겨울연가〉 촬영지인 남이섬, 용평, 삼척, 춘천, 〈올인〉 촬영지인 제주도 섭지코지, 그리고 〈가을동화〉 촬영지인 평창, 대관령, 속초 등 수려한 경치가 로케이션 매니저에 의해 발굴되고, 발달된 촬영기술은 이를 아름다운 영상미로 표현한다(삼성경제연구소, 2005: 36). 트렌디드라마의 뮤직비디오적 영상에서 음악은 드라마의 실질적인 진행과 상관없이 그 자체로 전면에 내세워지고 수용자들의 관심을 끈다. 게시판에서 주제음악에 대한 관심이 자주 표출되고 있다는 것은 음악이 변인으로 작용하고 있음을 반증한다. 드라마에 등장하는 장소나 소품들 역시 드라마의 전개와 관련된 특정 기의를 지닌 기표라기보다는 기표 그 자체의 고유한 미적 가치나 라이프스타일을 드러내는 것이라고 할 수 있다(손병우 외, 2003: 160-162).

한국 드라마는 아름다운 정경이나 화면의 색감, 광선 처리 등에 있어서 낭만이 강조되고 아름답고 환상적인 효과가 나타날 수 있도록 해서 '정'情과 '경'境을 잘 조화시키고 있다. 〈가을동화〉 속의 전원 풍경이나 〈천국의 계단〉에서의 대해와 별장 등이 그 대표적인 예다(주창윤 외, 2007: 166-167). 이처럼 한국 드라마의 연출 및 제작기술은 드라마의 내용과 소재, 드라마투르기, 배우와 캐릭터, 객관적 이미지의 건전성 등을 하나의 통일된 이미지로 표현해내는 한국 드라마의 통합적 시장 친화적 변화요인으로, 1990년대 한류의 생성요인으로 작동한다.

시장환경적 요인

국내시장 요인

30여 년간 지속된 군사 독재정권의 종식과 민주주의의 개화 시기가 맞물리는 1990년대 한국은 소비 주체들의 다양한 욕구가 분출되는 백가쟁명의 시대를 맞는다. 이런 시대적 환경은 새로운 문화콘텐츠 특히, 드라마 소재의 발굴과 창작에 긍정적인 요인으로 작용하고, 대아시아 드라마 공급처로서 한국의 드라마 생산능력 제고에 이바지하게 된다. 한편, 이 시기의 아시아시장은 고도 경제성장과 이에 따른 다매체 · 다채널 시대의 도래로 드라마의 구매력과 수요가 폭발적으로 증가하는 다이너미즘dynamism의 시대를 맞는다. 이런 국내외적인 시장환경적 요인이 1990년대 일본 드라마와의 경쟁시기, 한류의 생성요인으로 작용한다.

제도 및 정책

외주제작비율고시

국내 방송사들은 편성 프로그램 전량을 인하우스in-house 제작[94]하는 오랜 관행을 가지고 있었다. 그러나 내부 지향적 시스템의 특성상 이는 다양하게 분출되는 1990년대 한국 사회의 니즈를 수용하는 데 한계를 가질 수밖에 없었다. 방송위원회[95]는 이런 방송콘텐츠 제작 시스템의 문제를 해결하기 위해 1991년 지상파 방송 3사의 의무외주제작비율을 고

94 자체 인력과 장비, 스튜디오 같은 시설을 이용해 방송콘텐츠를 제작하는 내부 지향적 형태의 제작 시스템을 이름.

95 1981년 언론기본법 제34조에 근거해 설립된 합의제 기구. 방송의 공적 책임, 공정성, 공익성의 실현을 목표로 한다. 방송통신 융합시대를 맞아 2008년 신설된 방송통신위원회로 통합 이관됨.

시한다. 영세한 프로그램 제작 시장환경을 개선하고, 독립제작사를 지원 육성함으로써 다양한 장르의 방송콘텐츠를 확보하고자 하는 데 그 목적이 있다. 이 같은 제작 관련 패러다임의 변화는 민주주의의 성숙단계에서 광범위하게 분출되는 사회적 니즈뿐 아니라, 사회적 에너지의 수용을 위한 또 다른 움직임으로도 해석할 수 있다.

1991년 3%에서 시작된 지상파 방송의 의무외주제작비율은 한류 도전기(1991-1993) 평균 5.7%, 정착기(1994-1996) 평균 14.8%, 확장기(1997-1999) 평균 19.8% 이상으로 빠른 속도의 증가세를 보인다([표 3-6] 참조). 그러나 방송사들은 이 같은 방송위원회의 의무외주제작고시비율을 피하기 위해 독립법인 형태의 자회사를 설립했고, 외부제작사에 의해 만들어진 외주 프로그램들을 B급 및 C급 시간대에 편성하거나, 프로그램 구입을 해도 다큐멘터리 등 저가 프로그램을 중심으로 판권을 구매했다(황제연, 2002: 67). 이 같은 편법과 부당한 프로그램 편성의 문제를 해결하기 위해 방송법 제72조 '외주제작 방송프로그램의 편성'은 다음과 같이 개정된다(법률 7213호. 2004.03.22. 일부개정; 김정태, 2005: 398-399).

①항. 방송사업자는 당해 채널의 전체 방송프로그램 중 국내에서 당해 방송사업자가 아닌 자가 제작한 방송프로그램(이하, "외주제작 방송프로그램"이라 한다)을 대통령령이 정하는 바에 따라 일정한 비율 이상 편성하여야 한다.

②항. 방송사업자는 제1항의 규정에 의한 외주제작 방송프로그램을 편성함에 있어 특수관계자가 제작한 방송프로그램을 대통령령이 정하는 바에 따라 일정한 비율 이상을 초과하지 아니하도록 편성하여야 한다.

③항. 종합편성을 행하는 방송사업자는 외주제작 방송프로그램을 주시청시간대에 대통령령이 정하는 바에 따라 일정한 비율 이상 편성하여야 한다.

[표 3-6] 지상파 방송의 의무외주제작비율고시

<table>
<tr><th>구분</th><th colspan="2">연도</th><th>KBS-1</th><th>KBS-2</th><th>MBC</th><th>SBS</th></tr>
<tr><td rowspan="3">도전기</td><td colspan="2">1991</td><td>3%</td><td>3%</td><td>3%</td><td>3%</td></tr>
<tr><td colspan="2">1992</td><td>4%</td><td>5%</td><td>5%</td><td>5%</td></tr>
<tr><td colspan="2">1993</td><td>7%</td><td>10%</td><td>10%</td><td>10%</td></tr>
<tr><td rowspan="3">정착기</td><td colspan="2">1994</td><td>10%</td><td>13%</td><td>13%</td><td>13%</td></tr>
<tr><td colspan="2">1995</td><td>13%</td><td>15%</td><td>15%</td><td>15%</td></tr>
<tr><td colspan="2">1996</td><td>16%</td><td>18%</td><td>18%</td><td>18%</td></tr>
<tr><td rowspan="4">확장기</td><td rowspan="2">1997</td><td>봄개편</td><td>19%</td><td>19%</td><td>19%</td><td>19%</td></tr>
<tr><td>가을개편</td><td>20%</td><td>20%</td><td>20%</td><td>20%</td></tr>
<tr><td colspan="2">1998</td><td>20%</td><td>20%</td><td>20%</td><td>20%</td></tr>
<tr><td colspan="2">1999</td><td>20%</td><td>20%</td><td>20%</td><td>20%</td></tr>
</table>

※출처: 한국방송영상산업진흥원(2001: 257). 편집.

그럼에도 불구하고, 외주제작사들의 제작 환경은 나아지지 않았다. 2007년 서울시정개발연구원이 실시한 '문화콘텐츠 제작 및 유통 실태 조사' 결과는 조사대상 220개 관련 업체들의 경영 여건이 악화되고 있음을 지적한다. 특히, 애니메이션의 경우는 '매우' 악화되었다는 응답이 전체의 1/4에 달하고, 드라마 제작사의 경우는 지나친 업체 간의 경쟁 심화를 또 다른 경영 압박의 요인(15.4%)으로 지목한다(정병순, 2007: 207-208). 이는 1991년 발표된 외주제작비율고시가 20여 년이 지난 오늘날까지도 본래의 취지를 제대로 살리지 못하고 있음을 반증해 준다.

그러나 방송위원회의 외주제작비율고시가 제작환경의 균형 있는 발전과 다양한 방송콘텐츠의 확보라는 측면에서는 본래의 목적을 충분히 달성하지 못한 일면도 있지만, 제작 시장이 아닌 국제 프로그램 유통 시장의 변화에는 - 비록 의도된 것은 아니었지만 - 긍정적인 모멘텀으로 작동한다.

KBS와 MBC는 1991년 방송위원회의 의무 외주제작비율고시와 함께 각각 자회사인 KBS영상사업단(현, KBS미디어)과 MBC프로덕션을 설립한다. 1991년 개국한 SBS도 그 다음 해인 1992년 자회사 SBS프로덕션(현, SBS콘텐츠허브)을 설립한다. 이들 지상파 방송 3사의 자회사들은 본래 모회사의 의무외주제작비율을 충족시키기 위한 도구적 성격을 갖고 탄생한다. 그러나 내부 조직을 구축해 가는 과정에서 이들 신설 법인들은 본사 프로그램의 해외수출 전담 마케팅 조직을 갖춤으로써 한류생성의 중요한 모멘텀을 제공하게 된다. 다시 말해 이들 3개 자회사들이 한류의 생성 두 번째 단계인 '도전기'(1991-1993)를 가능하게 한다. 이것이 방송위원회의 의무외주제작비율고시를 방송제도 및 정책 관련한 한류생성의 첫 번째 요인으로 꼽는 이유다.

문화산업국 신설

문화공보부는 문화 · 예술 부문의 독자적인 정책 수립과 집행의 필요에 따라 1990년 문화부와 공보처로 분리된다.[96] 이후, 1993년 문화부는 정부조직법의 개정과 함께 체육청소년부와 통합되어 문화체육부(대통령령 제13,869호)로 개편되고, 미래 유망업종인 문화산업을 정책적으로 지원하여 국제경쟁력을 높이기 위해 문화산업국을 신설[97]한다(이연정, 2005: 31). 문화산업국이 신설된 1994년은 한류의 생성 세 번째 단계인 '정착기'(1994-1996)의 원년으로, 정부의 조직 개편이 아시아시장의 변화 흐름을 인식하고, 문화수출을 지원하기 위한 후속 조치로 이루어졌음을 확인할 수 있다.

한편, 공보처는 1998년 정부조직법 개정에 따라 국민의 정부(1998-2003) 출범과 함께 폐지된다.[98] 그리고 공보처에 있던 방송관할권(방송행정과, 방송지원과)은 함께 개편된 문화관광부(구, 문화체육부)의 문화산업국으로 편입되고, 방송광고행정과로 개편된다. 방송광고행정과는 국내외 방송 및 광고 산업에 관한 모든 업무를 담당한다(이연정, 2005: 32-33). 이 시기(1998)는 한류의 생성 네 번째 단계인 '확장기'(1997-

96 공보처는 정부조직법 개정에 따라 공보실로 축소(1998)되었다가, 대통령령 제16,328호(1999)에 의해 국정홍보처로 승격하였다.

97 문화산업국은 1994년 1월 청와대 업무보고에서 경제 부가가치 창출에 문화를 효율적으로 활용하는 방안을 모색해 보라는 대통령의 지시 이행 과정에서 생겨나게 된다(임학순, 2001: 문화관광부, 2004: 3).

98 공보처는 - 새로 들어선 진보 정권의 입장에서 - 보수 정권의 나팔수였으며, 언론통제의 상징물로 비판을 받아왔다는 것이 폐지의 근거가 됨.

1999)로 드라마 〈사랑이 뭐길래〉(MBC, 최민수 · 하희라)가 1997년 중국 시장에서 한국 드라마 붐을 일으키고 있던 시기와 맞물린다. 방송관할권의 문화산업국 편입은 이런 시대적 상황에 효과적으로 대처하기 위한 정부의 전략적 조치로 파악할 수 있다.

문화산업국의 신설로 상징되는 정부의 정책 전환은 '문화적 매개 기능 중심의 문화산업 규제 정책'에서 '문화산업의 경제적 중요성을 적극적으로 강조하는 지원 정책' 쪽으로의 변화라고 표현되기도 한다(임학순, 2001; 문화관광부, 2004: 3). 당시 정부는 문화산업 진흥이 필요한 근거로 ① 부가가치, ② 국가 브랜드 이미지 제고, ③ 문화 정체성 등과 관련한 영향, ④ 신기술에 대한 탄력적 반응을 들고 있고, 정책과제로는 ⓐ 문화산업 전반에 대한 이론적 연구의 수행, ⓑ 제도와 법규의 정비, ⓒ 첨단 과학기술을 활용하는 문화산업의 전략적 육성, ⓓ 고유문화의 세계화, 상품화 등을 채택하고 있다(문화관광부, 2004: 3).

이처럼 1990년대 문화체육부 내 문화산업국의 신설과 방송관할권의 문화산업국 편입(1998)은 드라마를 중심으로 이루어지고 있는 방송콘텐츠의 성공적인 해외시장 진출 상황을 반영한 정부의 전략적 포석으로, 한류생성의 제도 및 정책적 요인으로 작동한다.

규제에서 지원으로의 정책 전환

문화산업정책이 체계적으로 시행되기 시작한 것은 문화체육부 내 문화산업국이 신설된 1994년부터이다. 초기의 문화산업정책은 경제적 부가가치 창출에 문화를 활용하는 방안의 일환으로 시행된다(이연정,

2005: 1). 이후, 1998년 문화관광부는 '방송영상산업진흥계획'을 수립하여 방송영상산업의 제작 기반구축을 위한 다양한 지원 체계를 마련하고(문화관광부, 2004: 248), 1999년 '문화산업진흥기본법'을 제정한다(이연정, 2005: 1). 문화산업의 범위를 '영화, 음반, 비디오물, 게임물, 출판인쇄물, 정기간행물, 방송프로그램, 캐릭터, 애니메이션, 디자인, 전통공예품 및 멀티미디어 콘텐츠' 등과 관련된 산업으로 정의하는 문화산업진흥기본법의 제정 이유는 문화산업이 국가의 주요 전략산업으로 부각됨에 따라 문화산업의 지원 및 진흥에 관한 기본법을 제정하여 문화산업 발전의 기반을 조성하고 경쟁력을 강화함으로써 국민의 문화적 삶의 질 향상과 국민경제의 발전에 이바지하도록 하려는 데 있다(문화관광부, 2004: 9).

문화산업진흥기본법은 문화산업의 명확한 정의, 문화산업육성 기본계획 수립, 연차보고서 작성 등 국가의 문화산업진흥 책임을 명시함으로써 문화산업을 국가의 핵심전략산업으로 육성하기 위한 기본법적 성격을 뚜렷이 한다. 또한 문화산업진흥기금 설치, 문화산업진흥위원회 구성, 세제 · 금융 등 각종 정부지원근거 규정 등을 통해 적극적인 정부의 역할과 민간 참여 활성화를 위한 제도적 장치를 마련함으로써 규제가 아닌 진흥과 지원을 위한 법률로서의 성격을 특징으로 한다.

이에 따라 성장 가능성은 무한하나 산업적 기반이 취약한 국내 문화산업을 독자적인 기금 조성과 신속한 지원, 민간투자 활성화, 문화산업 인프라 확충 등을 통해 발전시킬 수 있는 제도적 기틀을 마련함으로써 장기적으로 관련 산업의 자생력과 국제경쟁력을 제고하고 문화상품의 해외수출을 확대할 수 있는 계기를 마련한다. 법규 개정의 큰 흐름은 등급 완화, 인·허가 규제를 포함한 규제 철폐, 관련 문화산업 분야에 대한 지원체계 강화로 요약되며, 이와 같은 일련의 노력을 통해 문화산업 관련 법령상 규제의 70%가 폐지 또는 개선되었다(이연정, 2005: 4-5).

이 밖에도 문화산업국은 독립제작사의 제작 여건 개선을 위해 벤처기업 관련 법령을 개정하여 1999년 7월 '방송프로덕션업'을 벤처기업에 포함시켰으며, '조세특례제한법'을 개정하여, 방송용 기자재의 특소세를 폐지하였다(문화관광부, 2004: 259). 이처럼 규제에서 지원으로 정부 정책이 급선회하게 된 배경에는 한류의 생성 세 번째 단계인 1990년대 중반 '정착기'(1994-1996)로부터 활발하게 전개된 드라마의 해외수출이 가져다 준 아시아시장의 환경 변화가 그 원인으로 작용한다.

문화산업국이 창설된 1994년은 한류 '정착기' 원년이다. 방송영상산업진흥계획이 수립된 1998년은 드라마 〈사랑이 뭐길래〉(MBC, 1997)가 중국시장에서 한국 드라마 붐을 일으키고 있던 시점과 맞물린다. 문화산업진흥기본법이 제정된 1999년은 한국의 드라마 수출이 처음으로 대일 출초出超를 기록하는 수출 원년이고, 동시에 언어기호 '한류'가 탄생[99]하는 의미 있는 해다. '규제에서 지원으로'의 이 같은 정부 정책의 변화가 1990년대 아시아시장의 선도요인으로 보기는 어렵다. 그러나 드라마의 해외수출을 후방 지원하는 계기가 되어 줌으로써 한류생성의 제

99 1999년 11월 19일 중국의 북경청년보는 "동풍(東風)도 동점(東漸)할 때가 있다"는 기사에서 '한류'라는 신조어를 처음으로 사용한다.

도 및 정책 요인 중의 하나로 정책 전환을 꼽을 수 있게 해 준다.

문화산업 예산 확대

문화산업국이 신설된 1994년부터 한류 절정기의 원년인 2000년까지 문화산업국이 소속되어 있던 문화체육부, 문화관광부의 예산 변화 추이를 살펴보면 〔표 3-7〕과 같다. 1994년 54억 원으로 시작한 문화산업국의 문화산업 지원예산은 한류 정착기 두 번째 해인 1995년 152억 원으로 3배 가까이 늘어난다. 문화체육부 전체 예산 대비 점유율 또한 1.8%에서 4.0%로 크게 높아진다. 이는 아시아시장에서 한국 드라마가 일본 드라마를 상대로 선전을 하고 있다는 사실을 입증해 주는 것이기도 하다. 이후, 한류 확장기 첫해인 1997년 문화체육부는 IMF라는 국가적 경제 위기 상황을 맞으면서 문화산업국의 문화산업 지원예산을 큰 폭(30.2%)으로 축소한다.

[표 3-7] 문화산업국 예산 변화 추이

한류 발전단계	연도	정부 예산총액	문화관광부			문화산업국	
			예산총액		정부예산 점유율	예산총액	부예산 점유율
정착기	'94	476,262	문체부	3,012	0.63%	54	1.8%
	'95	567,173		3,838	0.68%	152	4.0%
	'96	629,626		4,591	0.73%	189	4.1%
확장기	'97	714,006		6,531	0.91%	132	2.0%
	'98	807,629	문광부	7,574	0.94%	168	2.2%
	'99	884,850		8,563	0.97%	1,000	11.7%
절정기	'00	949,199		11,707	1.23%	1,787	15.3%

※출처: 문화관광부(2004: 8). 단위: 억 원.

그럼에도 불구하고 드라마의 대아시아 수출은 같은 기간 전년대비 38.7%의 높은 성장률을 보이고, 한류의 확장기 마지막 해인 1999년에는 사상 처음으로 대일 출초를 기록한다. 이런 시장의 다이내믹한 움직임은 한류의 생성이 일부 해외 언론이 언급하는 것처럼 정부지원에 의한 것이 아니라, 민간 차원의 자발적 노력에 의해 이루어진 문화확산 현상이라는 사실을 반증해 준다. 다만, 문화산업국의 예산확대를 1990년대 한류의 시장환경적 생성요인의 하나로 꼽은 이유는 정부의 예산확대가 비록 직접적인 것은 아니지만, 해외마케팅에 참여하던 방송마케터들의 자부심 고취와 도전정신에 자극제 역할을 한 것은 사실이기 때문이다. 민간 차원에서 행해지던 이들의 역할이 어느 순간 범국가적 차원으로 심리적 층위 변화를 하게 되는 계기를 마련해 주었기 때문이다.

드라마 수출지원

드라마의 해외수출이 관련 산업뿐 아니라 국가 이미지 제고에도 크게 기여한다는 인식을 갖게 된 문화관광부는 대일 출초가 이루어지는 1999년부터 국제방송교류재단에 영상물수출지원센터를 설립하고, 음향 · 효과M&E 분리작업[100]과 같은 수출용 방송콘텐츠의 재제작을 지원한

100 방송콘텐츠의 해외수출을 위해서는 국제규격화가 필요하다. 음향 · 효과(M&E) 분리 작업은 방송콘텐츠 국제 규격화의 일환이다. 대부분의 방송콘텐츠는 대사(dialogue)와 음향 · 효과(Music & Effect)가 믹싱(mixed)된 상태로 하나의 오디오 채널에 담겨져 있다. 이럴 경우, 방송콘텐츠를 수입하는 국가나 업체는 이 프로그램에 자국어 더빙을 하고자 할 때, 음향 · 효과(M&E)를 새로 제작해 넣어야 하는 불편을 감수해야 한다. 이런 문제의 해결을 위해 문화관광부는 1999년부터 영상물수출지원센터를 통해 음향 · 효과 재제작 비용을 지원한다.

다(ibid. 256). 수출 촉진을 목적으로 한 수출용 방송 프로그램의 재제작 지원사업은 수출 가능성이 높은 방송콘텐츠의 저작권 또는 해외 판권 등 지적재산권을 보유 또는 지적재산권의 양도, 이용 허락 등 적합한 권리를 확보한 업체들을 대상으로 실시한다. 수출용 프로그램의 번역, M/E분리, 자막, 더빙, 녹음실/종편실 사용 등을 지원한다. 예산 지원은 프로그램 당 최대 5천만 원까지이며, 총 재제작비용의 50-70%까지 지원한다. 단, 수출계약이 체결된 방송콘텐츠에 한해서는 재제작 비용의 70-90%까지 지원한다.[101] 아울러 문화관광부는 해외 유명 방송프로그램 견본시[102]에 한국공동관Korea pavilion을 설치하고, 국내 군소 제작 및 배급 업체들이 이곳을 대외 수출 협상 공간으로 활용할 수 있게 지원한다.

대일 출초 시점인 1999년부터 국제방송교류재단의 영상물수출지원센터를 통해 이루어지기 시작한 수출용 프로그램의 재제작 지원사업과 국제 텔레비전 프로그램 마켓의 참가 지원사업은 관련 국내 업체들이 방송콘텐츠의 해외수출에 관심을 갖게 하고, 새로운 해외시장 개척에 눈을 뜨게 함으로써 1990년대 한류생성의 국내시장 요인으로 작동할 수 있게 해 준다. 영상물수출지원센터를 통해 이루어지던 방송콘텐츠 수출 지원업무는 2001년 설립된 한국문화콘텐츠진흥원(현, 한국콘텐

101 한국콘텐츠진흥원(KOCCA) 홈페이지 참조. http://www.kocca.kr/business.

102 국제 텔레비전 프로그램 마켓. 주로, 프랑스 칸느(Cannes)에서 개최되는 세계 최대의 국제 TV프로그램 마켓 MIPTV(4월)와 MIPCOM(10월), 미국에서 개최되는 NATPE(1월), 중국에서 개최되는 상해TV페스티벌 등을 중심으로 지원이 이루어진다.

츠진흥원)으로 업무가 이관되면서 보다 체계적인 수출 지원사업을 펼칠 수 있게 된다.

한편, 정부의 방송콘텐츠 수출 지원활동은 1998년까지 방송관할권을 갖고 있던 공보처[103]에 의해서도 이루어진다. 공보처는 방송콘텐츠의 해외수출을 독려하기 위한 방안의 일환으로, 해외 마켓 현장을 뛰고 있는 방송사 소속의 해외마케터들을 대상으로 수출 유공자 표창을 실시한다. 정부가 드라마 수출의 산업 경제적 가치를 인식하고, 방송콘텐츠의 국제유통에 관심을 갖기 시작한 것을 의미한다. 한국 최초의 국제 TV프로그램 마켓 BCWW broadcast worldwide, 2001 와 부산콘텐츠마켓(BCM, 2007)의 출범도 이 같은 방송 정책적 기조에서 출발한다. 이런 정부의 움직임들이 1990년대 일본 드라마와의 '경쟁시기'에 한류의 생성요인으로 작동한다.

제작환경

국제적 감각을 갖춘 방송 세대의 등장

방송콘텐츠의 해외수출이 상업적 차원에서 처음으로 이뤄진 1987년은 나라 안팎이 88서울올림픽[104] 준비로 여념이 없던 시기였다. 외국의

103 문화공보부는 1990년 문화부와 공보처로 분리되고, 공보처는 1998년 폐지될 때까지 순수공보 기능과 언론, 보도, 방송에 관한 업무를 관장한다.

104 1988년 9월 17일부터 10월 2일까지 잠실 주경기장을 중심으로 펼쳐진 스포츠 제전. 세계 159 개국 8,465명의 선수와 임원들이 참가.

방송사들 또한 올림픽 개최 예정국인 동방의 작은 나라 한국의 문화를 자국민들에게 소개하기 위해 분주히 움직이던 시기였다. 올림픽 준비 과정에서 외국의 방송사들은 한국의 문화를 자국에 소개하는 최적의 도구로 방송콘텐츠를 생각했고, 그 가운데서도 특히, 문화할인율culture discount이 낮은 애니메이션[105]을 선택하게 된다.

이처럼 88서울올림픽은 방송콘텐츠 해외수출의 물꼬를 트는 계기가 되었고, 한국의 방송 제작인력에게는 선진 영상문화를 접하면서 국제적 감각을 익힐 수 있는 기회가 되었다. 88서울올림픽 주관 방송인 KBS의 국제방송센터IBC에는 올림픽 중계를 위해 미국의 NBC를 비롯해 일본 NHK, 영국 BBC, 중국 CCTV와 아시아태평양방송연맹ABU · 유럽방송연맹EBU · 동유럽방송연맹OIRT · 아랍방송연맹ASBU · 아프리카방송연맹URTNA · 남미방송연맹OTI 등 회원국 방송사 87개, 7천여 명의 외국 방송인들이 집결했다. 미국 지역의 독점 텔레비전 방영권을 갖고 있는 NBC는 IBC 내에 1,752평을 임대했으며, 올림픽 중계방송을 위해 대형 컨테이너 40대 분량의 물량을 투입하고, 1,800여 명의 방송 인력을 투입했다.

경기장에는 국제신호제작을 위해 초대형 트레일러 3대를 비롯한 30여 대의 중계차, 12개의 임시조정실 등 40여 개의 경기제작시설이 설치되었으며, 마라톤, 도로 사이클, 요트 경기 등에 헬리콥터 4대가 동원되었다. 또 266대의 각종 카메라가 각 경기장을 커버했다. 대회 기간인 16

105 한국 최초의 TV애니메이션 시리즈 〈떠돌이 까치〉는 88서울올림픽 직전 해인 1987년 프랑스 등지로 13,500달러에 수출된다.

일 동안 제작될 국제신호의 총 제작시간은 2,300여 시간으로 LA올림픽 때의 1,800시간보다 5백 시간이나 많았다. 일단 국제신호로 제작된 화면은 광섬유케이블을 통해 IBC로 보내지고 여기서 태평양 위성의 13회선, 인도양 위성의 12회선 등 모두 25개 위성중계 회선을 통해 세계 각국으로 중계되었다(동아일보. 1988.04.01).

이처럼 88서울올림픽이라는 특별한 방송교육 기재는 한국의 방송 제작인력들에게 선진 영상문화를 접하고, 새로운 영상 제작기술을 익힐 수 있는 좋은 기회가 되었다. 이 시기를 통해 국제적 감각을 익힌 88서울올림픽 중계방송 세대[106]는 1990년대 일본 드라마와의 '경쟁시기'를 여는 한류생성의 제작환경 요인으로 작동하게 된다.

경쟁과 다이너미즘dynamism

– 드라마 생산 주체 간의 경쟁구도

드라마는 서비스다. 즐거움을 목적으로 창조된 일종의 재화 창출 수단이다. 드라마의 생산 주체인 방송사 또는 제작사가 불특정 다수의 소비 주체들을 대상으로 제공하는 일종의 인위적인 생산물, 즉 문화콘텐츠다. 한국의 드라마가 국제경쟁력을 갖출 수 있었던 요인 중의 하나는 서비스를 제공하는 드라마 생산 주체 간의 경쟁이다. 이들 간의 지속적

106 88서울올림픽 중계방송 세대는 88서울올림픽의 중계방송에 참여해서 선진 영상 제작 기술과 국제적 감각을 익힌 동시대 방송제작 인력의 총칭이다. 특정 세대나 연령층을 의미하지 않는다.

인 경쟁이 양질의 드라마를 생산해 내는 기재로 작용했기 때문이다.

한국의 TV드라마사는 1956년 민간자본에 의해 출범한 한국 최초의 텔레비전 방송사 HLKZ[107]의 드라마 〈사형수〉[108]로부터 시작된다. 그러나 드라마 생산 주체 간의 치열한 경쟁의 역사는 KBS(1961)와 TBC(1964)[109], MBC(1969) TV가 출범하는 1960년대부터 시작된다. 서비스의 주체인 방송사들은 드라마의 경쟁력이 곧 채널 경쟁력이라는 인식을 갖고 있었고, 이런 3각 경쟁체제는 신군부에 의해 단행된 언론통폐합 시점(1980)까지 10여 년 이상 계속된다. 이후, TBC는 언론통폐합 과정에서 KBS로 강제 편입되었고, 드라마 생산 주체 간의 경쟁구도는 KBS와 MBC의 양강체제로 전환되어 다시 10여 년간 지속된다. 그러다가 민간 상업방송인 SBS가 등장하는 1991년, 드라마 생산 주체 간의 경쟁구도는 다시 과거의 3각 체제로 복원된다. 특히, 1991년 첫 전파를 발사한 SBS가 '드라마는 SBS' '재미있고 감동적인 드라마, 참신하고 세련된 드라마, 유익한 양질의 드라마'를 표방하며(SBS, 1996: 252), 드라마 생산 주체 간의 경쟁에 불을 지핀다.

이 시기가 바로 한류 도전기(1991-1993)다. 드라마 생산 주체 간의 치열한 경쟁이 1990년대 일본 드라마와의 '경쟁시기' 본격적인 한국 드

107 1956년 미국 RCA사의 한국 지사장이었던 황태영에 의해 출범한 HLKZ TV는 사주의 교체, 화재 등 우여곡절을 겪다가, 1961년 KBS TV 출범 직전, 문을 닫는다.

108 미국의 극작가 로버트 미들매스(Robert Middlemass)와 홀워디 홀(Holworthy Hall)이 공동집필한 희곡 〈The Valiant〉를 극화한 극단 제작극회 작품. 연출 최창봉, 주연 최상현.

109 민간 상업방송. 1964년 DTV(동양텔레비전)로 출발해서 이듬해인 1965년 TBC로 개명. 1980년 신군부에 의한 강제 언론통폐합과 함께 KBS 2TV로 전환됨.

라마 수출의 길을 열게 하고, 드라마의 대일 수출 초과(1999) 현상을 만들어 내는 한류생성의 제작환경 요인으로 작동한다. 이런 생산 주체 간의 '경쟁'이라는 요인이 이 시기 드라마시장의 트렌드와 결합되면서 상품성 있는 드라마의 생산으로 이어진다.

– 소비 주체의 드라마 선호

드라마 소비 주체, 즉 시청자는 서비스되는 드라마를 매개로 생산 주체와의 직간접적인 소통을 통해 재미와 즐거움, 카타르시스를 얻는다. 그런데 한국의 시청자는 뉴스, 다큐멘터리, 영화, 음악, 스포츠, 연예오락 등 다양한 방송 프로그램 장르 중에서도 특히, 드라마에 대한 충성도와 선호도가 높다. KBS · MBC · SBS 등 지상파 방송 3사의 연간 드라마 방송 편수는 방송사별로 각각 23-30편 정도다. 편차는 있지만 1년에 총 70여 편 정도가 방송된다. 아침부터 밤까지, 그리고 요일을 가리지 않는 드라마 편성은 주週당 20편을 훌쩍 넘는다(머니투데이. 2007.07.26). 주당 평균 10편을 방송하는 일본 텔레비전(윤호진, 2005: 56)과의 비교를 통해서도 한국의 TV시청자들이 얼마나 드라마를 선호하는지를 확인할 수 있다. 편성은 곧, 시청자들의 기호를 반영한 것이기 때문이다. 2000-2004년, 한국의 드라마 누적 편성시간을 보면, 전체 편성에서 드라마가 차지하는 비율이 MBC가 46.2%로 제일 높고, 다음은 SBS 40.8%, KBS2 39.8%, KBS1 39.5%의 순으로 다른 장르의 프로그램 편성에 비해 드라마의 편성비율이 압도적으로 높다(ibid. 32).

KBS-N 드라마 채널, MBC 플러스 드라마넷, SBS 드라마 플러스 등은 각 지상파 방송 3사의 드라마를 24시간 릴레이 재방송하는 케이블 채널이다. 그럼에도 불구하고 이들 3개 케이블 방송의 경쟁력이 여타 다른 케이블 채널들에 비해 높게 나타나는 것은 그만큼 한국의 시청자들이 드라마를 선호하고 있다는 근거를 제공해 준다.[110] 드라마의 편성뿐 아니라 드라마의 시청률 또한 한국 드라마 소비 주체의 드라마 선호도를 확인시켜 준다. 한류의 확장기(1997-1999) 3년간 지상파 방송 3사가 방송한 전체 프로그램 가운데 매년 시청률 상위 5위 안에 들어온 프로그램들을 살펴보면, 모두가 드라마다. 가구 평균 시청률도 35.7%에서 51.6%에 이른다([표 3-8] 참조). 언어기호 '한류'가 처음 등장하는 1999년도 한국의 방송콘텐츠 장르별 가구 시청률을 봐도 가장 선호도가 높은 장르는 역시 드라마(16.7%)다. 경쟁 프로그램 장르인 뉴스와 영화 시청률의 2배 가까운 높은 수치를 기록한다([표 3-9] 참조).

[표 3-8] 연도별 시청률 상위 5위 프로그램

순위	1997		1998		1999	
	프로그램	시청률	프로그램	시청률	프로그램	시청률
1	첫사랑(K)	51.5	그대 그리고 나(M)	48.3	보고 또 보고(M)	51.6
2	사랑할 때까지(K)	40.2	보고 또 보고(M)	42.9	토마토(S)	38.6
3	별은 내가슴에(M)	40.0	정때문에(K)	42.3	국희(M)	37.2
4	정때문에(K)	38.0	용의눈물(K)	38.2	사랑과 성공(M)	36.9
5	신데렐라(M)	35.7	미스터Q(S)	35.5	청춘의 덫(S)	35.7

※출처: 한국방송진흥원, 2000: 16. (K=KBS, M=MBC, S=SBS. 단위: %).

110 AGB Nielsen 미디어 리서치 '케이블TV 시청률 순위' 자료(2011.5.4)에 따르면, 1위 KBS-N 드라마 채널(시청률 0.8), 2위 MBC플러스 드라마넷(시청률 0.78), 3위 YTN(뉴스), 4위 SBS 드라마 플러스(시청률 0.58) 등의 순으로 나타난다.

[표 3-9] 방송콘텐츠의 장르별 가구 시청률(1999)

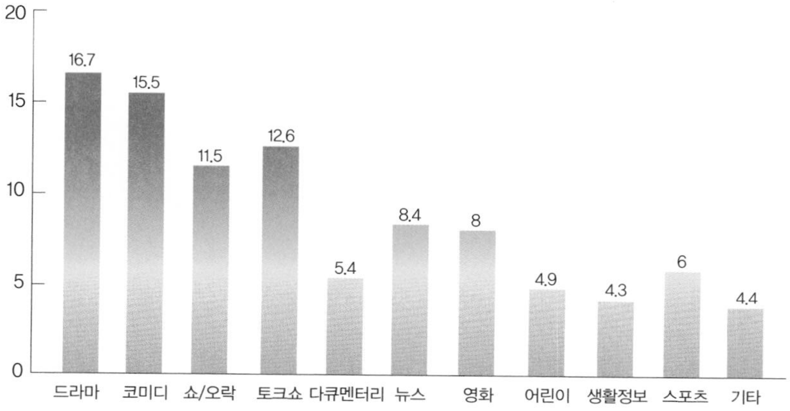

※출처: 한국방송진흥원, 2000: 46. (단위: %).

2000년에도 드라마는 14.9%로 시청률 순위에서 변함없이 1위를 고수한다([표 3-10]). 다만, 1999년에 비해 1.8% 떨어졌지만, 이는 조사 대상 프로그램 장르를 1999년 11개 장르에서 2000년 15개 프로그램 장르로 시청률 조사대상 장르를 세분화한 결과로 볼 수 있다. 그렇기 때문에 1999년에 비해 각 장르별 시청률이 전반적으로 하향화 추세를 보인다. 예를 들어, 코미디는 15.5%에서 14.1%로, 토크쇼는 12.6%에서 11.1%로, 뉴스는 8.4%에서 7.8%로, 스포츠는 6%에서 5.1%로 조금씩 시청률이 떨어진다.

[표 3-10] 방송콘텐츠의 장르별 가구 시청률(2000)

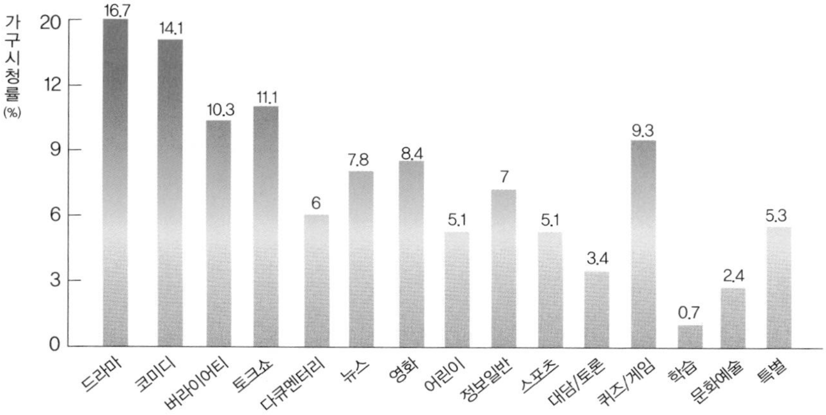

※출처: 한국방송진흥원, 2001a: 54. (단위: %).

[표 3-11] 지상파 방송 3사의 시청률 베스트 20

순위	프로그램명	시청률	순위	프로그램명	시청률
1	주몽(M)	45.5	11	주몽스페셜 2부(M)	23.6
2	열아홉 순정(K1)	40.8	12	주몽스페셜 1부(M)	22.6
3	쩐의 전쟁(S)	30.5	13	커피프린스 1호점(M)	22.5
4	하늘만큼 땅만큼(K1)	29.8	14	왕과 나(S)	21.3
5	대조영(K1)	27.6	15	며느리 전성시대(K2)	21.0
6	쩐의 전쟁 보너스(S)	26.8	16	연인(S)	20.9
7	미우나 고우나(K1)	26.3	17	외과의사 봉달희(S)	19.5
8	행복한 여자(K2)	25.2	18	나쁜 여자 착한 여자(M)	18.7
9	내 남자의 여자(S)	24.7	19	연개소문(S)	18.6
10	태왕사신기(M)	24.4	20	KBS 9시뉴스(K1)	18.2

※출처: 중앙일보, 2007.10.09. (단위:%, 기간: 2007.1.1-10.7).

2007년도 AGB닐슨미디어리서치가 선정한 지상파 방송 3사의 시청률 '베스트 20'을 보면([표 3-11]), 마지막 순위 20위에 랭크된 'KBS 9시 뉴스'를 제외하고, 나머지 1위에서 19위까지가 모두 드라마, 드라마 스페셜인 것을 알 수 있다. 이처럼 지상파 방송 3사의 드라마 편성량과 높은 드라마 시청률은 한국 드라마 소비 주체의 드라마 선호도를 확인시켜 주는 근거가 된다. 나아가 한국 드라마 소비 주체의 이 같은 드라마 선호 성향은 한국 드라마의 국제경쟁력을 높여주는 요인으로, 한국 드라마 수출의 제작환경 요인으로, 드라마 수출의 대일 출초 배경으로, 그리고 1990년대 한류의 생성요인으로 작동한다.

– 드라마 생산과 소비 주체 간의 소통: 비전작제와 상호 인터랙티브

드라마의 전작제(사전제작제)가 방송 편성 이전에 드라마의 제작 전 공정을 모두 마치는 완성형 드라마 제작방식이라고 한다면, 비非전작제는 방송 편성과 거의 비슷한 시기에 드라마를 제작, 편성하는 현장성과 즉시성이 강조되는 드라마 제작방식이다. 전작제가 작품의 구성과 질을 강화시켜 줄 수 있는 일반적인 형태의 단방향성 드라마 제작방식이라고 한다면, 비전작제는 이와 달리, 소비 주체인 시청자의 의견이 즉시적으로 반영될 수 있는 상호 인터랙티브가 강조되는 비정형성을 갖는 드라마 제작방식이라고 할 수 있다.

전작제의 단방향성과 정형성, 그리고 비전작제의 양방향성과 비정형성 사이에서 비전작제 제작 방식을 채택하고 있는 한국의 드라마는 한 때 – 한류생성 이전 – 부정적 인식의 대상이 되기도 한다. 드라마의 질을 담보해 줄 수 없는 비효율적인 후진적 제작방식의 산물로 인식되었기 때문이다. 다시 말해 '그러니까, 그렇다'는 냉소의 대상이기도 했다. 그러나 한국 드라마가 아시아시장의 새로운 주류로 떠오르는 2000년대 한국 드라마의 '확산시기', 한국의 드라마 주主제작방식인 비전작제는 중국, 일본[111] 등 그 동안 전작제를 중심으로 드라마를 제작해 온 주변 아시아 국가들로부터 주목을 받기 시작한다. 드라마의 생산 주체와 소비 주체 사이의 즉시적인 양방향성, 즉 상호 인터랙티브가 한국 드라마의 시장친화력을 강화시켜 주는 요소로 그들에게 인식되기 시작했기 때문이다.

도바시 신고土橋臣吾의 〈행위자로서의 시청자〉アクターとしてのオーディエンス 이론도 시청자의 드라마 제작 참여를 새로운 시각에서 바라보게 해 준다. 그는 행위자 네트워크이론actor network theory을 바탕으로 텔레비전과 관련된 모든 것을 행위자로 보고, 각각의 행위자들이 서로에게 미치는 영향을 하나의 동적인 프로세스로 본다. 이때 행위자 개념에는 텔레비전을 둘러싼 제작자, 시청자, 사회적 맥락, 기술적인 면이 모두 포함된다. 행위자들의 관계성에 초점을 맞춘 이런 논의는 시청자 연구에 새로운 지평을 열어줄 것이며, 시청자가 어떤 요소로 규정되는지를 좀 더

111 중국은 허가를 위한 완전 사전제작제, 일본은 '준사전제작제' 시스템을 운영하고 있다. 우리의 미니시리즈와 비슷한 프라임 타임 대에 방송되는 드라마의 경우 대부분 절반 또는 2/3 정도가 제작된 후에 첫 회가 방송되고 있다. 반면, 우리의 경우는 천차만별이지만, 대략 1/3 또는 1/4 정도 수준이라고 한다(김영덕, 2006: 179).

명확하고 동적인 방식으로 이해할 수 있게 해 준다(平田由紀江, 2005: 38; 土橋臣吳, 2003: 53).

더욱이 비전작제가 21세기 디지털시대의 새로운 통신미디어 환경과 결합되면서 엽서나 전화 중심으로 일정 정도의 시차가 용인될 수밖에 없었던 과거 아날로그적인 상호 인터랙티브와 달리, 극도의 즉시성을 무기로 하기 때문에 시청자의 참여가 가능한 비전작제의 상업적 효용성은 더욱 주목을 받게 된다. 최근 붐을 이루고 있는 페이스북facebook, 트위터twitter, 미투데이me2DAY 같은 소셜 네트워크 서비스SNS는 비전작제가 갖고 있는 즉시적 양방향성, 상호 인터랙티브를 강화시켜 주는 일종의 수단이 된다. 특히, 팔로우어follower와 리트윗retweet을 통한 드라마 소비 주체의 집단성 강화는 드라마 소비 주체의 제작 참여를 기존의 단순 가담자 형태에서 프로슈머prosumer[112]로 그 위상을 격상시켜 준다.

이처럼 비전작제 하에서 한국의 드라마가 가졌던 과거의 아날로그적인 양방향성과 인터넷, 온라인 소셜 네트워크 서비스가 갖는 인터랙티브한 21세기 디지털시대의 즉시성이 결합되면서 한국의 텔레비전 드라마는 보다 강화된 소통의 다이너미즘을 확보할 수 있게 된다.

112 '프로슈머'(prosumer)란 '생산자'(producer)와 '소비자'(consumer)의 결합어로, 생산자와 소비자의 역할을 동시에 수행하는 사람을 의미한다.

해외시장 요인:
아시아시장의 산업메커니즘

생산 측면

한국 드라마의 가격 경쟁력[113]

대일 출초 시점(1999) 이전, 즉 1990년대 일본 드라마와의 '경쟁시기', 한국 드라마 수출의 최대 변인은 드라마의 질적 가치와 한국 드라마의 가격 경쟁력을 꼽을 수 있다. 트렌디드라마 〈질투〉는 경쟁상품인 일본의 〈도쿄 러브스토리〉와 질적인 면에서 큰 차이를 보이지 않는다. 반면, 대중국 수출단가는 〈질투〉(1993)가 900달러, 〈도쿄 러브스토리〉가 1,500달러였다(박재복, MBC). 비슷한 수준에 가격 차이가 절반 가까이 난다면, 매력적인 경쟁력으로 볼 수 있다.

드라마의 수출단가는 같은 드라마라 하더라도 수입국마다 서로 다른 차이를 보인다. 수출대상국의 국내총생산GDP 규모, 인구 수, TV수상기 보유 대수, 드라마에 대한 당사국의 수요, 선호도 등 계량화할 수 있는 수치적 근거가 가격 결정의 일반적 기준이 된다. 이 밖에도 계약기간의 길고 짧음, 방송 횟수의 많고 적음 등도 방송권료 산정의 변인이

---

113 드라마의 해외수출 단가는 1990년대 아시아시장에서 마케팅을 담당했던 지상파 방송 3사의 해외마케팅 실무 책임자들에 대한 개별 인터뷰를 통해 얻어진 자료다. 인터뷰 대상자는 박인수(KBS미디어, 해외사업팀장), 박재복(MBC, 일본지사장), 진혜원(MBC, 글로벌사업팀 차장), 최재영(SBS콘텐츠허브, 해외사업부장) 등이다. 개별 인터뷰는 2011년 2월 말에 이루어졌다. 통상적으로 드라마 수출단가는 기밀에 속한다. 그럼에도 불구하고 여기서 일부 드라마의 타이틀과 가격을 밝히는 것은 학술연구상의 필요에 의한 것이고, 이를 감안해 1990년대 초의 가격과 드라마 일부 타이틀만을 밝힌다.

된다. 그러나 무엇보다 중요한 가격 결정요인은 시장을 보는 마케터의 판단력이다.

예를 들어, 같은 해(1993) 홍콩에 수출된 드라마 〈질투〉의 수출단가는 편당 1,100달러 수준으로 중국 수출단가에 비해 200달러 정도 높게 형성된다. 이는 홍콩의 GDP가 중국에 비해 상대적으로 높기 때문에 자연스런 가격 결정으로 볼 수 있다. 그러나 같은 시기 함께 수출된 대하드라마 〈여명의 눈동자〉는 중국보다 GDP가 높은 대만에 오히려 400달러가 낮은 500달러에 판매된다. 물론, 이런 차이가 방송 플랫폼의 차이에서 오는 단가 차이일 수도 있지만, 그보다는 시장 개척단계에서 교두보 확보를 위한 해외 마케터의 전략적 판단에 의한 가격 결정으로도 볼 수 있다. 또, 이런 가격 결정은 그 시기 대만 시장의 진입장벽이 얼마나 높았는지를 간접적으로 반증해 주는 근거가 되기도 한다.[114]

국제시장에서 한국 드라마의 가격 경쟁력의 기준이 되는 일본 드라마와의 수출단가 비교는 쉽게 이루어지기 어려운 구조다. 방송사마다 수출가격을 대외비로 하고 있기 때문이다. 따라서 명확하게 수치상의 근거를 제시하기는 어렵지만, 1990년대 초 〈질투〉와 〈도쿄 러브스토리〉의 가격 차이에서 알 수 있듯이 시장 경험칙에 근거할 때 일본 드라마

114 KBS와 SBS도 한류 도전기(1991-1993), 대만시장과 베트남시장을 각각 편당 500달러에 개척했고, 〈달빛가족〉(이휘향 · 서인석)의 대중국 수출단가는 1,000달러, 〈느낌〉(손지창 · 우희진), 〈폴리스〉(이병헌 · 엄정화)의 홍콩 수출단가 또한, 편당 1,000달러를 기록한다. '역모방시기'인 2010년 현재, 드라마 수출단가는 -드라마에 따라 차이가 있기는 하지만- 편당 15,000달러 수준에서 가격이 형성되고 있어, 1990년대 '모방과 탈동조화의 시기'와 현저한 가격 차이를 보인다(박인수, KBS; 최재영, SBS콘텐츠 허브).

의 당시 수출단가는 한국 드라마의 수출 가격보다 1.7배-3배 정도 높게 형성되고 있었다. 이런 시장가격의 차이가 1990년대 일본 드라마와의 '경쟁시기', 한국 드라마의 국제시장 가격 경쟁력으로 작용하고, 한류 생성의 드라마 '생산'(공급) 측면의 생성요인으로 작동한다.

소비 측면

한국이 대아시아 드라마 수출을 처음으로 시작한 1993년 이후 10년도 채 되지 않은 짧은 기간에 대일 드라마 수출 초과(1999)를 이루어낼 수 있었던 배경에는 이 시기 한국 드라마의 수요자인 아시아시장의 시대 환경적 요인이 변인으로 작동하고 있었다. 드라마의 구매력과 직결되는 아시아시장의 고도 경제성장과 드라마의 하드웨어적 시장 수요인 다매체 · 다채널 시대의 도래, 드라마의 소프트웨어적 시장 수요인 아시아인들의 드라마 선호가 바로 1990년대 일본 드라마와의 '경쟁시기'에 아시아시장의 시대 환경적 변인으로 작용한다.

아시아의 고도 경제성장: 외국 드라마의 구매력

아시아시장에 새로운 바람이 일기 시작한 것은 한국에서 제1차 경제개발 5개년계획이 한창 진행중이던 1960년대 중반 이후다. 1965년-1981년 사이 한국 · 홍콩 · 대만 · 싱가포르 · 태국 · 말레이시아 등은 제조업 부문 실질성장률이 10%를 넘어선다. 값싼 노동력과 노동탄압의 대가로 이루어진 이 지역의 고도 경제성장은 동아시아 국가들에게 새로운 경제세력의 위상을 갖게 한다. 또, 이를 바탕으로 동아시아 국가들은 스스로 문화의 생산과 소비의 기반을 닦게 된다(구연상, 2005: 3-4/8).

[표 3-12] 중국의 경제지표

연도	1995	1997	1999	2001
GDP	58,478.1억	74,462.6억	82,067.5억	95,933.3억
1인당 GDP	4,854	6,054	6,547	7,543

※출처: 한국문화콘텐츠진흥원, 2003: 1
0. (단위: 위안).

중국 또한 1970년대 이후 UN에 가입하고 미국과 외교관계를 맺기 시작하면서 근대화, 개혁 그리고 개방정책을 추진하기 시작한다. 개방정책을 확대하면서 중국은 급격하게 정치, 경제적으로 변화하기 시작하는데, 1990년 이후 매년 10% 이상의 GDP 성장을 이룩한다. 1994년 12.6%, 1995년 10.5%, 1996년 10%의 고도성장으로 중국의 소비경제는 빠르게 발전한다. GDP의 성장뿐만 아니라 중국은 1996년 12%의 산업성장, 14%의 자본투자, 그리고 20%의 수출신장률을 기록한다(윤선희, 1998: 80-81).

중국의 경제체제는 이처럼 1978년 덩샤오핑邓小平에 의한 개혁 개방, 그리고 1992년 사회주의 시장경제 채택 이후 급속히 계획경제로부터 시장경제로 전환된다. 고도성장 속에서 개인의 소득이 증대되고, 소비패턴의 변화가 뒤따른다. 시장화와 더불어 경제와 사회에 대한 국가의 직접적 통제가 약화되고, 그 결과 대중문화의 발전이 촉발되는 상황을 맞는다. 대도시를 중심으로 막대한 부를 축적한 계층이 형성되고, 그들의 자녀는 '소황제'로서 풍요로운 물적 기반 아래 성장하면서 대중문화를 소비할 수 있는 여력을 지니게 된다(구연상, 2005: 4-5/8).

더욱이 1992-2006년 연평균 10.2%의 고도성장을 실현하면서 저소득층의 중산층 편입이 가속화되고, 중산층 비율은 1995년 7%에서 2005년 22%로 증가한다(삼성경제연구소, 2007: 3). 이런 경제적인 상황의 변화는 중국 텔레비전 수용자의 라이프스타일에도 변화를 가져온다. 중국은 1990년대 주6일 근무제에서 주5일 근무제로 전환한다. 사람들의 여가시간이 늘어나게 되자, 텔레비전 방송사는 그들의 여가시간을 채우기 위해 좀 더 나은 양질의 프로그램을 공급해야 했다. 근무제의 변화는 주시청시간대의 개념을 바꾸어 놓았고, 더 매력 있는 프로그램을 공급하려는 방송사들 사이의 격렬한 경쟁을 부추긴다. 결국 프로그램의 부족과 양질의 프로그램 부족을 해소하는 해결책은 외국 프로그램의 수입이다(한국방송진흥원, 2001b: 17; Hong, 1998: 119-120).

시청자들의 소비욕구를 충족시켜 줄 대중문화가 중국에는 부족했고, 특히 젊은 층을 끌어들일 엔터테인먼트는 거의 없었다. 한류는 이런 대체문화의 성격으로 출발한다(구연상, 2005: 5/8). 대만은 대기업 중심의 한국과 달리 중소기업을 기반으로 한 경제구조를 가졌고, 탄탄한 국가경쟁력을 자랑한다([표 3-13]). 1990년대에도 6%를 넘는 높은 경제성장률을 보인다. 1996년 5.8%로 다소 주춤하는 모습을 보이지만, 대만의 대외무역은 수출 둔화에도 불구하고, 수입이 감소해 큰 폭의 흑자를 구현한다. 수출은 연초 중국과의 무력 마찰에 따른 바이어 이탈, 대중국 수출침체 등으로 전년대비 3.8% 증가에 그친 1,159억 달러였으나, 수입은 2.2% 감소한 1,012억 달러에 불과해 무역수지가 147억 달러로 흑자구조가 확대된다(한국문화콘텐츠진흥원, 2003a: 5). 영국 자치령으로 자유무역을 구가하며 승승장구하던 홍콩경제는 1997년 중국 반환을 앞두고 위축되는 경향을 보이기도 한다. 실제로 복속 직전 해인 1996년 홍콩의 대외무역은 1991년 이후 가장 저조한 양상을 보인다. 그럼에도 불구하고, 수출은 전년대비 4.5% 증가한 1,985억 달러였고, 무역적자는 전년보다 21억 달러가 줄어든 169억 달러로 개선된다(삼성경제연구소, 1997: 6).

[표 3-13] 1990년대 중국 · 대만 · 홍콩의 주요 경제지표

	지표	1992	1993	1994	1995	1996
중국	GDP총액	4,356	5,446	5,082	6,900	8,170
	실질경제성장률	13.6	13.4	11.8	10.2	9.8
대만	경제성장률	–	6.3	6.5	6.0	5.8
홍콩	경제성장률	–	6.1	5.5	4.6	4.7

※출처: 삼성경제연구소, 1997: 3; 중국국가통계국, 홍콩정부 통계처. 단위: 억 달러, %.

1990년대 중반을 넘어서면서 태국 · 인도네시아 · 한국을 비롯해서 아시아 전역에 IMF의 공포가 휩쓸고 가지만, 비슷한 시기 연쇄적으로 불어 닥쳤던 아시아의 경제위기는 한편으로 견고한 경제성장의 기틀을 마련하는 기회가 되기도 한다. 뒤늦게 출발한 베트남의 경제성장도 한류의 생성을 가능하게 한 해외 환경적 요인으로 작용한다. 1975년 4월, 공산통일국가 수립 이후 극심한 경제난에 시달려 오던 베트남은 1986

년 '도이 모이'Doi Moi[115] 정책을 통해 시장경제 체제를 도입, 급속한 경제성장을 이루었고, 그에 따라 베트남 국민들의 문화적 욕구도 함께 증대된다(구연상, 2005: 5/8).

이처럼 1990년대 일본 드라마와의 '경쟁시기', 아시아가 이룩한 고도 경제성장은 아시아인의 문화적 욕구를 증대시켰고, 이는 욕구의 충족을 위한 새로운 드라마의 구매력으로 작용한다. 이것이 한국 드라마의 대일 수출 초과 현상의 주요 배경이 되고, 한류생성의 산업메커니즘적인 요인, 그 중에서도 소비 측면의 중요한 변화요인으로 작용한다. 타자인 아시아인이 최적자의 삶을 누리기 위해 확보된 구매력을 바탕으로 일본 드라마가 아닌, 한국 드라마를 자연 선택한 것이다.

다매체 · 다채널 시대: 하드웨어적 드라마 수요

다매체 · 다채널이라는 시장환경적 요인은 드라마의 수요를 창출하는 하드웨어적 기재다. 그렇기 때문에 아시아시장에서 전개되는 1990년대 다매체 · 다채널 시대의 공통된 화두는 방송콘텐츠, 특히 드라마의 수급에 모아진다. 나라마다 플랫폼과 규모의 차이는 있지만 1990년대를 전후해 아시아 지역 대부분의 나라들은 미디어와 채널 시장에 커다란 변화를 맞이한다(〔표 3-14〕 참조). 일본의 방송시장은 지상파 방송과 BS 및 CS로 구성된 디지털 위성방송, 그리고 케이블TV로 구성된다. 지

115 베트남 공산당 제6차 대회(1986)의 슬로건으로, 가격의 자유화, 생산성 향상, 국제 분업형 산업구조의 지향을 목표로 함.

상파 방송은 유일한 전국방송 NHK와 전국 네트워크 5계열, 13개 독립 UHF로 나누어지며, 드라마 제작은 주로 지상파 방송의 자회사 프로덕션 내지 독립프로덕션에서 담당한다(한국방송영상산업진흥원, 2003: 1).

위성 BS는 1989년부터 본방송을 시작해 2000년에 디지털로 전환하면서 현재 HDTV가 7개사 7개 채널, SDTV가 21개의 채널을 운영하고 있다. 다만 SDTV는 보조채널 형식을 띠고 있어 HDTV 7개 채널이 주축이다. CS디지털위성방송은 스카이퍼펙TV와 스카이퍼펙TV!110 등 2개의 플랫폼 사업자로 운영되고 있다. DBS 가입 건수는 2006년 말 현재 374만, 스카이퍼펙TV!110은 29만에 이른다. 1996년 출범한 스카이퍼펙TV에는 189개의 비디오 채널, 2002년에 출범한 스카이퍼펙TV!110에는 71개의 비디오 채널이 운영된다(한국방송영상산업진흥원, 2006a: 11-14).

[표 3-14] 다매체 · 다채널 시대의 아시아시장(1990년대)

국가	다매체 · 다채널 동향
일본	BS, 스카이퍼펙TV 출범(1989), 189개 신규 채널 등장
중국	TV보급률 증가: 1990년 16.2%→ 1997년 34%, 방송콘텐츠 신규 수요 창출
홍콩	위성 스타TV 출범, 15개 이상 신규 채널 등장, TVBI 신규 위성방송 시작
대만	1993년 CATV법 제정 – CATV 합법화; 100개 가까운 채널 운영 – 지상파의 케이블 위성 진입, 케이블의 지상파 진입 허용
베트남	1991년 위성을 이용 지상파의 전국방송 실시, 1993~1995년 주요 도시 중심 CATV 운영
말레이시아	1995년 CATV 출범, 1996년 위성TV 출범

[표 3-15] 일본 지상파 방송 네트워크 5계열 현황

네트워크	키 스테이션	가맹사 수
NNN	니혼TV	30
JNN	TBS	28
FNN	후지TV	28
ANN	TV아사히	26
TXN	TV도쿄	6

※출처: 한국방송영상산업진흥원, 2006a: 15. 네트워크 118개 사 가운데 크로스 네트워크가 4개 사로 순수 네트워크는 114개 사임.

중국의 방송시장은 1997년 950개의 지상파 방송사와 1,200개의 케이블 방송사로 구성된다. 텔레비전 보급률은 1990년 16.2%에서 1997년 34%로 증가한다. 국영방송인 CCTV는 4개의 위성채널과 1개의 유료 영화채널pay TV을 포함해서 전체 인구의 80%인 약 10억 명에게 프로그램을 공급한다. 1996년 이후 CCTV는 세계적으로 프로그램 전송 범위를 확대한다. 광역과 주요 도시 네트워크인 상하이TV, 베이징TV, 동방orientalTV는 1990년대 이후 급격히 성장해서 CCTV의 아성에 도전한다. 이들 네트워크는 TV광고시장의 25% 이상을 점유하고 있으며, 한해 70% 가까운 성장률을 기록한다(윤선희, 1998: 81-83; TV International Sourcebook, 1997: 60).

홍콩의 방송 환경은 민영으로 운영되는 TVBTV Broadcasters와 ATV 등 2개의 지상파 텔레비전과 1개의 케이블Wharf, 2개의 위성방송으로 구성된다. 지상파 방송은 4개 채널, 케이블 방송은 20개 채널을 보유한다. 위성방송 스타TV는 15개 이상의 채널을 운영하고 있다(ibid. 107). 설

립 초기, 스타TV는 미국 프로그램을 중심으로 편성한다. 그러나 루퍼트 머독Murdoch의 의견에 따라 스타TV는 현지 협력 기업을 찾는 데 힘을 기울였다(Iwabuchi, 2001: 137). 홍콩의 최대 방송사 TVB는 방송콘텐츠 수출뿐만 아니라 TVBI라는 위성 채널 서비스를 대만에서 시작하고, 적극적으로 다른 나라와의 프로그램 합작에도 착수한다. TVB는 합작을 통해 광동어와 북경어의 언어 장벽을 극복해 다른 중국어 문화권에 진출했고, 중국계 인도네시아 자본과 제휴해 말레이어의 텔레비전 프로그램 제작에도 착수한다(ibid. 137-138).

대만은 TTV(Taiwan TV, 1962)와 CTV(China TV, 1969), CTS (Chinese TV System, 1971) 개국 이후, 30년간 지상파 방송의 정부 독점 시대를 유지한다. 국토의 대부분이 산악지대인 대만은 지상파 방송의 발전을 기대하기 어렵고, 방송 수신이 가능한 케이블TV와 위성방송의 발전이 이루어질 수밖에 없었다(방정배 외, 2007: 133). 이것이 대만을 세계 최대의 케이블TV 대국으로 키운 직접적인 원인이 되기도 한다. 대만의 케이블 방송은 오락 프로그램에 충실하지 않았던 TTV, CTV, CTS 등 3개 공영 지상파 방송사에 대한 시청자의 불만을 반영, 불법 채널로 1980년대 비약적인 발전을 이룩한다. 정부와 불법 케이블 방송사업자 간에 케이블을 절단하고 다시 연결하는 악순환이 계속되던 끝에 1993년 마침내 대만 정부는 케이블TV법을 제정하고 이들을 합법화한다. 그 뒤 600개가 넘는 케이블 방송사가 도태되어 그 수가 약 1/5로 감소했지만, 이미 그 시점에서 50%가 넘었던 가입률은 합법화된 후 더욱 늘어나 1998년에는 80%에 달한다(Iwabuchi, 2001: 191-192). 1993년 통과된 케이블TV법은 케이블TV 방송사들이 1995년부터 지상파 방송시장을 잠식할 수 있게 하고, 지상파 방송 또한 1997년부터 케이블TV와 위성방송시장으로 뛰어들 수 있게 한다(윤선희, 1998: 98-99).

베트남은 우리나라보다 14년 늦은 1970년 지상파 방송을 시작하고, 1991년 위성을 통한 전국 방송을 시작한다. 케이블 방송은 1993년 베트남 거주 외국인과 호텔 등을 대상으로 제한적인 서비스를 시작하다가, 한국의 드라마 수출이 본격화되는 1995년 주요 도시 지역을 중심으로 본 방송에 들어간다.[116] 베트남의 라디오와 TV방송사는 모두 68개로 1998년부터 2003년까지 방송사 수는 변동이 없다. 전체 방송사 중 중앙정부 소속 방송사는 5개, 지방정부 소속은 63개다. 라디오 방송사는 3개, TV방송사는 6개, 라디오와 텔레비전을 모두 갖고 있는 방송사는 59개다. 가장 많은 채널을 가지고 있는 방송사는 베트남 유일의 전국방송인 국영 베트남TV^{VTV}로 다섯 개의 채널을 가지고 있다. 하노이에 본부를 둔 국영 베트남TV는 다섯 개 채널을 통해 하루 총 62.5시간을 방송하며, 자체 제작 프로그램이 49%를 차지하고 있다. 콘텐츠가 절대적으로 부족한 탓에 프로그램 재방 비율이 높아 전체 방송시간 중 신규 프로그램의 방영시간은 전체 40% 정도에 그친다(한국문화콘텐츠진흥원, 2003b: 157-160).

말레이시아의 텔레비전 방송은 1963년 시작된다. 이후, 1969년 두

116 이후, 2008년 베트남 정부는 난시청지역 해소 등을 위해 베트남 최초의 통신위성 비나샛(Vinasat) 1호를 발사한다. 비나샛의 사용 가능 채널수는 최소 80개에서 최대 168개까지 늘어날 수 있다.

번째 전국 네트워크가 생겨나고, 1984년 최초의 민영방송 TV3가 허용된다. 이런 말레이시아 방송시장에 다매체 · 다채널 시대가 도래한 것은 1990년대 중반이다. 1995년 케이블 방송이 시작되고, 1996년 위성방송이 시작되면서 말레이시아의 방송시장은 급격하게 팽창한다(ibid. 386).

이처럼 일본, 중국, 홍콩, 대만, 베트남, 말레이시아 등 아시아 국가들은 1990년대를 전후해 변화하는 디지털 방송환경에 대처하며 다양한 하드웨어적 드라마 수요를 창출한다. 그러나 이들 국가들은 내수시장을 충족시킬 수 있는 제작여건을 갖추고 있지 못했다. 급격한 매체와 채널의 확대는 필연적으로 방송콘텐츠의 부족현상을 야기하게 된다. 이것이 국제시장의 변화요인 가운데 수요 측면의 한류생성 요인으로 작동한다.

아시아시장의 드라마 선호: 소프트웨어적 드라마 수요

중국, 일본, 홍콩, 대만, 태국, 필리핀 등 아시아 각국의 TV프로그램 편성비율과 시청률, 시청시간과 시청시간 점유율 등을 살펴보면 아시아시장의 드라마 선호를 확인할 수 있고, 이것이 한국 드라마의 해외수출 변인으로 작동할 수 있음을 확인하게 된다. 1990년대를 전후한 다매체 · 다채널 시대의 도래가 한국 드라마의 하드웨어적 수요 기재라면, 아시아시장의 드라마 선호는 한국 드라마의 소프트웨어적 수요 기재라고 할 수 있다.

– 편성비율과 시청률[117]

홍콩, 말레이시아, 필리핀, 중국(상하이) 등 4개국의 TV프로그램 편성 가운데 비율이 가장 높은 것은 드라마다. 이들 아시아 4개국의 드라마 편성비율은 평균 20.4%로, 프로그램 전체 8개 장르의 평균 12.5%를 7.9% 앞선다. 편성비율 1위를 뉴스 등 다른 프로그램 장르에 빼앗긴 대만과 태국의 드라마 편성비율도 각각 18.5%, 14%로 전체 프로그램의 장르별 평균비율 12.5%를 3.8% 상회한다([표 3-16]). TV프로그램 편성이 시청자들의 관심과 시청률에 기초한다고 할 때, 이는 아시아인들이 드라마 장르를 얼마나 선호하는지를 확인할 수 있게 해 주는 근거가 된다.

117 시청률은 방송 프로그램의 가치를 가장 객관적으로 나타내 주는 척도다(Fletcher, 1993). 프로그램 방송 후, 후속 시장 판매에 가장 영향을 미치는 요인 또한 시청률이다(Wildman & Robinson, 1995). 시청률은 프로그램에 대한 수요를 가장 객관적으로 나타내 주는 지표로서, 국내외의 후속 시장 진입에 매우 중요한 영향을 미친다(이문행, 2005: 38). 예를 들어, 국내시청률이 13% 미만으로 낮은 경우, 드라마의 평균 수출단가는 20만2,447달러다. 이에 반해, 국내시청률이 20% 이상인 경우는 이의 두 배인 73만5,716달러다(ibid. 58).

[표 3-16] 아시아 국가의 방송콘텐츠 편성비율

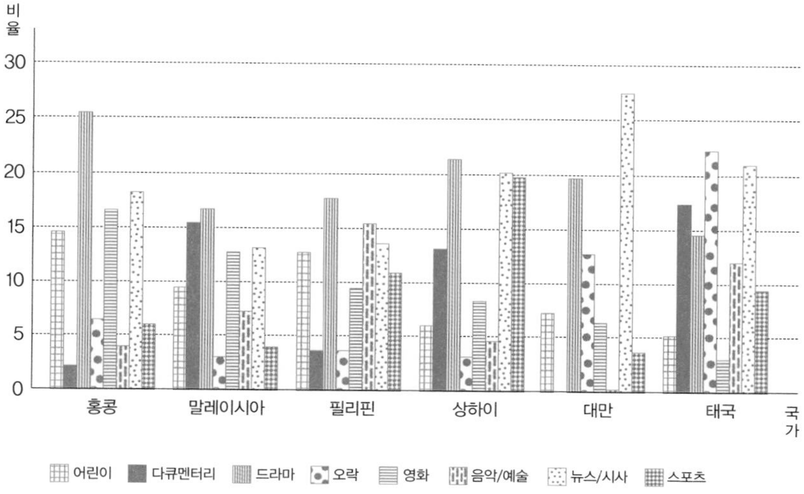

※출처: 윤선희, 1998: 17; Television Asia, 1998. 5월호. 재인용

오락 · 다큐멘터리 · 드라마 · 영화 · 음악/예술 · 뉴스/시사 · 스포츠 · 어린이프로그램 등 다양한 TV프로그램 장르 중에서 아시아인들이 선호하는 드라마의 시청률은 영화 장르에 1위 자리를 내준 말레이시아 1개국을 제외하고, 모두 30%를 웃도는 가장 높은 시청률을 보인다([표 3-17]). 편성비율에서 오락, 뉴스/시사, 다큐멘터리 장르에 1위를 빼앗긴 태국의 드라마도 프로그램의 장르별 시청률에서는 1위를 차지한다. 특히, 태국의 경우는 드라마 시청비율이 40%를 넘어서서 아시아 국가 중에서 가장 높은 최고치를 기록하고 있다. 이처럼 프로그램의 장르별

편성비율뿐만 아니라 프로그램의 장르별 시청률 조사를 통해서도 아시아인들이 얼마나 드라마를 선호하는지를 확인할 수 있다.

[표 3-17] 아시아 국가의 방송콘텐츠 장르별 시청률

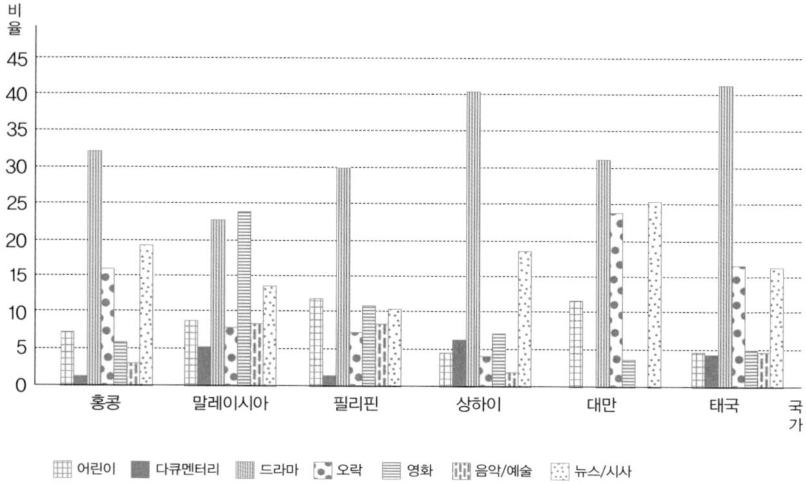

※출처: 윤선희, 1998: 18; Television Asia, 1998. 5월호. 재인용

[표 3-18] 중국의 방송콘텐츠 장르별 편성비율 · 시청률(2003)

프로그램 장르	편성비율(%)	시청률(%)
뉴스	7.97	15.23
드라마	**23.78**	**37.54**
희곡	0.78	0.90
종합예술	5.39	5.67
영화	5.06	5.10
스포츠	3.52	2.93
어린이	2.80	2.14
음악	2.23	1.64
특집	9.80	6.84
기타	**29.66**	**18.52**
생활 서비스	5.87	2.55
재정 경제	2.25	0.75
수강	0.46	0.13
외국어	0.41	0.07

※출처: 한국방송영상산업진흥원, 2004b: 27

중국인들의 드라마 선호 또한 다른 지역 아시아인들과 마찬가지로 높게 나타난다([표 3-18]). 전체 14개 프로그램 장르 가운데서 드라마 장르의 편성비율과 시청률이 각각 23.78%, 37.54%로 가장 높다. 드라마 전문 채널이 아닌 한 성급 위성TV는 - 예외적인 경우이기는 하지만 - 24시간 동안 15회의 드라마를 편성해 총 방송시간의 62.5%를 드라마로 채우기도 한다. 다른 프로그램 장르의 재방송, 중계방송 시간을 제외한다면, 드라마의 총 방송량은 전체 방송시간의 70%에 이르기도 한다. 더욱이 드라마는 황금시간대(19:35-21:30)에 집중 편성되고 있어서 방송시간 및 황금시간대 점유율, 시청률 등 모든 면에서 드라마는 여타 프로그램 장르에 비해 뚜렷한 우위를 점한다(한국방송영상산업진흥원, 2004b: 65).

[표 3-19] 대만 지상파 방송의 편성비율 · 시청률

장르	1996년 10월-12월		1997년 10월-12월	
	편성비율	시청률	편성비율	시청률
어린이	6.6	5.8	6.7	6.3
문화/종교	1.6	0.3	0.8	2.7
드라마	**15.8**	**27.2**	**18.8**	**30.8**
교육/정보	7.8	1.2	13.0	3.1
영화	10.1	7.6	5.6	3.1
뉴스	**22.9**	**25.6**	**26.2**	**25.3**
기타/특집	3.1	3.4	4.6	5.1
Public TV	2.7	1.9	1.5	1.1
스포츠	4.1	0.7	3.5	0.7
여행	0.8	0.7	0.8	0.7
버라이어티	14.9	24.5	11.7	23.4
여성	0.2	0.1	0.3	0.1

※출처: 윤선희, 1998: 104; Television Asia, 1998년 5월호., 단위: %.

한류 도전기에 해당하는 1992년 홍콩의 위성 스타TV는 '일본 트렌디드라마' 편성시간을 만들어 황금 시간대에 배치한다. 당시 일본 드라마는 스타TV의 대만 '지역화' 전략에 필수불가결한 도구로 인식되었다(Iwabuchi, 2001: 191). 다시 말해 대만시장의 공략을 위해 스타TV에게 일본 드라마는 꼭 필요한 존재였다. 이는 대만 시청자들의 일본 드라마 선호가 어느 정도인지를 가늠해 볼 수 있게 해 주는 근거가 되기도 한다. 그만큼 홍콩은 물론, 대만 시장도 1990년대 일본 드라마와의 '경쟁

시기' 일본 드라마의 영향권 아래 있었고, 그렇기 때문에 한국 드라마의 홍콩과 대만 시장 진출이 어려운 상황이었다.

한류의 정착기와 확장기가 교차하는 1996년과 1997년 4/4분기, 대만 지상파 방송의 편성비율과 시청률([표 3-19])을 보면, 드라마가 각각 15.8%, 18.8%로 전체 12개 프로그램 장르 가운데 1위를 차지한 뉴스 프로그램의 뒤를 이어 2위를 기록한다. 그러나 시청률에서는 편성비율과 달리, 드라마가 뉴스 프로그램을 각각 1.6%, 5.5% 앞서면서 전체 12개 프로그램 장르 가운데 1위를 차지한다. 이는 홍콩과 대만 시장도 다른 아시아 국가들과 마찬가지로 '드라마가 아시아 최고의 선호 장르'라는 사실을 입증해 준다.

[표 3-20] 일본 텔레비전의 일일 평균 방송콘텐츠 장르별 편성시간

	1996	1997	1998	1999	2000
보도	585	538	505	466	414
예능	411	409	465	520	562
스포츠	230	200	218	186	187
퀴즈 게임	180	163	137	129	114
일반극	**123**	**107**	**113**	**111**	**97**
교육 교양	175	208	201	201	190
일반 실용	155	161	164	150	146
만화	91	89	89	90	97
음악	80	100	102	107	113
사극	**45**	**43**	**41**	**33**	**28**
코미디	17	22	31	19	29
시사해설	26	24	22	24	21

※출처: 한국방송진흥원, 2001c: 68; (주)비디오리서치 'TV시청률 광고 동향' 각 연도 판을 토대로 작성. 18-24시, 관동지구, 단위: 분.

한편, 이 같은 아시아 각국의 드라마 선호와는 대조적으로, 일본은 한류 확장기(1997-1999)를 전후한 1996년부터 2000년까지의 기간 동안 드라마의 편성시간이 축소되는 아시아시장의 유일한 국가가 된다([표 3-20] 참조). 일반극과 사극을 합친 드라마 총 편성시간이 1996년 168분, 1997년 150분, 1998년 154분, 1999년 144분, 2000년 125분으로 매년 줄어든다. 시청률 또한 드라마의 편성시간 축소와 비례해서 점차 낮아진다. 1996년 일본의 드라마 시청률은 일반극 14.0%, 사극 14.6%로 조사대상 프로그램 장르 가운데 가장 높은 시청률을 기록한다([표 3-21]).

[표 3-21] 일본 텔레비전의 일일 평균 방송콘텐츠 장르별 시청률

	1996	1997	1998	1999	2000
보도	9.2	9.2	9.7	9.4	9.4
예능	10.4	10.9	10.9	11.2	11.0
스포츠	10.4	10.8	11.3	11.1	11.5
퀴즈 게임	13.1	13.3	13.5	12.8	12.6
일반극	**14.0**	**14.1**	**12.7**	**12.2**	**12.5**
교육 교양	9.0	8.8	8.5	8.4	8.2
일반실용	10.0	10.2	10.6	10.9	10.3
만화	10.8	11.1	10.3	9.4	9.1
음악	11.9	11.4	11.0	11.2	10.6
사극	**14.6**	**13.5**	**12.8**	**12.6**	**12.3**
코미디	11.7	14.8	13.1	9.9	13.7
시사해설	7.8	6.1	7.1	6.7	7.0

※출처: 한국방송진흥원, 2001c: 67; (주)비디오리서치 'TV시청률 광고 동향' 각 연도 판을 토대로 작성. 18-24시. 관동지구. 단위:%.

그러다가 드라마는 1997년 코미디(14.8 %)에게 밀리고, 1998년 퀴즈게임(13.5%)과 코미디(13.1%), 1999년 퀴즈게임(12.8%), 2000년 코미디(13.7%)와 퀴즈게임(12.6%) 등에 밀려 시청률 순위에서 2-3위를 기록하게 된다. 이처럼 1990년대 일본은 아시아시장에서 유일하게 드라마 장르의 쇠퇴를 보여 주는 나라가 된다. 이는 한국 드라마와의 경쟁구도에서 그 원인의 일단을 찾아볼 수도 있다.

일본 드라마가 높은 시청률을 보였던 1996년과 쇠퇴 기미를 보이기 시작하는 1997년은 한류의 정착기(1994-1996)와 확장기(1997-1999)가 교차하는 다이내믹한 시점이다. 일본이 '적극적 방어기'에서 '수세적 방어기'로 몰리는 시점이다. 다시 말해 절정기의 일본 드라마가 아시아 시장의 새로운 대안세력으로 떠오르는 한국 드라마에게 밀려 아시아시장의 주도권을 한국에게 넘겨주어야 하는 전환기 일본의 쇠락하는 모습을 보여 준다.

한편, 아시아 지역뿐 아니라 남미지역, 특히 멕시코 시청자들의 경우도 드라마에 대한 선호도가 매우 높다. 멕시코인들이 가장 선호하는 텔레비전 프로그램 장르는 일일연속극 텔레노벨라[118](telenovela, 20%)다. 다음이 뉴스(19.5%), 영화(17.0%)의 순이다(은혜정, 2005: 85). 이는 곧, 드라마에 대한 선호가 지역이나 인종을 초월해 인간의 본성에서 출발한 것이 아닐까 하는 궁금증을 갖게 한다. "모방은 인간 본성에 어렸을 때부터 내재된 것이다. 인간이 다른 동물과 다른 점도 모방을 잘

118 멕시코, 브라질 등 남미 지역의 일일연속극(soap opera)을 지칭하는 용어.

하고, 지식도 모방에 의해 획득하기 시작한다는 점에 있다. 그리고 모방된 것에 대해 모든 인간이 희열을 느끼게 되는 것도 인간의 본성에 속한다"(Aristoteles, 43). 이처럼 이야기에 귀 기울이는 것은 인간의 원초적 본능이고, 인간은 이야기 본능을 가지고 있다(Brockett, 1982: 35). 드라마의 선호도가 높을 수밖에 없는 이유다.

– 시청시간과 시청시간 점유율

홍콩 · 태국 · 대만 · 중국(상해) · 필리핀 등 아시아 각국 시청자들의 시청시간과 시청시간 점유율 조사 자료를 보면, 아시아인들의 방송 프로그램에 대한 선호가 드라마에 집중되어 있음을 확인할 수 있다. 시청시간과 시청시간 점유율에 나타난 아시아인들의 드라마 선호는 아시아 시장의 소프트웨어적 드라마 수요로, 산업메커니즘적 소비 측면의 한류생성 요인으로 작용한다.

홍콩인들의 일일 평균 시청시간은 2시간 36분으로, 조사대상 5개국 가운데 텔레비전 방송을 가장 많이 보는 것으로 나타난다. 그 중에서도 드라마를 가장 많이 보며, 드라마 시청시간은 하루 51분이다. 일일 시청시간의 32.6%를 텔레비전 드라마 시청에 할애하고 있는 것이다. 태국인들의 일일 평균 시청시간은 아시아에서 홍콩에 이어 두 번째로 긴 하루 2시간 10분이다. 그 가운데서 태국인들의 드라마 시청시간은 47분으로 조사대상 9개 TV프로그램 장르 가운데서 가장 길다. 태국인들은 일일 시청시간의 35.8%를 드라마 시청에 쏟고 있다([표 3-23] 참조).

조사대상 아시아 국가 가운데서 일일 시청시간이 가장 짧은 나라는 대만이다. 대만인들은 하루 평균 66분 텔레비전을 시청한다. 그 중에서 드라마에는 18분을 할애한다. 이는 일일 TV시청시간의 27.2%에 해당하는 수치로, 5개국 가운데서 가장 낮은 수치다. 그렇다고 대만인들이 다른 아시아인들에 비해 드라마에 관심이 적다는 것을 의미하지는 않는다. 대만인들은 조사대상 12개 프로그램 장르 가운데서 다른 아시아인들과 마찬가지로 드라마를 가장 선호하고, 드라마 시청시간 점유율 또한 25.6%의 뉴스보다도 1.6%가 높은 27.2%로 최고의 시청시간 점유율을 보인다([표 3-24]).

[표 3-22] 홍콩인의 일일 평균 시청시간 · 시청시간 점유율

	평균 시청시간 (분/1인)	시청시간 중 점유율(%)
어린이	13	8.5
다큐멘터리	4	2.8
드라마	**51**	**32.6**
영화	13	8.4
취미, 레저	5	3.4
오락	21	13.2
교양	3	2.0
음악, 예술	5	3.0
뉴스, 시사	30	19.2
정보, 교육	5	3.2
스포츠	6	3.7
합계	**156**	**100**

※출처: 한국방송진흥원, 1997a: 2-3/3. 대상채널: TBVJ, TVBP, ATVH, ATVW. 모집단: 569만1,000명

[표 3-23] 태국인의 일일 평균 시청시간 · 시청시간 점유율

	평균 시청시간 (분/1인)	시청시간 중 점유율(%)
어린이	7	5.2
다큐멘터리	9	6.5
드라마	**47**	**35.8**
오락	22	17.1
영화	7	5.6
음악	5	4.1
뉴스, 시사	26	19.6
종교	0	0.1
스포츠	8	5.9
합계	**130**	**100**

※출처: 한국방송진흥원, 1997a: 2-3/3. 대상채널: Ch3, Ch7, Ch9, Ch11. 모집단: 1,916만4,000.명

[표 3-24] 대만인의 일일 평균 시청시간 · 시청시간 점유율

	평균 시청시간 (분/1인)	전체 시청시간 중 점유율(%)
어린이, 만화	4	5.8
지역 문화	1	1.6
드라마	**18**	**27.2**
교육, 정보	1	1.2
영화	5	7.4
뉴스	17	25.6
기타, 특집	2	3.1
공공TV	1	1.9
스포츠	0	0.7
여행	1	0.9
버라이어티	16	24.5
여성	0	0.1
합계	**66**	**100**

※출처: 한국방송진흥원, 1997a: 2-3/3. 대상채널: TTV, CTV, CTS. 모집단: 1,990만2,000명.

중국(상해)인들의 일일 평균 텔레비전 시청시간은 대만인들에 비해 9분 정도 긴 1시간 15분이다. 그리고 중국인들의 하루 평균 드라마 시청시간은 27분, 드라마의 시청시간 점유율은 35.9%다([표 3-25] 참조). 이는 다양한 전체 프로그램 장르 가운데 시청시간 순위 2위인 뉴스의 평균 14분, 시청시간 점유율 18.9%의 거의 2배 가까운 수치다. 이는 드라마를 선호하는 중국인들의 텔레비전 시청 기호를 알아 볼 수 있는 근거가 된다. 필리핀인의 일일 평균 텔레비전 시청시간은 2시간 4분으로 홍콩, 태국에 이어 조사대상 5개국 가운데 3번째로 길다([표 3-26]). 드라마의 평균 시청시간 또한 37분으로 51분의 홍콩, 47분의 태국에 이어 3번째로 길다.

[표 3-25] 중국(상해)인의 일일 평균 시청시간 · 시청시간 점유율

	평균 시청시간 (분/1인)	시청시간 중 점유율(%)
어린이	4	4.9
다큐멘터리	7	9.4
드라마	**27**	**35.9**
교육	0	0.5
취미, 레저	3	3.9
오락	5	6.1
교양	0	0.1
영화	8	10.0
음악, 예술	2	2.9
뉴스	14	18.9
스포츠	4	5.8
텔레 쇼핑 외	1	1.5
합계	**75**	**100**

※출처: 한국방송진흥원, 1997a: 2-3/3. 대상채널: CCTV1, CCTV2, CCTV4, ShTV1, OTV, OTV33. 모집단: 809만1,000명

그러나 이런 순위에 특별히 의미를 부여할 필요는 없다. 나라마다 조사대상 프로그램의 장르 구분이 다르고, 구분 장르의 수 또한 11개에서 13개로 각기 서로 다르기 때문이다. 따라서 여기에 나타난 시청시간과 시청시간 점유율만을 가지고 아시아 각국 국민들의 드라마 선호를 계량화, 서열화할 수는 없다. 다만, 조사대상 아시아 5개국 시청자들이 다양한 텔레비전 프로그램 유형들 가운데에서도 특히, 드라마를 선호한다는 사실만큼은 명백하다.

[표 3-26] 필리핀인의 일일 평균 시청시간 · 시청시간 점유율

	평균 시청시간 (분/1인)	시청시간 중 점유율(%)
어린이	11	9.2
다큐멘터리	1	0.9
드라마	**37**	**29.7**
교육	1	0.7
특집	2	1.5
영화	19	15.0
문화/음악	9	7.0
뉴스/시사	13	10.4
종교	2	1.2
쇼	4	3.4
스포츠	12	10.0
토크쇼	3	2.1
버라이어티	11	3.9
합계	**124**	**100**

※출처: 한국방송진흥원, 1997a: 2-3/3.
대상채널: ABS-CBN2, PTV4, ABC5, GMA7, RPN9, IBC13, SBN21, BJTV29, CTV31. 모집단: 771만3000명.

유통 측면

한류의 생성요인 가운데 아시아시장의 산업메커니즘은 드라마의 생산과 소비, 유통을 중심으로 이루어진다. 한국 드라마의 가격 경쟁력(생산)과 아시아시장의 고도 경제성장, 다매체·다채널 시대의 도래, 그리고 아시아시장의 드라마 선호도가 만들어낸 드라마에 대한 구매력과 수요(소비)는 일본 드라마와의 '경쟁시기'인 1990년대 한류생성의 주요 요인으로 작동한다.

그러나 이 같은 드라마의 생산(공급)과 소비(수요)는 거래의 기본 전제조건일 뿐, 거래를 담보해 주지는 않는다. 유통의 중요성이 여기에 있다. 드라마의 공급과 수요를 연결하는 국제적 유통시스템이 작동할 때에만 드라마의 생산과 소비는 시장의 변화요인으로 그 기능을 다하게 된다. 따라서 한류의 생성을 가능하게 했던 1990년대 유통 측면의 한류생성 요인을 규명하기 위해 국내외 한국 방송콘텐츠 마케터 13명(한국 마케터 6명, 아시아 마케터 7명)에 대한 심층인터뷰를 실시했다.[119] 이들에 대한 분석 결과는 다음과 같다.

마케터의 자아실현[self-actualization] 본성

– 국내 마케터

심층인터뷰 대상자 가운데 한국 마케터 6명에게는 한국 드라마 수출의 '필요성, 이유, 목적'에 대한 질문이 주어졌다. 이 세 가지 질문에 대

119 박장순, 2011: 36-56에서 구체적 논의가 이루어짐.

한 국내 마케터들의 응답은 수출의 '목적'에 해당하는 개인의 가치 구현적 답변, 즉 "만족감, 성취감, 보상, 보람, 사명감, 회사 인정받기, 자긍심, 세계인 자극" 등을 개인의 '자아실현' 범주에 포함시킬 때, '수익창출, 문화전파, 국가발전, 회사수익, 자아실현' 등 5가지 키워드로 요약된다(〔표 3-27〕 참조).

[표 3-27] 국내 마케터 심층인터뷰 응답 결과

응답자	수출		
	필요성	이유	목적
R1	수익창출	국가발전	만족감
R2	수익창출	회사수익	성취감, 보상
R3	수익창출	자아실현	보람, 사명감
R4	수익창출, 문화전파	회사수익	회사에서 인정받기
R5	문화전파	국가발전	자긍심
R6	문화전파	자아실현	세계인 자극

드라마 수출의 필요성을 묻는 첫 번째 질문에서 전체 응답자 6명 가운데 3명은 '수익창출'이라고 응답했고, 2명은 '문화전파'라고 응답했다. 그리고 나머지 1명은 복수응답으로 '수익창출'과 '문화전파'를 함께 거론했다. 결국 한국의 마케터들은 드라마 수출의 필요성을 대부분 회사의 '수익창출'에 두고 있음을 확인할 수 있다.

드라마 수출의 이유를 묻는 두 번째 질문에서 전체 응답자 6명 가운데 2명은 '국가발전', 2명은 '회사수익', 또 다른 2명은 '자아실현'이라고 응답했다. 다시 말해 한국의 마케터들은 드라마 수출을 통해 회사발전과 국가발전, 자아실현을 이루고자 했고, 이를 드라마 수출의 동인으로 꼽았다.

드라마 수출의 목적을 묻는 마지막 세 번째 질문에 국내 마케터들은 6명 모두 각기 서로 다른 반응을 보였다. 성취감과 보상, 자긍심, 만족감, 세계인을 위한 자극, 보람과 사명감, 회사에서 인정받기라고 드라마 수출의 목적을 밝혔다. 이는 곧, 국내 마케터 6명이 모두 수출의 목적을 개인의 가치구현, 즉 자아실현에 두고 있음을 확인시켜 준다.

동시에 〔표 3-27〕은 드라마 수출의 필요성, 이유, 목적을 묻는 3단계 인터뷰 과정에서 국내 마케터들이 추구하는 가치가 회사와 국가라는 거대담론적 가치에서 출발해 개인의 자아실현이라는 미세담론적 가치로 변화하고 있음을 확인시켜 준다. 결국 드라마 수출은 마케터 개인의 자아실현을 위한 수단이며, 과정임을 심층인터뷰는 확인시켜 준다. 다만, 마케터들은 자아실현과 더불어 드라마 수출을 통해 회사발전과 나라발전, 한국 대중문화의 전 세계적 확산에 기여하고 있다는 강한 직업적 자긍심을 보여 주었다.

– 아시아 마케터

심층인터뷰에 응한 아시아 마케터 7명에게는 한국 드라마 수입의 '필요성, 이유, 목적'에 대한 질문이 주어졌다. 이에 대한 아시아 마케터들의 응답은 크게 '시청자 욕구충족, 시청률, 수익창출, 개인의 가치구현' 등 4가지 키워드로 요약되었다(〔표 3-28〕 참조). 아시아 마케터들에게 한국 드라마 수입의 '필요성'을 묻는 첫 번째 질문에 인터뷰 대상자 7명 가운데 4명이 '시청자 욕구충족'이라고 응답해 가장 높은 비율을 보였다. 이는 아시아시장의 드라마 소비 주체들이 한국 드라마를 얼마나 선호하고 있는지를 가늠할 수 있게 해 주는 근거가 된다.

한국 드라마 수입의 '이유'를 묻는 두 번째 질문에 심층인터뷰 대상자 7명 중 5명이 '시청률'이라고 응답했고, 2명이 '수익창출'을 한국 드라마 수입의 이유로 꼽았다. 이 결과는 수입된 한국 드라마가 아시아시장에서 시청률 제고와 광고수익 창출에 유리한 수단이 되고 있음을 반증해 주는 근거가 된다.

한국 드라마 수입의 '목적'을 묻는 세 번째 질문에서 인터뷰 대상자들의 반응은 각기 다르게 나타났다. 1명은 한국 드라마 전문 채널인 자사의 자국 내 입지 강화를 목적으로 했다. 1명은 자기만족을 위해, 1명은 자신의 독자적인 방송채널을 갖기 위해, 1명은 자신의 일을 사랑하기 때문에, 1명은 한국문화를 소개하고, 회사에 기여하기 위해, 1명은 시청자들에게 즐거움을 제공하고, 회사의 이미지를 제고하기 위해, 1명은 자국의 영상산업 발전에 기여하기 위해 한국 드라마를 수입한다고 응답했다.

[표 3-28] 아시아 마케터 심층인터뷰 응답 결과

응답자	수입		
	필요성	이유	목적
R1	시청자 욕구충족	시청률	자사의 입지강화
R2	시청자 욕구충족	시청률	자기만족
R3	시청자 욕구충족	시청률	자체 채널 확보
R4	시청자 욕구충족	시청률	일 사랑
R5	기타	시청률	문화소개, 회사기여
R6	기타	수익창출	즐거움 제공, 회사이미지
R7	기타	수익창출	방송영상산업 기여

한국 드라마 수입의 목적이 겉으로는 각기 다른 모습처럼 보이지만 결국, 이들이 추구하는 한국 드라마 수입의 목적은 궁극적으로 개인의 가치구현, 즉 자아실현에 있음을 심층인터뷰는 확인시켜 준다. 다만, 한국 마케터들과의 차이는 이들의 목적이 '자사의 입지 강화, 자체 채널 확보' 등과 같이 보다 구체성을 띠고 있다는 점이다. 이런 특성의 차이는 심층인터뷰에 응한 한국의 마케터들이 공공재인 지상파 방송사 소속의 전문가들로 구성되어 있어서 상대적으로 개인사업자가 중심인 아시아 마케터들에 비해 구체성보다는 추상적 가치 추구에 적합한 환경에 노출되어 있기 때문인 것으로 추정할 수 있다(박장순, 2011: 54-56).

마케터 담론의 변화

한국 드라마의 수출과 수입을 담당하는 한국과 아시아 지역의 유통

전문가 13명에 대한 심층인터뷰 결과는 이들 국내외 마케터들이 견지하고 있는 궁극적인 가치와 가치의 변화 과정을 보여 준다. 한국 드라마의 수출과 수입의 '필요성'을 묻는 첫 번째 질문에서 한국과 아시아 지역 마케터들은 '사회'와 '국가'라는 거대담론적 가치를 중시하는 모습을 보여 준다. 그러나 수출과 수입의 '이유'를 묻는 두 번째 질문을 거쳐 마지막 세 번째 질문, 수출과 수입의 '목적'에 이르게 되면 처음의 거대담론적 가치는 '개인'의 가치구현이라는 미세담론적 가치로 변화되어 있는 모습을 심층인터뷰는 확인시켜 준다. 이는 곧, 한국 드라마의 수출, 수입 행위가 거대담론적 '명분' 가치에서 출발하지만, 종국에는 개인의 미세담론적 가치 구현, 즉 자아실현 본성의 충실한 구현을 위해 행해지고 있음을 심층인터뷰는 확인시켜 준다.

또한, 심층인터뷰는 동일한 패턴의 가치 변화 과정(거대담론적 가치 → 미세담론적 가치)을 보이고 있는 국내 마케터와 해외 마케터가 추구하는 가치의 속성이 서로 다름을 확인시켜 주기도 한다. 다시 말해 한국의 마케터들은 회사와 국가를 염두에 둔 문화수출, 외화획득, 국가이미지 제고 등 거대담론적 가치에서 출발해 성취감, 만족감, 자긍심, 사명감 등 추상성을 띤 개인의 미세담론적 가치의 추구로 변모해 가는 양상을 보이는 데 반해, 아시아 마케터들은 시청자 욕구충족이라는 사회 또는 국가를 염두에 둔 거대담론적 가치에서 출발해 본인 소유 채널의 자국 내 입지 강화, 자체 채널 확보 등 보다 구체성을 띤 개인의 미세담론적 가치로 진화, 변모해 가는 모습을 보여 주는 차이를 드러낸다(ibid. 54).

한류의 생성 및 진화 과정

드라마와 1차 한류시대(1987-2009)

한류의 생성 과정은 1990년대 한국과 일본이 아시아 드라마시장을 놓고 벌인 경쟁의 역사다. 두 나라의 교역량에 근거할 때, 한국의 방송콘텐츠 수출이 대일 출초出超를 기록하는 1999년 이전의 한류생성 과정은 일본 드라마의 아시아시장 독점기다. 이 시기 한류의 생성은 일본 드라마와의 시장경쟁을 통해 '태동기→ 도전기→ 정착기→ 확장기'의 순으로 진화한다. 동시에 이 단계는 일본의 '방관적 시장 방어기(태동기, 도전기)→ 적극적 시장 방어기(정착기, 일본 드라마 전성기)→ 수세적 시장 방어기(확장기)'의 3단계로 재범주화가 가능하다(박장순, 2008: 156).

[표 3-29] 대일 방송콘텐츠 수출 초과 시점(1999) 이전의 한류생성 과정

<table>
<tr><th></th><th>87</th><th>88</th><th>89</th><th>90</th><th>91</th><th>92</th><th>93</th><th>94</th><th>95</th><th>96</th><th>97</th><th>98</th><th>99</th></tr>
<tr><td>한류</td><td colspan="4">태동기</td><td colspan="3">도전기</td><td colspan="3">정착기</td><td colspan="3">확장기</td></tr>
<tr><td rowspan="2">일류</td><td colspan="13">일본 드라마의 아시아시장 독점기</td></tr>
<tr><td colspan="7">방관적 방어기</td><td colspan="3">적극적 방어기</td><td colspan="3">수세적 방어기</td></tr>
</table>

대일 수출 초과 시점(1999) 이전

태동기(1987-1990)

방송콘텐츠의 수출 가능성을 타진하고, 원거리교역long distance trade을 위해 움직임을 보이기 시작하는 1980년대 말, 특히 88서울올림픽을 전후한 시기를 여기서는 한류의 태동기라고 한다. 제2장의 '문화콘텐츠, 한류의 중심소재영역' 편에서도 잠시 언급했지만, 방송콘텐츠의 해외 수출에서 한류가 시작되었다고 할 때, 한류의 역사는 1987년으로 거슬러 올라간다. KBS는 그때 대원동화와 공동으로 한국 최초의 TV애니메이션 시리즈 〈떠돌이 까치〉를 제작 방송했고, 프랑스의 한 방송사는 올림픽 전 한국문화를 소개하는 프로그램 장르로 문화할인율이 낮은 애니메이션을 자연 선택하게 된다. 이것이 한류 태동기의 출발이다.

일본이 방송콘텐츠를 처음 수출하는 때는 〈떠돌이 까치〉가 프랑스에 수출되던 1987년보다 30년 가까이 앞선 1960년 애니메이션 〈서유기〉의 미국 수출로부터 시작된다.[120] 〈서유기〉 수출 이후, 애니메이션은 일

120 한류의 태동기(1987-1990)와 도전기(1991-1993)도 일본의 태동기와 마찬가지로 방송콘텐츠 해외수출의 초기 단계는 애니메이션이 주력 수출상품으로 등장한다. 다른 프로그램 장르에 비해 문

본 방송콘텐츠의 주요 수출 품목으로 자리를 잡는다. 저패나이제이션 Japanization 시대에 해당하는 1980-1981년 일본의 애니메이션 수출은 일본 방송콘텐츠 전체 수출물량의 56%를 차지했고, 그 수치는 아직까지도 크게 변하지 않고 있다(岩渕功一, 2001: 140). 한류의 태동기에 해당하는 1988년 일본의 다케시타竹下登 정부는 국제관계에 대한 이해를 '바르고 깊게' 하기 위해서 방송콘텐츠의 아시아지역 수출에 관심을 기울인다(ibid. 121). 그러니까 일본 경제가 절정기를 구가하고, 일본 정부가 전략적으로 방송콘텐츠의 해외수출을 장려하던 1980년대 말, 다시 말해 일본 드라마의 '수입시기'(모방과 동조화의 시기), 일본의 방송콘텐츠 해외수출은 비약적으로 증가한다.

[표 3-30] 일본의 방송콘텐츠 해외수출 변화 추이

연도	수출 프로그램 총 시간	프로그램 총 편수
1980	4,585시간	–
1992. 4. – 1993. 3	22,324시간	1,433편
2001	42,600시간	1,675편

※출처: 한국방송영상산업진흥원, 2004c: 12. International Communication Flow Project 조사결과.

1972년 일본의 방송콘텐츠 수출물량은 2,200시간이다(NHK 경영기획실 발표자료; 한국방송영상산업진흥원, 2004c: 11). 약 10여 년 정도의 시차를 두고 조사된 [표 3-30]을 보면, 1980년 수출은 4,585시간으

화할인율이 낮기 때문이다.

로 1972년보다 무려 2.1배 증가한다. 특히, 한류의 도전기에 해당하는 1992년에는 1980년의 4.9배에 해당하는 22,324시간으로 대폭 늘어난다. 그리고 한류 절정기 초기에 해당하는 2001년에는 1992년보다 1.9배 증가한 42,600시간의 수출물량을 기록한다.

이 같은 일본의 급격한 방송콘텐츠 수출 증가세는 - 비록 수치상으로 매년 정확히 조사된 것은 아니지만 - 1980년에서 2001년까지의 수출 성장세를 감안할 때 일본 드라마의 '수입시기'(1950년대-1980년대) 마지막 10년 동안 일본의 방송콘텐츠 해외수출이 얼마나 활발하게 진행되었는가를 가늠해 볼 수 있게 해 준다. 이처럼 한류 태동기(1987-1990), 한국과 일본 사이에 보이고 있는 현격한 교역량의 차이는 결국, 일본으로 하여금 한류 태동기를 아시아시장에 대한 일본의 방관적 방어기로 기록할 수 있게 해 준다. 왜냐하면 한국의 방송콘텐츠 수출이 거의 불모의 시기나 다름없었기 때문이다.

도전기(1991-1993)

지상파 방송 3사가 방송콘텐츠 해외수출을 위한 전담 조직을 갖추고, 이를 본격 가동하기 시작하는 시기가 한류 도전기다. 그러나 이 시기에도 아시아시장에서 일본의 영향력은 여전했다. 일본은 이미 1992년 전 세계시장을 상대로 총 2만2,319시간 분량의 방송콘텐츠를 수출한다. 방송콘텐츠의 편당 길이를 30분으로 환산할 경우, 일본은 총 4만4,638편이라는 엄청난 양의 방송콘텐츠를 해외에 수출한 셈이 된다. 가장 큰 시장은 유럽으로 전체 방송콘텐츠 수출의 34.7%(7,738시간)를 차지한다. 그 다음으로 큰 시장은 아시아로 26.5%(5,909시간)를 차지한다(〔표 3-31〕 참조). 중국시장의 경우, 일본은 1993년 중국 전체 방송콘텐츠 수입 방영시간의 7%를 차지하는 등 미국의 뒤를 잇는 중국의 두 번째 방송콘텐츠 수입국이 된다(NHK 放送文化硏究所, 1994: 15; 윤선희, 1998: 86).

일본의 아시아시장 독점기, '방관적 방어기'에 해당하는 한류 도전기(1991-1993), 한국의 방송콘텐츠 수출 환경에도 전기가 마련된다. KBS와 MBC가 계열사인 KBS영상사업단(현, KBS미디어)과 MBC프로덕션을 설립(1991)하고, 1991년 개국한 SBS도 다음 해인 1992년 SBS프로덕션을 설립한다. 이들 신설 법인들은 방송콘텐츠의 해외수출을 위한 전담 조직을 갖추고 본격적인 세계시장 진출을 모색한다. 일본에 의해 선점된 아시아 방송콘텐츠 시장에 도전할 수 있는 기초가 마련된 셈이다. 더욱이 이 시기, 세계사는 개혁과 개방을 요구했고, 독일의 통일과 소비에트연방의 해체는 한국과 중국이 오랜 구원을 털고, 국교정상화의 길을 열게 한다.

[표 3-31] 일본의 방송콘텐츠 수출지역별 분포(1992)

지역	방송시간	비중(%)
아시아	5,909	26.5
유럽	7,738	34.7
북미	2,720	12.2
중남미	691	3.1
오세아니아	446	2.0
중동	4,571	20.5
아프리카	200	0.9
기타	44	0.2

※출처: 한국방송영상산업진흥원, 2004a: 13. ICFP의 자료를 토대로 재작성한 표임.
1992년 조사 방송시간은 비중을 역산한 추정치임.

[표 3-32] 한류 도전기 지상파 방송 3사의 대중국 방송콘텐츠 수출현황

구분	1992	1993
KBS	5.2	35.4
MBC	-	57.2
SBS	-	-
합계	5.2(1%)	92.6(7%)

※출처: 한국방송진흥원, 2001a: 143; 문화관광부 내부자료. 단위: 미화 천 달러.
괄호 안의 수치는 프로그램 전체 수출 가운데 차지하는 비중.

문호개방 첫해인 1992년 한국은 애니메이션 〈옛날 옛적에〉(KBS)의 중국 수출을 통해 애니메이션 종주국을 자처하는 대일본 공략에 나선다. 다음 해인 1993년 한국 최초의 트렌디드라마 〈질투〉(MBC, 최수종 · 최진실)가 〈여명의 눈동자〉(MBC)와 함께 하얼빈TV에 수출된다. 수출 공략 첫해인 1992년 5,200달러를 수출하고, 다음 해인 1993년 9만

2,600달러 수출을 기록한다(〔표 3-32〕 참조). 1990년대 초, 한류 도전기의 방송콘텐츠 전체 수출총액을 역으로 환산하면[121] 1992년 52만 달러, 1993년 132만 달러다. 그러나 이 규모는 한류 도전기를 일본의 방관적 방어기로 규정할 수 있게 해 준다. 다시 말해 한류 도전기(1991-1993) 마지막 해인 1993년 한 · 일 간 방송콘텐츠 해외수출 규모의 차이는 10억5,000만 원(132만 달러)[122] 대 234억8,500만 원(33억 엔)으로 22.4배의 격차를 보인다. 따라서 이런 현격한 수출 규모의 차이가 일본으로 하여금 한류 태동기와 마찬가지로 아시아시장에서 한국을 상대로 방관적 입장을 취하게 한다.

정착기(1994-1996)

한국의 방송콘텐츠 수출이 질적 · 양적 측면에서 선진 수출국가의 기본적인 면모를 닮아가는 시기가 한류 정착기다. 비록 규모는 크지 않지만, 수출지역이 확대되고, 수출 물량과 수출 프로그램 장르가 다양해지는 시기다. 한류 정착기는 한국 드라마가 일본이 주도하고 있던 아시아 드라마시장을 서서히 잠식해 들어가며 도전기(1991-1993) 대비 평균 391.3%의 경이로운 수출 성장률을 기록한다. 연평균 수출 규모 또한 360만 달러(한화 28억7,000만 원)로, 도전기의 평균 수출 규모 92만 달러의 4배 가까이 성장한다(〔표 3-33〕 참조).

121 한국의 연간 방송콘텐츠 수출액의 중국시장 비중이 1992년 1%, 1993년 7%임을 감안한 계산임.
122 한국외환은행 1993년 12월 31일 현금 매도율 795.98원/US$ 기준. www.keb.co.kr 참조.

[표 3-33] 방송콘텐츠 해외수출 변화 추이

연도 \ 구분	수출	
	금액	증가율
1992	52	-
1993	132	153.8
1994	238	80.3
1995	242	1.7
1996	599	147.5
1997	831	38.7
1998	1,001	20.4
1999	1,273	27.1
2000	1,311	2.9
2001	1,892	44.3
2002	2,881	52.3
2003	4,213	46.2
2004	7,146	69.6
2005	12,349	72.8
2006	14,774	19.6
2007	16,258	10.0
2008	18,016	10.8
2009	18,457	2.4
2010	18,470	0.07
2011	22,237	20.4
2012	23,382	5.1%

※출처: 문화관광부, 2006: 395; 한국방송영상산업진흥원, 2009.
자료 재환산 및 편집. 문화체육관광부, 2013: 74. (증가율: %, 단위: 만 달러).

수출 규모뿐만 아니라, 애니메이션에서 출발한 수출 프로그램 장르도 드라마로 확대되고, 수출지역 또한 동아시아 일부 지역에서 동남아시아 전역으로 크게 확대된다. 그리고 지상파 방송 3사의 중국시장 진출도 눈에 띄게 활발해진다([표 3-34] 참조).

[표 3-34] 한류 정착기의 대중국 방송콘텐츠 수출현황

구분	1994	1995
KBS	14.0	92.6
MBC	81.2	7.0
SBS	–	72.0
합계	95.2(4%)	171.6(7.1%)

※출처: 한국방송진흥원, 2001a, 143; 문화관광부 내부자료.
단위: 미화 천 달러. 괄호 안의 수치는 프로그램 전체 수출 가운데 차지하는 비중.

정착기 두 번째 해인 1995년 KBS는 〈느낌〉(우희진 · 손지창), 〈백색미로〉(임동진 · 김현주), 〈적색지대〉(이동준 · 이라로), 〈당신이 그리워질 때〉(김규철 · 박지영) 등 드라마 4편을 총 9만2,600달러에 수출하고, 마지막 해인 1996년 〈바람의 아들〉(이병헌 · 김희선), 〈젊은이의 양지〉(이종원 · 배용준) 등을 45만4,800달러에 수출해 5배 가까운 수출 신장세를 보인다. MBC는 정착기 첫해인 1994년 〈사랑이 뭐길래〉(최민수 · 하희라)를 포함해 8만1,250달러어치를 수출하고, 마지막 해인 1996년 〈마지막 승부〉(손지창 · 장동건)를 8,000달러에 수출한다. SBS는 1995년 중국 국영 CCTV에 〈모래시계〉(최민수 · 고현정)를 7만2,000달러에 수출한다(한국방송진흥원, 2001a: 142).

1995년 지상파 방송 3사의 대중국 방송콘텐츠 수출총액이 171,600달러로 한류 정착기 개시 연도인 1994년 95,200달러에 비해 무려 80.3%의 높은 증가율을 보인다(박장순, 2008: 167). 방송콘텐츠의 중국 수출

비중이 각각 4%와 7.1%인 점을 감안할 때, 한국의 방송콘텐츠 수출총액은 1994년 238만 달러, 1995년 242만 달러로 추정이 가능하고, 1996년 수출액은 599만 달러로 집계된다. 도전기 마지막 해인 1993년 수출총액 132만 달러와 비교할 때, 각각 80.3%, 83.3%, 353.8%의 증가세를 보인다. 이는 한국의 드라마가 해외수출 기반을 다져가고 있음을 확인시켜 주는 근거다. 동시에 한국에 의한 이런 아시아시장의 변화는 일본을 자극해 일본으로 하여금 보다 적극적인 아시아시장 공략에 나서게 한다. 백원담(한승미 외, 2002: 17-18)은 중국이 톈안문사태(1989), 아시안게임(1990), 상업문화의 전면화 등 일련의 과정을 거치면서 1990년대 중반 이후 서구에 대한 환상을 깨고 아시아로 눈을 돌리게 되는데, 그때 일기 시작한 열풍이 한류가 아니라 '일류'였다고 전한다(조한혜정 외, 2005: 18).

이 또한 1990년대 중반이 일본 드라마의 절정기임을 시사해 준다. 아이러니컬하게도 한국의 아시아시장 확대 움직임이 일본 드라마 수출의 전성기를 자극한 셈이 된다. 일본의 방송콘텐츠 수출은 한류 정착기인 1994년 37억 엔(한화 288억 원)[123], 1995년 41억 엔(한화 302억 원)[124], 1996년 47억 엔(한화 336억 원)[125] 등으로 연평균 10% 이상씩 늘었다(윤

123 한국외환은행 1994년 12월 31일 현금 매도율 778.82/JPY100 기준. www.keb.co.kr 참조.

124 한국외환은행 1995년 12월 31일 현금 매도율 738.00/JPY100 기준. www.keb.co.kr 참조.

125 한국외환은행 1996년 12월 31일 현금 매도율 715.62/JPY100 기준. www.keb.co.kr 참조.

선희, 1998: 184-185).

[표 3-35] 한류 정착기 한·일 간 방송콘텐츠 수출 규모 비교

	1994	1995	1996
한국	18억4,900만 원 (238만 달러)[126]	18억4,700만 원 (242만 달러)[127]	49억8,000만 원 (599만 달러)[128]
일본	288억 원 (37억 엔)	302억 원 (41억 엔)	336억 원 (47억 엔)
한국 vs 일본	1 : 15.6	1 : 16.4	1 : 6.7

※출처: 윤선희, 1998: 184-185. 환율 계산 및 편집.

한류 도전기인 1992년 일본의 대만 수출은 총 600시간이었는데(川竹 & 原, 1994), 정착기인 1996년에는 일본의 TBS 한 방송사가 수출한 방송콘텐츠 양이 1,000시간 이상이었다. 이는 곧, - 소수 지상파 텔레비전 채널이 독점하는 싱가포르나 홍콩 시장과 달리 - 80% 이상의 가정이 100개 가까운 채널을 즐기는 대만에서 매일 수 시간씩 일본 방송콘텐츠를 볼 수 있었다는 것을 의미한다(岩渕功一, 2001: 194-195). 이 시기 미국의 일방주의적 대외정책에 따른 범세계적 반미정서도 일본 대중문화의 확산을 촉발하는 요인이 되었다(삼성경제연구소, 2005: 60).

일본 우정성이 발행한 《1997년 통신백서》에 의하면 한류 정착기인 1995년 아시아시장에 수출된 일본의 방송콘텐츠는 총 수출량의 47%

126 한국외환은행 1994년 12월 31일 현금 매도율 776.87원/US$ 기준. www.keb.co.kr 참조.

127 한국외환은행 1995년 12월 31일 현금 매도율 763.08원/US$ 기준. www.keb.co.kr 참조.

128 한국외환은행 1996년 12월 31일 현금 매도율 831.54원/US$ 기준. www.keb.co.kr 참조.

이고, 드라마는 그 중에서 아시아 수출의 절반이 넘는 53%, 총 수출액의 25%를 차지한 것으로 나타난다. 일본 드라마의 인기가 두드러진 곳은 대만과 홍콩 등 동아시아 지역이다(岩渕功一, 2001: 188). 실제로, 일본 TBS는 홍콩 스타TV에 젊고 자유로운 젊은이들의 생활을 그린 트렌디드라마 〈호텔〉, 〈도쿄 엘리베이터 걸〉 등을 판매한다. 대만은 TBS의 주요 시장이다. 1993년 12월 대만 정부가 일본 드라마의 방송 규제조치를 풀자, 대만 지상파와 케이블 방송들은 일본 방송콘텐츠를 수입하기 시작한다. 1994년 TBS의 아시아 지역 수출은 전년도에 비해 10배가량 증가하는데, 대만 수출은 그보다 많은 17배나 늘어난다(윤선희, 1998: 188-189).

이처럼 일본은 한류 정착기, 공격적인 마케팅을 통해 적극적으로 시장을 방어하면서 일본 드라마 수출의 전성기를 맞는다. 그러나 이 시기 한국과 일본의 수출 규모의 차이는 도전기(1991-1993) 평균 22.4배에 비해 1994년 15.6배, 1995년 16.4배[129], 1996년 6.7배로 현격하게 개선된다. 특히, 정착기 마지막 해인 1996년에는 일본과의 격차가 6.7배로 축소되면서 한국 드라마 해외수출의 미래를 밝게 한다([표 3-35] 참조).

129 1995년 일본과의 수출 규모 차이가 16.4배로 1994년 15.6배에 비해 확대된 것은 수출 규모의 확대에도 불구하고 환율 차이가 발생했기 때문에 벌어진 현상이다. 1994년 수출액은 238만 달러, 1995년 수출액은 242만 달러다. 그러나 1994년 현금 매도율 종가는 776.87원/US$, 1995년 현금 매도율 종가는 763.08원/US$이다. 이 차이로 대일 수출 비율이 확대된 것이다.

확장기(1997-1999)

방송콘텐츠 수출이 규모와 구조면에서 크게 개선되어 대일 수출 초과 현상과 언어기호 '한류'의 등장[130]을 가능하게 한 단계가 한류 확장기다. 일본의 적극적인 시장 방어에도 불구하고, 이 시기 한국의 드라마 수출은 급격히 늘어난다. 한류 확장기 두 번째 해인 1998년 1,000만 달러[131] 수출을 넘어서고, 확장기 마지막 해인 1999년 사상 처음으로 10만 1,000달러의 대일 수출 초과를 기록한다. 아시아 드라마시장의 중심이 한국으로 기울기 시작한 것을 의미한다. 수세에 몰린 일본은 대만과 홍콩을 중심으로 한 국지적인 공세로 방향을 선회한다.

확장기 첫해인 1997년 일본은 위래일본緯來日本, 국흥國興, 동영東映, NHK 등의 채널을 통해 대만 내 일본 방송콘텐츠의 방영을 강화한다. 같은 해 개국한 대만 최초의 상업방송 FTV에도 주 수입선의 지위를 확보한다. 홍콩의 인기 채널 TVB 제이드Jade의 방송 편성을 보면,[132] 외국 방송콘텐츠의 편성비율이 약 20%인데, 그 중 3/4이 애니메이션이나 드라마로 이루어진 일본 방송콘텐츠들이다(岩渕功一, 2001: 189). 대만, 홍콩에서의 국지적 저항 뿐 아니라 일본은 확장기 첫해인 1997년 위성

---

130 중국의 북경청년보(北京青年報)는 1999년 11월 19일 "동풍(東風)도 동점(東漸)할 때가 있다"는 기사에서 '한류'라는 신조어를 처음으로 쓰기 시작한다(이은숙, 2002: 2). 이 날은 KBS미디어와 (주)이지스가 공동 기획한 클론의 북경공연(1999.11.11-12)이 공인체육관에서 열린 지 꼭 1주일째 되는 금요일이다.

131 한류 확장기(1997-1999), 한국의 TV콘텐츠 수출은 1997년 831만 달러, 1998년 1,001만 달러, 1999년 1,273만 달러를 기록한다. [표 3-33] '한국의 방송콘텐츠 해외수출 변화 추이' 참조.

132 1997년 2월 10일부터 일주일.

을 통해 대대적인 반격에도 나선다. 일본 민방의 콘텐츠를 종합, 편성해서 아시아 지역을 대상으로 방송하는 JET Japan entertainment TV 채널이 본방송을 개시한 것이다(한국방송진흥원, 1997b: 1).

그럼에도 불구하고, 한국의 지상파 방송 3사는 이 시기 아시아시장 공략을 더욱 가속화한다. 한국 드라마 사상 최고의 시청률을 기록한 〈첫사랑〉(KBS, 65.8%, 1996-1997)과 〈사랑할 때까지〉(KBS, 1997), 〈별은 내 가슴에〉(MBC, 1997), 〈보고 또 보고〉(MBC, 1998), 〈해바라기〉(MBC, 1999), 〈미스터 Q〉(SBS, 1998)와 〈토마토〉(SBS, 1999) 등이 일본 주도의 아시아 드라마시장을 전방위적으로 압박한다. 한국의 수출 성장세도 확연히 달라진다. MBC는 1997년 11만7,000달러, 1998년 24만6,000달러, 1999년 54만8,000달러의 대중국 드라마 수출을 기록하며 전년대비 110.3%, 122.8%의 성장률을 기록한다(박장순, 2008: 194-195).

이런 한국 드라마의 성공적인 중국시장 확대에는 이 시기 중국의 시장 환경적 요인이 크게 작용하기도 한다. 확장기 첫해인 1997년 등소평의 서거는 중국 방송계에 애국주의를 불어 넣었고 일본 드라마의 중국 내 시장 주도권을 견제하기 시작한다. 중국 방송계의 애국주의 바람은 '인민의 소박한 영웅'을 등장시킨다. 예를 들면 '이소려李素麗'라는 버스 차장이 그 경우다. 그녀는 북경시내 중심가를 오가는 322번 버스 여자 차장으로 매일 버스 내부를 깨끗하게 청소하고 시민들에게 웃는 낯으로 대한다. 그것뿐이다. 그럼에도 불구하고 이소려는 중국인의 모델이 되었다. 1996년 2월 중국 운남성 대지진 당시 비행요원과 통신요원 그리고 구호요원들의 활약상을 그린 드라마 〈긴급야항〉緊急夜航도 전국적인 지지를 받았다(한국방송진흥원, 1997b: 1-2). 이와 같이 대중과 친근한 인물묘사에 주력했던 당시 중국의 시장 상황이 1997년 〈사랑이 뭐길래〉(MBC, 최민수 · 하희라)의 성공 요인이 되기도 한다.

한국 드라마의 대중적 친화성은 중국뿐만 아니라 일본에서도 주목을 받았다. 한류 확장기 마지막 해인 1999년을 기점으로 일본인의 한국에 대한 호감도가 중국을 앞서기 시작한다([표 3-36] 참조). 일본 내각부가 발표한 '외교에 관한 여론조사'에 따르면 중국에 대한 호감도는 30%대로 역대 최저인 반면, 한국에 대한 호감도는 점점 높아져 2008년 57.1%로 1975년 조사 시작 이후 최고치를 기록한다(중앙일보. 2008. 12.08). 이처럼 한류 확장기의 마지막 해인 1999년 한국의 방송콘텐츠 수출은 10만1,000달러[133]의 사상 첫 대일 출초를 기록하고, 언어기호 '한류'의 등장, 일본인의 한국에 대한 호감도 증가 등 여러 측면에서 아시아시장의 중심이 일본에서 한국으로 이동하고 있음을 확인할 수 있는 근거들이 제시된다.

133 한국은 1999년 대일 수출 131만6,000달러, 수입 121만5,000달러로 10만1,000달러의 흑자를 기록, 사상 첫 대일 출초를 기록한다.

[표 3-36] 일본인의 한국과 중국에 대한 호감도 변화 추이

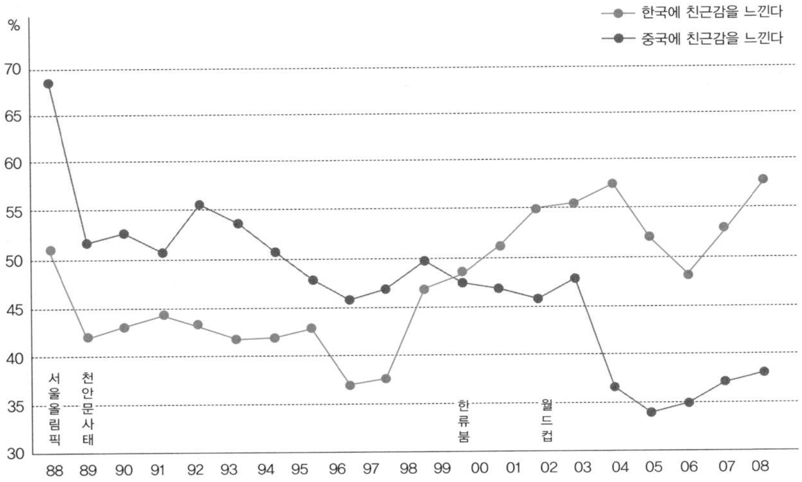

※출처: 일본 내각부 홈페이지, 2004; 삼성경제연구소, 2005a; 중앙일보(2008.12.8),
일본 내각부 '외교에 관한 여론조사'(2008.12.06) 발표자료 편집.

확장기, 아시아시장의 변화와 경쟁시기의 변곡점

한국의 드라마 수출이 빠른 속도로 증가[134]할 때, 일본 드라마는 폭력성과 선정성, 지나친 성적 묘사 등 소재와 코드의 극단화 경향으로 아시아시장의 저항을 불러온다. 특히, 홍콩에서는 일본 드라마가 미국 드라마보다도 더 폭력적이고 외설적이라는 평가가 나온다(윤선희, 1998: 116). 〔그림 3-1〕 '아시아 드라마시장의 트렌드 변화와 중심 이동'은 이

134 1995년 242만 달러어치를 수출한 지상파TV 3사의 방송콘텐츠 수출실적은 1996년 전년대비 147.5%의 기록적인 성장률을 보이고, 이어서 1997년(38.7%), 1998년(20.4%), 1999년(27.1%)에도 두 자리 수의 수출 성장률을 지속한다. 〔표 3-33〕 '한국의 방송콘텐츠 해외수출 변화 추이' 참조.

시기 이런 아시아시장의 판도 변화를 보여 준다.

아시아시장에 처음으로 텔레비전이 도입된 1950년대부터 3년여의 시차[135]를 두고 출발한 한국과 일본의 드라마는 한류의 정착기(1994-1996)에 해당하는 1995년([그림 3-1]의 번호①) 무렵부터 변화가 감지되기 시작하는데, 그 변화의 직접적인 계기를 확장기 첫해인 1997년(번호②) 드라마 〈사랑이 뭐길래〉가 만들어준다. 이후, 아시아 드라마시장의 주도권은 5년여의 시간을 두고 서서히 한국으로 넘어오기 시작해 한류 확장기 마지막 해인 1999년 말(번호③) '한류'라는 언어기호의 탄생과 함께 완전히 한국 드라마로 시장의 주도권이 넘어오게 된다. 이 시기는 일본 드라마의 쇠퇴기와 맞물린다. 일본 자체 내에서는 드라마의 제작 물량이 크게 줄고, 드라마의 편성비율과 시청률 또한 극도로 저조해진다.

– 확장기, 약화된 일본 드라마

1990년대 등장한 일본의 포스트 트렌디드라마는 충동적인 성애에 대한 욕구를 필요이상으로 과도하게 묘사하고, 평범한 연애관계도 섹스에 초점을 맞춘다. 드라마 전환의 모멘텀으로 강간, 임신, 불륜을 등장시킨다. 그런 계기가 된 드라마가 〈줄곧 당신이 좋았다〉(TBS계열, 1992)이다.[136] 학교드라마에서 그 동안 터부시해 왔던 교사와 학생

135 일본의 NHK는 1953년, 한국의 HLKZ는 1956년 출범.

136 중매 결혼한 엘리트 남편이 마마보이인데다, 컴퓨터나 곤충채집 등과 같은 오다쿠(オタク)적인 취미를 갖고 있으며, 폭력적이고, 더욱이 성적(性的) 관심이 없는 사람이었음을 뒤늦게 알게 된 아내의 드라마다.

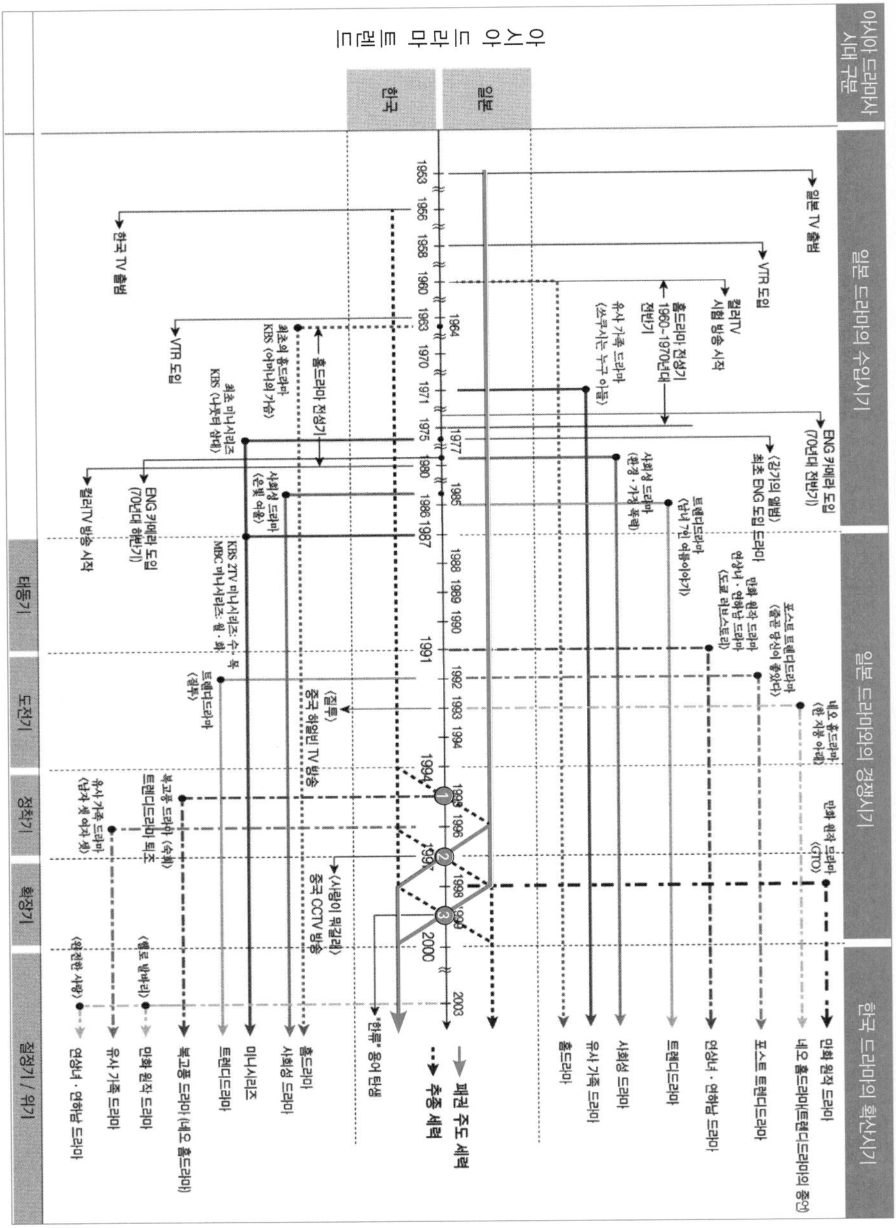

[그림 3-1] 아시아 드라마시장의 트렌드 변화와 중심 이동(박장순, 2008: 204, 편집)

의 사랑 이야기, 강간, 근친상간을 대담하게 그린 〈고교교사〉(TBS계열, 1993)가 그 뒤를 잇는다. '동정하려면 돈을 달라'는 충격적인 대사로 유명한 〈집 없는 아이〉(니혼텔레비전 계열, 1994)도 평균적인 가족 및 남녀관계, 일반적인 삶의 형태라고 하기에는 거리가 너무 먼 드라마다. 시청자는 드라마에서 정보가 아니라 자극을 추구하게 된 것이다(Iwao, 2000: 22-23).

드라마 〈기프트〉(후지TV)의 주인공이 극중에서 버터플라이 나이프를 휘두르는 장면이 청소년들의 모방 유행을 낳았다는 이유로 비판의 대상이 되기도 한다. 때마침 빈발했던 청소년 강력범죄 사건의 배경이 되기도 한다. 또 베스트셀러 소설을 원작으로 한 드라마 〈실락원〉(니혼TV)에서는 연출자 스스로가 '방송 기준에 도전한다'는 슬로건을 내걸고, 포르노를 방불케 하는 섹스 장면을 안방으로 선보여 장안의 화제를 모은다. 드라마의 섹스 장면이 영화는 물론 원작의 수준을 넘어서는 노골적인 것이었다(한국방송진흥원, 1998: 2).

이처럼 1990년대 일본 드라마는 더 이상 버블에 취할 수 없게 된 드라마 소비 주체들에게 흥분제로서 섹스와 근친상간, 폭력, 고문 등 극단적인 소재를 제공한다. 결국 한류생성 과정의 변곡점이었던 드라마 〈사랑이 뭐길래〉가 중국시장을 뜨겁게 달구던 그 시기(1997), 위성 등을 이용해 아시아 방송콘텐츠 시장을 지키고자 했던 일본의 노력은 오랜 경기침체와 드라마의 극단화 경향으로 스스로 주저앉는 형국이 된다. 1980-1990년대 초 드라마 〈오싱〉おしん이 보여 주었던 일본인의 '인내, 근면, 가족애'라는 아시아시장이 소구하는 바를 잃어버리고, 1990

년대 말 극단적인 소재의 채택과 함께 쇠락의 길을 걷게 된다. 섹스와 근친상간, 폭력, 고문이라는 이기적 밈의 발호를 막지 못하고, 전통과 현대가 어우러진 한국 드라마에게 아시아 드라마시장을 내주게 된 것이다.

일본 드라마의 약화 징후는 훨씬 그 이전부터 보이기 시작한다. 1977년부터 3년 단위로, 6차례에 걸쳐 실시한 조사(마지막 조사는 5년 뒤 실시)에서 드라마 방송 편수가 매년 감소하고 있음을 발견하게 된다. 조사 원년인 1977년을 기준으로 할 때, 마지막 조사 시점인 1994년 드라마 방송 편수는 원년의 절반에 가까운 40.3%의 감소율을 보인다. 드라마 방송시간도 원년에 비해 27.4% 감소한다. 특히, 이런 감소 추세는 한류 태동기(1987-1990)인 1980년대 말, 즉 일본의 아시아시장 독점시기인 1986년과 1989년 조사에서 큰 폭으로 떨어진다. 이는 일본 시청자들의 드라마에 대한 관심이 급격히 줄어들고 있음을 증명하는 것이다(〔표 3-37〕 참조; 박장순, 2008: 160-161).

[표 3-37] 일본의 연도별 드라마 방송 편수 및 방송시간

	드라마 편수	총 시간	드라마 평균시간
1977년	134	4,678	34.9
1980년	128	4,515	35.3
1983년	137	4,479	32.7
1986년	99	4,089	41.3
1989년	87	3,554	40.9
1994년	80	3,398	42.5
전체	665	2,4713	37.2

※출처: Iwao, 2000: 49. (단위: 편, 분).

이처럼 일본 시청자의 드라마 이탈 현상이 시작된 것은 일반적으로 1970년대 전반에 도입된 ENG 포터블 카메라의 영향이라고 한다. 텔레비전 카메라가 어디든지 들어가 현장 중계를 할 수 있게 돼 보도의 현장감이 향상되고, 또 이 시스템을 활용한 연예 리포터들의 활약으로, 와이드쇼 영상이 그 이전보다 훨씬 더 생동감을 갖게 되면서 '사실은 드라마虛構보다 가깝다'는 실감을 시청자들이 하게 되었고, 이것을 시청자들의 드라마 이탈 원인으로 파악하기도 한다(Iwao, 2000 : 51).

– 확장기, 아시아시장의 변곡점

드라마 〈사랑이 뭐길래〉愛情是什么(MBC)는 한류생성 과정의 1차 변곡점[137]이다. 중국의 국영 CCTV는 1997년 이 드라마를 방영한다. 최고 시청률은 15%에 달했고, 종영되자 재방송을 요청하는 전화와 편지가 쇄도해 CCTV는 2차 방영권을 사서 1998년 재방송을 시작한다. 외국 드라마의 시청률이 보통 2% 내외(南方周末, 2002.05.30)라는 사실을 감안할 때 〈사랑이 뭐길래〉의 인기가 얼마나 높았는지를 알 수 있다.

드라마의 주 시청자는 전 계층적이었고 전체적이었다. 중국은 1919년 5·4운동 이래 반봉건을 외치며 과거 유교적 잔재를 청산하는 데 주력했다. 특히 해방 후 문화대혁명을 통해 유가사상에 근거한 전통을 거

137 일본 NHK가 위성 BS2와 지상파를 통해 2003년부터 2005년까지 4차에 걸쳐 방송한 드라마 〈겨울연가〉(KBS)는 드라마를 메인스트림으로 한 1차 한류시대의 절정기를 구가할 수 있게 한 한류생성 및 진화 과정의 2차 변곡점이다. 그 이후 방송된 〈대장금〉(MBC)은 〈겨울연가〉가 이룬 아시아시장에서의 한국 드라마 신드롬을 심화시키는 역할을 하지만, 동시에 지나친 성공으로 시장의 저항을 불러와 한국 드라마가 정체의 늪에 빠져들게 되는 원인이 되기도 한다.

의 단절시켜 버렸기 때문에 유교적 전통에 따른 가부장제의 흔적을 찾아보기가 매우 어렵다. 그런데 〈사랑이 뭐길래〉가 이를 보여 주었고, 과거의 유교적 전통이 잘 사는 나라 한국에 아직까지도 살아있다는 것이 중국인들에게는 충격으로 받아들여졌다. 또한 중국의 중장년층에게는 〈사랑이 뭐길래〉가 과거에 대한 향수를 느낄 수 있게 해 준 것으로 기록된다(한국방송진흥원, 2001b: 153).

중국의 전통적인 가족문화는 우리나라와 같이 세대, 연령, 성이라는 세 가지 관계의 축에 따라 엄격한 위계질서를 가지고 있었다(Barker, 1979: 15-25; 한국정신문화연구원, 2001: 102). 그러나 이는 1919년 중국 공산당에 의해 거부된다. 5 · 4운동은 가족제도 개혁운동의 분수령이다. 가족 내에서 여성의 새로운 역할, 남녀 간의 자유로운 교제, 본인의 자유로운 의사결정과 사랑에 기초한 배우자 선택, 젊은 세대의 더 자유로운 사고와 행동, 서구식 가족제도의 도입 등을 촉구하는 목소리가 여러 구호와 문학작품 등을 통해 사회에 퍼져 나가기 시작한다.

수천 년의 역사적 굴곡을 견뎌온 전통적인 가족제도는 근대 중국이 안고 있던 모든 죄악과 단점의 상징으로 간주된다. 가족혁명의 대열에는 천두슈陳獨秀와 마오쩌둥毛澤東 등 중국 공산당의 초기 지도자들도 적극적으로 참여하는데, 이들은 여성과 젊은 세대의 변화에 대한 열망을 대변한다. 1950년 4월에 공포된 혼인법은 수천 년 동안 중국에서 시행되어 오던 봉건적인 가족제도를 폐지하려는 공산당의 의지를 상징한다고 할 수 있다. 이 법은 부모의 강압에 의한 결혼, 남존여비, 자녀의 이익을 무시하는 모든 봉건적인 혼인제도의 폐지를 명문화한다. 남녀 혼인의 자유와 일부일처제를 법적으로 보장함으로써 남녀의 권리 평등, 부녀자와 자녀의 합법적인 이익에 대한 보호를 천명한다(한국정신문화연구원, 2001: 103-104).

이런 반유교적인 사회 분위기 속에서 전통적인 가부장의 권위를 일깨워 준 드라마 〈사랑이 뭐길래〉의 '대발이' 아버지(이순재 분)는 남녀역차별 속에 살던 중국의 남성들을 압도한다. 중국 여성과 젊은 층에게도 가부장적인 전통 아래 한국인의 밝고 자유로운 사랑이야기가 큰 반향을 일으킨다(윤재식, 2005: 2). 시청률이 청소년층과 장년층에서도 높게 나타나는데, 청소년들의 경우는 한국 드라마가 지닌 현대적인 요소들 즉, 출연자의 세련된 용모와 패션 그리고 높은 생활수준 등이 동경의 대상으로 크게 어필한 것으로 파악된다.

반면, 장년층의 높은 시청률은 한국이 지닌 강한 가족공동체적 성격과 유교적 가족질서 등에 대한 호감에서 비롯된 것으로 해석된다(한국방송진흥원, 2001b: 157). 다시 말해 〈사랑이 뭐길래〉는 아시아 드라마의 연대기적 특성으로 볼 때, 수직적 가족구조와 수평적 가족구조의 결합 형태를 보여 주고 있고, 이 같은 작품 구조상의 특성이 전통과 현대라는 이항대립적 이데올로기를 극중에서 그려내 중국인들의 영혼 속에 오랜 시간 잠들어 있던 감성과 향수를 자극한 것이다.

대일 수출 초과 시점(1999) 이후

사상 처음으로 대일 수출 초과 현상을 보이기 시작한 1999년 이후,

한국 드라마는 수출지역을 아시아 중심에서 미주, 유럽, 중남미, 아프리카, 중동 등 전 세계로 확대해 가고, 수출 장르도 트렌디드라마에서 홈드라마, 한국형 포스트 트렌디드라마, 역사드라마 등으로 스펙트럼을 넓혀간다. 또 드라마의 수출 확대는 국제 유통거점인 BCWW[138]와 BCM[139] 같은 아시아 중심 마켓의 등장에 촉매제 역할을 하고, 2002년 한국이 문화수입국에서 문화수출국으로의 변신에 결정적 계기가 되어 주기도 한다.

절정기(2000-2014 현재)

수출시장의 확대

문화체육관광부가 KBS · MBC · SBS 등 지상파 방송 3사의 방송콘텐츠 수출실적에 대해 관심을 갖고, 공식적으로 집계하기 시작한 것은 한류의 정착기 두 번째 해인 1995년부터다. 그로부터 만 10년이 되는 2005년 지상파 방송 3사는 드라마 수출 1억 달러 시대를 여는 견인차 역할을 한다. 1987년 애니메이션 〈떠돌이 까치〉(13,500달러)로부터 시작된 한국의 방송콘텐츠 수출의 역사 18년만의 일이다. 〔표 3-38〕은

138 문화체육관광부가 주관하는 한국 최초의 국제 방송콘텐츠 마켓이다. 2001년 11월 부산전시컨벤션센터(BEXCO)에서 처음으로 문을 연 BCWW(broadcast world wide)는 TV마켓과 컨퍼런스를 중심으로 운영된다. 한국콘텐츠진흥원(KOCCA)이 예산과 운영을 관장하고, 그룹 에이트(대표 송병준)가 행사를 대행한다.

139 BCM(busan contents market)은 부산광역시가 주축이 되어 2007년 출범한 국제 방송콘텐츠 마켓이다. 전문 마케터들이 직접 운영에 참여하는 시장 친화적 마켓이다. 2009년부터 부산광역시와 공동으로 문화체육관광부가 행사를 주관한다. 짧은 역사에도 불구하고, 급속히 마켓의 세일즈 파워를 키워가고 있는 잠재력 있는 국제마켓이다.

2005년도 드라마 수출 국가별 순위 현황을 보여 준다. '기타' 나라를 포함할 경우, 드라마 수출 전체 대상국 수는 33개국을 넘어서며, 수출지역 또한 동아시아 중심에서 미주, 유럽, 중남미, 중앙아시아, 중동, 아프리카 등지로 확대되었음을 확인시켜 준다. 아울러 아시아 드라마시장의 역사발전 1단계 '수입시기'와 2단계 '경쟁시기'를 이끌어 온 일본이 2000년대 한국 드라마의 '확산시기' 한국 드라마의 최대 수입국이 되었다는 것을 〔표 3-38〕은 보여 준다.

[표 3-38] 드라마 수출 국가별 순위 현황(2005)

순위	국가	수출액	순위	국가	수출액
1	일본	66,367 (8,469)	10	싱가포르	1,166 (1,257)
2	대만	12,538 (2,267)	11	베트남	1,010 (1,174)
3	중국	10,962 (4,326)	12	호주	120 (184)
4	필리핀	4,112 (1,361)	13	프랑스	44 (52)
5	홍콩	3,685 (1,421)	14	영국	39 (52)
6	미국	2,863 (803)	15	독일	8 (3)
7	태국	2,357 (1,444)	16	캐나다	0.5 (1)
8	말레이시아	1,340 (739)	17	기타	2,638 (1,152)
9	인도네시아	1,176 (689)			
수출총액			110,428 (25,394)		

※출처: 한국방송영상산업진흥원, 2006c: 30. 단위: 천달러. 괄호 안은 수출편수.
해외교포방송/비디오판매분 지상파 11,110,000달러, 케이블TV · 독립제작사 1,955,000 달러 미포함.

이 같은 시장변화의 극적인 전환점은 일본 드라마가 마지막까지 저항하던 대만시장 공략이 끝나는 시점부터다. 〔표 3-39〕는 대일 출초 원년인 1999년, 대만시장에서 한국과 일본 드라마의 방송시간 비율이 15

: 114.3 시간으로 일본이 절대적 우위에 있음을 보여 준다. 한류 절정기 원년인 2000년 다소 개선되기는 하지만 18 : 84.5로 여전히 일본의 우위가 계속된다. 그러다가 2001년 4/4분기 29 : 20.5로 한국 드라마의 방송시간이 일본 드라마를 앞서기 시작한다. 그리고 2002년 마침내 85.4 : 57.8로 한국 드라마가 일본 드라마를 32.3% 앞선다.

[표 3-39] 대만의 한국과 일본 드라마 방송시간 비교

연도	분기	한국	일본
1999	1	4	27.8
	2	3	32.5
	3	6	33
	4	2	21
2000	1	5	16
	2	7	26.5
	3	2	19.5
	4	4	22.5
2001	1	14	23.5
	2	8	15
	3	19.5	23.5
	4	29	20.5
2002	1	16.3	19
	2	16	11.8
	3	26	12
	4	27.1	15

※출처: KOTRA(2005); 한국문화관광정책연구원(2005): 37; 박장순(2008): 230. 자료편집. 단위: 시간.

아시아시장에서 한국 드라마의 진입을 마지막까지 막고 버티던 대만시장에서 일본 드라마의 우위가 막을 내리고 한국 드라마가 아시아

시장을 선도하며 한국 드라마의 '확산시기'를 열게 된 것이다. 드라마 방송시간 뿐 아니라, 대만인들의 한국 드라마에 대한 선호도 또한 2002년 이후, 일본을 앞서기 시작한다. 〔표 3-40〕 '대만의 한 · 일 드라마 선호도 비교'는 이를 보여 준다.

[표 3-40] 대만의 한 · 일 드라마 선호도 비교

2001. 11.		2003. 1.	
좋아하는 TV콘텐츠		자주 시청하는 TV 드라마	
구분	선호도	구분	선호도
일본 드라마	22.5%	일본 드라마	18.2%
서양 드라마	8.5%	한국 드라마	23.2%
		서양 드라마	3.5%

※출처: 한국방송영상산업진흥원, 2004c: 17; 일본 경제산업성 콘텐츠산업국제전략연구회, 2003.7.

대만인들의 일본 드라마에 대한 선호도는 2001년 11월 실시한 조사에서 서양, 특히 미국 드라마 선호도보다 2.6배 높은 것으로 나타난다. 이때 한국 드라마는 일본 드라마와 비교의 대상이 되지 못한다. 그러다가 1년여가 지난 2003년 1월 실시한 조사에서는 한국 드라마의 선호도(23.2%)가 일본 드라마(18.2%)를 압도한 것으로 나타난다. 비록 짧은 기간 동안에 이루어진 변화지만, 이는 한국 드라마의 '확산시기', 아시아 드라마시장에서 한국 드라마의 변화된 위상을 확인할 수 있게 해 주는 근거가 된다.

수출 드라마 장르의 확대

한국의 드라마 수출은 1993년 한국 최초의 트렌디드라마 〈질투〉(KBS, 최수종 · 최진실)의 해외수출로부터 시작된다. 당시 아시아 드라마시장은 〈도쿄 러브스토리〉(후지텔레비전 계열, 1991)와 같은 1980년대 후반 일본에서 시작된 트렌디드라마가 시장의 대세를 이루고 있었다. 트렌디드라마로부터 시작된 한국의 드라마 수출은 1990년대 중후반 트렌디드라마에 홈드라마의 성격을 가미한 한국형 포스트 트렌디드라마 장르로 수출 영역을 확대한다. 말레이시아의 엔터테인먼트 잡지 라이프TV[140]와 갤럭시Galaxie[141]의 기사는 2000년대 초 한국형 포스트 트렌디드라마가 드라마 해외수출의 주력 상품이었음을 확인시켜 준다.[142]

이처럼 한국형 포스트 트렌디드라마의 성공적인 수출은 일본 드라마의 수입시기(1950년대-1980년대), 해외시장에서 관심을 끌지 못했던 홈드라마의 수출도 가능하게 해 새로운 드라마 수출 장르로 자리를 잡게 한다. 〈사랑이 뭐길래〉(MBC, 1991)를 비롯해서 〈목욕탕집 남자들〉(KBS, 1996), 〈정때문에〉(KBS, 1997), 〈살다보면〉(KBS, 1998), 〈엄마의 딸〉(SBS, 1998), 〈미우나 고우나〉(SBS, 1998), 〈날마다 행복해〉(MBC,

---

140 조사대상 기간, 2002년 9월부터 2003년 10월까지.

141 조사대상 기간, 2000년 9월부터 2003년 12월까지.

142 갤럭시와 라이프TV가 가장 많이 다룬 한국의 드라마는 2002년 〈가을동화〉(KBS, 송승헌 · 송혜교)와 〈겨울연가〉(KBS, 배용준 · 최지우) 각 4회, 〈광끼〉(KBS, 원빈 · 배두나), 〈꼭지〉(KBS, 원빈 · 이종원), 〈프러포즈〉(KBS, 류시원 · 김희선) 각 2회, 그리고 2003년 〈내 사랑 팥쥐〉(MBC, 장나라 · 김재원), 〈올인〉(SBS, 이병헌 · 송혜교) 각 2회, 〈백한 번째 프러포즈〉(SBS, 송창의 · 박선영), 〈이브의 모든 것〉(MBC, 장동건 · 채림) 각 1회 순이다(한국문화콘텐츠진흥원, 2003b: 463).

1999), 〈엄마야 누나야〉(MBC, 2001), 〈부모님 전상서〉(KBS, 2004) 등이 그것이다. 이 같은 아시아시장에서의 한국 드라마 붐은 문화할인율이 높은 사극으로까지 수출 상품 장르의 스펙트럼을 넓혀간다.[143]

한국 최초의 역사드라마 수출은 2001년 〈장희빈〉(SBS, 김원희 · 임호)으로부터 시작된다. 그러나 아쉽게도 대만에 수출된 〈장희빈〉은 성공을 거두지 못한다. 그러나 대만 GTV가 2002년 〈명성황후〉(KBS, 최명길 · 유동근)와 난세의 풍운녀 정난정 일대기를 그린 〈여인천하〉(SBS, 강수연 · 전인화)를 방송하면서부터 시장의 상황이 달라진다. 그러면서 〈상도〉(MBC, 이재룡 · 김현주), 〈허준〉(MBC, 전광렬 · 황수정), 〈태양인 이제마〉(KBS, 최수종 · 유호정) 등이 잇달아 방영된다. 이렇게 한국의 사극이 인기를 끄는 이유는 이영애 · 김현주 · 이미연 등 한국의 배우가 대만에서 잘 알려져 있을 뿐만 아니라, 중요한 것은 사극의 품질이 크게 고급화되었기 때문이다(한국관광공사, 2004c: 10/19).

이처럼 트렌디드라마에서 출발한 한국의 드라마 수출이 한국형 포스트 트렌디드라마와 홈드라마, 문화할인율이 높은 사극으로까지 스펙트럼을 넓혀가고 있다는 것은 한류가 한국 드라마의 '확산시기'를 맞아 절정기를 구가하고 있음을 확인시켜 주는 근거가 된다.

143 사극의 경우는 문화할인율이 크게 작용하여 국제적인 유통에는 부정적인 영향을 미친다(이문행, 2005: 39).

아시아 중심마켓의 등장

방송콘텐츠마켓의 선두주자는 프랑스의 리드 미뎀 오가니제이션reed midem organization이 주관하는 MIP TV로 1963년 프랑스 제3의 도시 리옹에서 처음 문을 연다.[144] 50년의 역사를 자랑하는 MIP TV는 세계 방송콘텐츠의 집결지이자 방송영상물 유통의 전략적 요충지다. 세계 방송콘텐츠 유통물량의 많은 부분이 이곳을 경유해 세계 각지로 전해지기 때문이다(박장순, 2005: 127). MIP TV와 세계 방송콘텐츠시장을 양분하고 있는 미국의 NATPEnational association of television program executives는 본래 미국 내 지역방송과 케이블TV 방송사들이 프로그램의 원활한 수급을 위해 1964년 출범시킨 내수용 프로그램 신디케이션이다. 그런 NATPE가 1980년 국제적인 방송콘텐츠마켓으로 시장의 성격을 전환하게 된 배경은 점차 강화되어 가는 MIP TV로 대변되는 유럽세의 세계시장 지배권에 맞서기 위한 대항마로 NATPE를 키우겠다는 미국의 전략적 의도에서 비롯된다.

이런 변화의 와중에서 프랑스는 1994년 아시아시장을 겨냥한 MIP ASIA를 홍콩에 개설하고, 본격적인 아시아시장 선점에 나선다. 유럽을 견제하기 위해 미국이 NATPE를 내수시장domestic market에서 국제시장international market으로 전환해 갈 때 프랑스는 세계시장 지배권을 공고히 하기 위해 아시아시장의 교두보를 요충지인 홍콩에 개설한 것이다. 홍콩은 당시 자유무역지대로, 일본을 비롯해 급속히 구매력을 키워가고

144 MIPTV는 2년 뒤인 1965년 개최 장소를 리옹에서 지금의 칸으로 옮겨 오늘에 이른다.

있는 한국, 대만, 중국, 싱가포르 등이 인접해 있는 아시아 비즈니스의 메카였다.

물론, 아시아 국가들도 세계 방송콘텐츠시장의 지배권을 놓고 벌이는 유럽과 미주세의 헤게모니 싸움에 관심이 없었던 것은 아니다. 1980년대 후반, 일본은 공영방송 NHK를 중심으로 국제 방송콘텐츠마켓의 출범을 시도했고, 몇 차례 개최를 진행하기도 한다. 그러나 영상 선진국인 유럽과 미주 지역 바이어들의 호응을 얻지 못했고, 유럽 및 미주세에 비해 아시아 지역 국가들의 구매력이 상대적으로 약했기 때문에 자생적인 아시아 내수 시장의 구축에는 실패한다. 중국도 1980년대 후반부터 상해TV페스티벌과 사천TV페스티벌, 북경TV페스티벌 등 방송콘텐츠시장의 육성을 시도하나, 폐쇄적인 정치 사회적 구조가 완전한 국제화에는 이르지 못하게 한다.

프랑스가 1994년 제1회 MIP ASIA를 개최하면서 홍콩은 아시아 방송콘텐츠시장의 거점도시로 부각된다. 해가 거듭될수록 아시아인들의 마켓 참여는 활발해지고, 프랑스의 홍콩 진출 의도가 성공적으로 이루어지고 있음을 보여 준다. 그러다가 1997년 영국이 홍콩을 중국 본토에 반환하면서부터 아시아시장에는 변화가 일기 시작한다. 자유로웠던 공항 출입이 통제되고, 이에 대한 외국 참가자들의 불만은 기획사인 프랑스의 리드 미뎀으로 하여금 행사 장소의 변경을 고민하게 한다. 이때 싱가포르 정부가 MIP ASIA 유치를 위해 전폭적인 재정 지원을 약속했

고, 주최 측은 이를 받아들여 싱가포르로의 마켓 이전을 결정한다.[145]

이때 아시아시장을 놓고 새로운 변수가 등장한다. 그것이 바로 중국이다. 홍콩을 반환 받은 중국은 아시아시장의 지배권을 지키기 위해 상해TV페스티벌(1986년 출범)과 사천TV페스티벌(1987년 출범), 북경TV페스티벌(1989년 출범)의 국제화에 주력한다. 싱가포르로의 이전을 결심하면서까지 아시아시장을 지키고자 했던 프랑스의 시장지배력은 급격히 팽창하는 중국세에 밀려 2년을 버티지 못한다. 결국 MIP ASIA는 1999년 문을 닫게 되고, 그 동안 유럽세와 미주세의 각축장이었던 세계 방송콘텐츠시장의 판도는 프랑스와 미국, 중국의 3각 구도로 변화하게 된다(박장순, 2005: 130-131).

그런데 2000년대 접어들면서 또 다른 변화의 조짐이 일기 시작한다. '일류'[146]를 극복한 한류의 등장이 바로 그것이다. 오랜 세월 아시아시장을 주도하던 일본 드라마가 쇠퇴하고, 한국 드라마가 아시아시장의 흐름을 선도하게 된 것이다. 이로써 중국이 주도하는 듯하던 아시아 방송콘텐츠시장은 거대 내수시장을 가진 중국과 드라마라는 제품경쟁력을 갖춘 한국의 양자 대결구도로 새로운 판이 짜여지게 된다. 그 중심에 한국 최초의 국제 TV프로그램 마켓인 BCWW^broadcasting worldwide^와 BCM^busan^

145 이때 MIP ASIA의 이전, 개최를 희망했던 나라는 싱가포르를 비롯해 시드니 개최를 희망하는 호주와 KBS미디어가 주축이 되어 제주도 개최를 희망하는 한국 등 세 나라가 각축을 벌였다.

146 1950년대부터 1990년대까지 아시아 문화콘텐츠시장의 흐름을 주도하던 일본 대중문화 붐. 이 시기 일본의 대외적 영향력을 흔히 저패나이제이션(Japanization), 일류라고 부른다(Oliver & Wilkinson, 1992; Bratton, 1992; Elger & Smith, 1994; Thome & McAuley, 1992).

contents market이 있다. 한류를 기반으로 각기 2001년과 2007년에 출범한 두 마켓은 아시아 중심마켓으로서의 가능성을 시사하고 있다.

매년 6월 개최되는 28년 전통의 아시아 최고最古의 마켓 상해TV페스티벌 한국공동관 참가업체들의 수출계약 실적을 보여 주는 〔표 3-41〕에 따르면 부산콘텐츠마켓BCM이 출범하기 직전 해인 2006년까지 상해TV페스티벌에 참가한 국내 제작, 유통 업체(지상파 방송 3사 포함, 11-15개 업체)들의 방송콘텐츠 수출 총액은 매년 45% 이상 놀라운 성장을 기록한다. 그런데 2007년 상해TV페스티벌에서는 전체 수출액이 801만1,300 달러로 전년대비 29.5% 감소한다. 2005년 이후 계속되고 있는 드라마 수출의 부진과 맞물리면서 이 같은 수출액 급감 소식은 한류 위기론의 근거로 제시된다. KBS의 9시 메인 뉴스에서도 이 소식을 전하며, 한류가 위기에 봉착했음을 알린다. 그러나 이는 한류 위기와 전혀 관계없는 한국 방송콘텐츠마켓의 가능성을 시사해 주는 또 다른 근거일 뿐이다.

[표 3-41] 한국공동관 참가업체의 방송콘텐츠 수출계약 실적

연도	업체수	총수출액	증가율	지상파방송 수출액 및 비율
2004	12	5,244,250	–	4,340,750 (82.7)
2005	11	7,665,970	46	7,098,670 (92.6)
2006	15	11,363,500	48	9,774,500 (86)
2007	15	8,011,300	–29.5	6,507,7 (–33.%)

※출처: 한국방송영상산업진흥원, 2007a. 자료제공: 박병형 과장. 수출액단위: U$, 증가율 및 비율 단위 %.

세계 각국의 방송사들은 대부분 외국 방송콘텐츠에 대한 연간 구매계획을 갖고 있다. 그리고 콘텐츠의 구매를 위한 일정 한도의 예산을

확보해 놓고 있다. 그렇기 때문에 어느 특정 마켓에서 예상하지 못한 구매가 일어날 경우, 다른 마켓에서의 구매는 축소될 수밖에 없는 구조로 되어 있다. BCM과 같이 외국의 바이어들이 예상하지 못했던 마켓이 새로 출범할 경우, 또 그 마켓이 경쟁력 있는 셀러나 콘텐츠를 다량 확보하고 있는 경우, 구매자들은 연간 계획에는 빠져 있지만 신생 마켓에 참가할 수밖에 없고, 또 그 곳에서 우수한 콘텐츠를 만나게 되면, 이를 구매할 수밖에 없는 입장에 놓이게 된다.

결국, 다음 차순次順의 마켓에서는 구매 규모를 축소할 수밖에 없게 된다. '상해TV페스티벌 2007'에서 한국 업체들의 수출실적이 전년대비 마이너스 29.5%를 기록한 것은 바로 이런 구조적인 문제에 연유한다(박장순, 2007b: 210). 이는 신생 한국 방송콘텐츠마켓의 국제적인 시장 흡인력, 마켓 파워를 반증하는 것이고, 6월에 열리는 상해TV페스티벌보다 20여일 앞서 매년 5월에 열리는 한국의 신생 마켓 BCM이 상해TV페스티벌의 입지에 크게 영향을 미치는 변인으로 작용하고 있음을 시사해 주는 사례다. 다시 말해 BCWW와 BCM의 등장은 대일 출초 시점(1999) 이후, 한류가 절정기를 맞고 있음을 확인시켜 주는 또 다른 근거가 된다.

문화수입국에서 수출국으로의 전환

텔레비전이 처음으로 아시아시장에 도입된 1950년대부터 한류 태동기(1987-1990)까지 한국은 외국의 방송콘텐츠를 일방적으로 구매하는 순수입국이었다. 그 후, 방송콘텐츠 수출이 상업적 기반 위에서 본격화하기 시작하는 1992년부터 2012년까지 20여 년간 한국의 방송콘텐츠 해외수출 변화 추이를 보여 주는 〔표 3-33〕에 따르면, 한국은 1992년 사상 처음으로 52만 달러의 방송콘텐츠 해외수출을 기록한다. 방송콘텐츠 수출 전담조직을 갖춘 KBS영상사업단(현, KBS미디어)과 MBC프로덕션의 등장(1991)이 낳은 결실이다. 1992년 SBS프로덕션이 출범하면서 지상파 방송 3사의 방송콘텐츠 수출은 보다 탄력을 받는다. 1993년에는 전년대비 153.8%의 높은 신장세를 보이며, 지상파 방송 3사는 132만 달러의 수출을 기록한다. 비록 짧은 기간이지만, 수출 관련 신규조직을 가동시킨 방송 3사는 곧이어, 수출상품의 다양화와 해외 유통망 구축에 관심을 쏟는다. 그 결과 한류 정착기(1994-1996)의 평균 수출액은 도전기(1991-1993) 대비 평균 291.3%의 놀라운 증가율을 보인다.

한편, 수입은 정착기 마지막 해인 1996년 6,390만 달러를 기록, 수출액 599만 달러의 10.7배에 달하는 무역역조를 보인다. 그러다가 한류 확장기(1997-1999)에 접어들면서 수입 역조 현상은 다소 개선되는 기미를 보인다. 1997년 수출의 6.9배에 달하던 외국 방송콘텐츠의 수입은 1998년 수출 증가세에 힘입어 2.7배로 수입초과入超 비율이 낮아지고, 확장기 마지막 해인 1999년에는 2.3배로 개선된다. 그리고 뉴밀레니엄 시대에 들어선 2001년부터 입초 현상은 현저하게 개선되고, 2002년 마침내 사상 처음으로 14.7%(370만 달러)의 수출 초과出超를 기록한다. 한국이 문화수입국에서 문화수출국으로 놀라운 변신을 하게 된 것이다(박장순, 2008: 227-228).

수출 초과 원년인 2002년 이후, 한국의 출초율出超率은 기하급수적으로 증가해 2003년 50.1%, 2004년 129.8%, 2005년 234.0%, 2006년 366.8%, 2007년 404.0%, 2008년 724.9%가 되는 등 수출과 수입의 격차가 현격하게 벌어진다. 이는 한국 방송콘텐츠의 아시아시장 점유율이 급격히 높아지고 있음을 의미하는 것이고, 아시아 드라마시장의 무게 중심이 한국으로 이동했음을 확인시켜 주는 한류 절정기의 근거이기도 하다.

[표 3-42] 한 · 일간 연도별 방송콘텐츠 수출입 변화 추이

연도	수출 / 한국→일본	수입 / 일본→한국
1998	1,077	1,639
1999	1,316	1,215
2000	2,433	1,803
2001	1,106	1,547
2002	2,092	627
2003	5,525	477
2004	33,490	529

※출처: 한국방송영상산업진흥원, 2005a: 4. (단위: 천 달러). 출처: 문화관광부. 해외 교포방송 및 비디오 판매실적 제외.

〔표 3-42〕는 대일 드라마 수출 초과 시점(1999)을 전후한 7년 동안 한 · 일 간의 방송콘텐츠 수출입 변화 추이를 보여 준다. 대일 드라마 수출 초과 시점 직전 해인 1998년 한국은 일본과의 방송콘텐츠 수출입에서 562,000달러의 입초를 기록한다. 그러다가 언어기호 '한류'가 등장하는 1999년 사상 처음으로 101,000달러의 대일 출초를 기록한다. 비록 규모는 작지만, 아시아 드라마시장의 무게 중심이 한국으로 넘어오고 있음을 확인시켜 주는 또 다른 근거가 된다.

이후, 한국의 출초는 2001년을 제외하고 매년 빠른 속도로 가파르게 상승한다. 2002년 100만 달러를 넘어선 출초는 2003년 400% 성장한 500만 달러를 넘어서고, 2004년 전년대비 500% 성장한 3,000만 달러를 넘어선다. 상상을 초월하는 고속성장이고, 한류의 절정기를 객관화할 수 있는 근거가 된다. 드라마 수출의 대일 출초는 한국이 문화수입국에서 문화수출국으로의 변신을 가능하게 해 주는 결정적 계기가 된다. 일본이 한국의 가장 큰 시장이기 때문이다. 텔레비전이 한국에 처음 도입된 1956년 이후 계속되어 오던 입초국가의 위치에서 2002년 한국은 한류생성 및 진화 과정 다섯 번째 단계인 절정기 초입에서 의미 있는 출초국가로의 변신에 성공한다.

절정기 속의 위기, 정체기(2000-2014 현재)

절정은 항상 위기를 동반한다. 그렇듯이 절정기가 시작되는 2000년대 초 아시아시장에서는 절정과 더불어 반한류 저항의 움직임이 거세게 일었다. 〔표 3-43〕은 대만의 한류가 드라마 수입 면에서는 319만 달러를 기록한 2003년, 그리고 드라마 편성 면에서는 903시간을 방송한 2002년이 최고의 절정기였음을 보여 준다. 그러나 한국 드라마의 수입은 2004년 181만 달러로, 절정기인 2003년 대비 43.3%의 감소세를 보인다. 한국 드라마의 방송 편성 또한 절정기인 2002년 대비 60.6%의 감소세를 보이며, 2004년 356시간으로 크게 축소된다.

[표 3-43] 대만 '비디오랜드'의 한국 드라마 수입 및 편성 현황

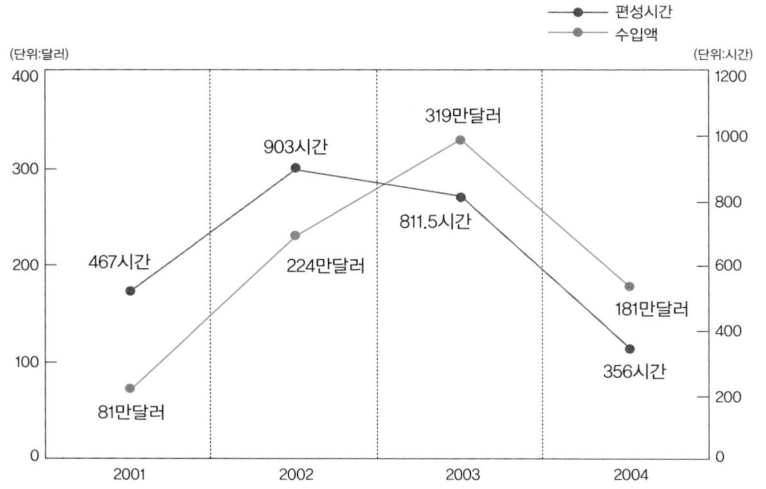

※출처: 연합뉴스(2005.01.10), "한류 5년 안에 끝난다."

이런 급격한 대만의 한국 드라마 수입물량의 감소와 방송 편성시간의 축소는 2000년대 전반기 반한류에 의한 대만 발 1차 한류 위기가 허상이 아니었음을 증명해 준다.[147] 이 시기 대만 발 반한류 저항의 움직임은 중국을 비롯해서 동아시아 전역으로 급속히 확산되었고, 한류는 대일 출초 시점(1999) 이후, 최대의 위기를 맞게 된다. 일본 발發 〈겨

147 대만의 '비디오랜드'(videoland)는 자체 보유한 6개 채널 가운데 2개 채널에서 한국 드라마를 방영한다. 2001년 467시간이었던 한국 TV드라마 방송시간이 2002년 903시간으로 93.4%의 증가 추세를 보이다가 2003년 811.5시간, 2004년 356시간으로 급격히 감소한다. 또 수입총액도 2001년 81만4천 달러, 2002년 224만1천550달러, 2003년 319만9천100달러로 각각 175.4%, 42.7%로 증가하다가 2004년에는 181만2천 달러로 크게 꺾였고, 시청률도 하락 추세를 보이면서 한국 드라마가 황금시간대에서 밀려난다(연합뉴스, 2005.01.10).

울연가〉 신드롬(2003-2005)이 대만 발 1차 한류 위기의 고비를 넘기게는 하지만, 〈겨울연가〉 신드롬이 위력을 상실해 가는 2005년 하반기, 1차 한류 위기의 잔흔이 다시 되살아나며 2차 한류 위기가 촉발된다. 2005년 말 일본에서는 도쿄방송(TBS) 등 주요 지상파 방송들이 한국 드라마의 고정편성을 폐지하고 방송시간 또한 크게 줄인다(마이데일리. 2006.01.10). 2005년 2월 일본의 지상파 방송은 64개의 한국 드라마를 방영하지만, 2006년 그 절반에 가까운 36개로 줄인다(조선일보. 2006.03.23).

중국도 청룽成龍 등 인기 스타와 지식인들의 항한론에 힘입어 반한류를 정책화할 구체적인 움직임을 보이기 시작한다. 텔레비전, 라디오, 영화 등 대중매체를 총괄하는 중국의 광전총국은 2006년 한국 드라마의 방송량을 2005년 대비 최대 50%까지 축소한다(마이데일리. 2006.01.10). 대만은 2005년 7월부터 한국 드라마에 대한 20%의 수입관세를 부과하고, 외국 드라마의 수입창구를 단일화 해 외국 드라마, 특히 한국 드라마의 수입가격 상승을 억제하는 등 반한류와 관련한 여러 가지 제재 방안들을 강구한다.[148] 홍콩 경제일보는 한국 드라마가 홍콩 드라마 발전의 가장 큰 적이라고 언급하면서 자성을 촉구했고, 문예보는 사설에서 '한류침입'이라는 과격한 용어를 사용하기도 한다(한국방

148 특히, 대만 입법위원들은 2011년 대만 문화와 방송콘텐츠의 자주권을 지키자는 명분하에 한국 드라마의 수입을 통제하기 위한 '유선라디오TV법' 개정안을 입법원에 제출하기도 한다. 개정안의 핵심은 방송 편성 가운데 "본국 자체 제작 프로그램이 40% 이하여서는 안 된다"는 것이다. 기존 "20% 이하여서는 안 된다"의 배로 늘어나게 된 것이다(연합뉴스, 2011.01.11). 그 만큼 한국 드라마의 편성이 크게 제한을 받게 된 것이다.

송영상산업진흥원, 2006c: 21-23).

이와 같은 2005년 하반기의 2차 한류 위기 상황은 드라마 〈대장금〉(MBC, 이영애 · 지진희)의 등장으로 다시 수면 아래로 잠복한다. 2005년 10월부터 일본 NHK에서 방송된 〈대장금〉은 그 동안 일본의 한류 붐을 주도해 왔던 중년 여성층뿐만 아니라 30-50대의 남성층으로부터도 좋은 반응을 얻으며, 시청자층의 확대에 기여한다. 밤 11시대 늦은 시간 편성이었음에도 불구하고, 최종회의 시청률이 15.6%를 기록한다(한국방송영상산업진흥원, 2007b: 9). 홍콩에서도 드라마 〈대장금〉은 40%의 시청률을 기록하며 홍콩의 국민드라마로 자리를 잡는다. 최종회의 경우, 홍콩 평균 시청률 사상 최고치인 47%를 기록, 홍콩 인구의 절반이 〈대장금〉을 시청한 것으로 나타난다. 〈대장금〉의 남자 주인공 지진희는 홍콩의 10대에서 30대의 폭넓은 사랑을 받으며 인기배우 순위 1위에 오르기도 한다(한국문화관광정책연구원, 2005: 41-42; 스포츠서울, 2005.04. 13).

그러나 〈대장금〉의 성공에 놀란 중국 정부는 2006년 한국 드라마의 방송량을 50% 줄이는 데 그치지 않고, 한국 드라마의 수입을 전면 금지시키기에 이른다. 드라마 수출이 전체 방송콘텐츠 수출의 90% 이상을 차지하는 상황에서 중국의 이런 금수 조치는 2006년 한국의 드라마 해외수출 비중을 90%대에서 68.3%(8,500만 달러)로 크게 떨어뜨리는 원인이 되기도 한다(한국방송영상산업진흥원, 2009: 7). 이후, 다시 90%대로 회복되긴 하지만 수출증가율은 2000년대 전반기의 1/5 수준으로 떨어지고, 2009년에는 더욱 심해져서 2008년 대비 1.9%의 성장에 그친다(한국콘텐츠진흥원, 2010).

이처럼 2006년부터 본격화된 3차 한류 위기는 단기 성향을 보인 1차, 2차 한류 위기와 달리, 장기 만성적 특성을 보인다. 특히, 후지TV 등 일본 지상파 방송의 한국 드라마 집중화 편성에 따른 일본 내 반한류 시위는 극우세력의 편입으로 더욱 격화되는 양상을 보인다.

"채널8, 후지TV는 한국TV라는 생각을 한다"는 인기 배우 다카오카 소스케의 발언이 발화점이 된다. 후지TV는 2011년 8월 한 달 간 한국 드라마를 40시간 방송한다. "의도적인 한류 밀어주기 아니냐?"는 일부의 곱지 않은 시선을 의식한 후지TV는 9월 3일 "한국 프로그램뿐 아니라, 미국 프로그램을 포함해 어떤 프로그램을 어떻게 방송할까를 결정하는 것은 종합적이고, 객관적인 판단에 따른 것"이라고 공식입장을 밝힌다. 물론, 보는 관점에 따라서 후지TV의 한국 드라마 편성이 과다한 것으로 비쳐질 수도 있다. 그러나 이는 어디까지나 상업방송인 후지TV 유전자의 '이기적 본성'에 기초한 자연 선택의 결과일 뿐이다.[149]

다만, 걱정이 되는 것은 상업적 베이스에서 출발한 한류가 민족 정서를 자극하며 끊임없이 영토분쟁, 교과서 왜곡 등 국가 간 문제를 야기해 온 일본 극우파들의 전략에 말려 반한 감정으로 변질될 수도 있다

149 일본이 한국 드라마를 많이 방영하게 된 이유에 대해 요미우리신문은 "일본 드라마를 제작하는 것보다 한국 드라마를 구입하는 것이 저렴하고, 자국 내의 예전 드라마를 구입하는 것보다 저작권 처리가 간단하다"는 점이다. 또, 시청률 불황으로, 쟈니스 소속사의 아이돌이나 오다기리 조 등의 실력파 배우가 출연해도 시청률이 보장되지 않는다. 제이피뉴스는 결국 상황이 이렇다보니, 일본 방송국들은 '한류팬 부대'라는 고정 시청자가 보장되는 한국 드라마를 선택하게 되는 것이라고 짚었다(동아일보, 2011.08.04).

는 점이다. 2011년 8월 말 극우파에 의해 주도된 후지TV 앞 반한류 시위가 이를 반증해 준다. 참가자 수는 시위 차수가 거듭되면서 6천여 명에 이르는 등 규모가 대형화하기 시작했고, 시위자들은 "한류가 일본 문화를 죽인다, 한국인은 조국으로 돌아가라"는 등의 자극적인 반한 주장을 들고 나왔다. 극우파를 중심으로 한 이런 일본의 반한류, 혐한류 움직임의 본질은 무엇일까? "반한류 시위가 마치 관동 대지진 당시의 조선인 학살사건을 연상시킨다"는 소설가 나카무라 우사기中村うさぎ의 언급처럼 일본의 반한류는 – 신화적 언어기호 한류에 중첩되어 있는 문화제국주의적 이데올로기에 대한 경계의 움직임이 아니라 – 국가적 위기의 돌파구로, 일본인들의 상대적 박탈감과 국가적 열패감의 표출 통로로, 국민적 위기의식의 카타르시스를 위한 전략적 수단으로 동원되고 있는 것은 아닐까 우려된다. 따라서 기존의 대증요법적 위기 대응방안보다는 아시아 드라마시장의 역사발전 단계에 근거한 보다 근원적인 해법이 요구된다.

케이팝(K-pop)과 2차 한류시대(2010-2014년 현재)

2010, 드라마에서 K-pop으로;
패러다임의 전환 근거

K-pop을 메인스트림으로 한 2차 한류시대의 원년은 왜 2010년일

까? 그 근거는 무엇일까? 드라마에서 K-pop으로 한류 패러다임이 전환되었다는데, 그 근거는 또 무엇인가? 이번 "케이팝(K-pop)과 2차 한류시대"에서는 K-pop시장의 확대와 이에 따른 '국가 브랜드 이미지의 변화' '사회적 인식의 변화' '시장환경의 변화' 등 한류시장의 전반적인 변화, 그리고 이런 변화를 가능하게 한 한류 패러다임 전환의 추동력이 무엇인지에 대해 서술한다.

K-pop시장의 확대

드라마 〈겨울연가〉 신드롬(2005) 이후, K-pop시장은 2006년부터 급속한 음악산업 수출 증가세를 보이며, 정체기에 빠져든 드라마 수출시장과 대조를 보인다. 물론, 2006년부터 K-pop의 수출 집계방식이 음반 수출에서 음악산업 수출로 바뀐 데서 오는 일시적인 착시현상으로 볼 수도 있다. 그러나 이 같은 수출 집계방식의 변화가 2009년부터 이루어지는 음악산업의 급속한 수출 성장세까지 설명해 주지는 못한다. 한국의 음악산업 수출은 2009년 전년대비 89.9%의 성장세를 보이며 3천127만 달러의 수출을 기록하고, 탄력을 받은 2010년에는 전년대비 166.3%의 경이로운 성장세를 보여며 2.6배가 넘는 8천320만 달러의 수출실적을 기록한다.

2010년을 K-pop을 메인스트림으로 한 2차 한류시대의 원년으로 보는 첫 번째 이유가 여기에 있다. K-pop 시장에 전 지구화라는 변화가 오기 시작한 것이다. 그리고 2011년에는 전년대비 121.1%가 증가한 1억9,600만 달러를 기록하고, 2012년에는 같은 해 드라마 수출액인 2억

3,382만 달러를 넘어서는 2억3,500만 달러를 기록해 명실공히 수치상으로도 K-pop이 드라마를 앞선 한류의 메인스트림으로 떠오른다. 다시 말해 K-pop을 메인스트림으로 한 2차 한류시대의 원년은 2010년이고, 본격적인 K-pop시대는 2012년부터로 볼 수 있다.

K-pop이 2010년 전 세계 229개국에서 8억 회 조회 수를 기록한 것도 한류 패러다임 전환의 근거로 제시될 수 있다. 중앙일보는 2010년 한 해 동안 유튜브에 등록된 SM엔터테인먼트 · YG엔터테인먼트 · JYP엔터테인먼트 등 3대 가요기획사 소속 한국 가수의 전체 동영상 923개를 분석했다. 분석 결과 2010년 전 세계 229개국의 네티즌들이 한국 가수들의 동영상을 조회한 횟수는 모두 7억9,357만여 건이었다. 대륙별로는 아시아(5억6,627만여 건), 북미(1억2,347만여 건), 유럽(5,537만여 건) 순이었다. 특히 미국의 부상이 주목됐다. 조회 수만으로는 여전히 아시아지역의 비중이 컸지만, 국가별로 살펴볼 경우 미국(9,487만여 건)이 일본(1억1,354만여 건), 태국(9,951만여 건)에 이어 3위를 기록했다.

[표 3-44] K-pop의 음반 및 음악산업 수출실적(1995~2012)

연도	수출액	전년대비 증가율	비고
1995	7,000		음반 수출
1996	7,727		
1997	8,545		
1998	10,181	19.1	
1999	9,636		
2000	9,363		
2001	8,545		
2002	5,000		
2003	3,818		
2004	5,454		
2005	7,272	33.3	
2006	16,666	129.2	음악산업 수출
2007	13,885		
2008	16,468		
2009	31,269	89.9	
2010	83,262	166.3	
2011	196,113	121.1	
2012	235,097	19.9	

※ 출처: 문화관광부 · 한국문화콘텐츠진흥원 《음악산업백서 2007》, 《음악산업백서 2009》; 문화체육관광부, 《2011 콘텐츠 산업백서》, 「2013 콘텐츠산업 통계조사」. 단위: 천달러, %. 1995~2005 수출액은 원화를 환률 1,100원/$으로 환산한 수치임.

미국이 한류의 주요 시장으로 떠오른 것이다. 국가별 팬 층도 다양해졌다. 연간 30만 건 이상 조회한 나라 가운데는 이집트(63만여 건), 쿠웨이트(41만4,000여 건) 등 중동 국가들도 다수 포함됐다. 몬테네그로(2만2,000건), 뉴칼레도니아(1만4,000건), 과들루프(1만 건) 등 낯선 이름의 나라들도 수두룩했다. 인터넷 접속 통제국가인 북한도 224건이 포함돼 눈길을 끌었다. 세계를 묶는 인터넷과 한국 대중문화 콘텐츠의 행복한 만남이다. 이원진[150]은 "200개가 넘는 국가에서 국내 가수들의 동영상을 8억 회 가까이 시청했다는 건 K-pop의 세계시장 진출 가능성을 증명해 준 결과"라고 평가했다[151](중앙일보. 2011.01.17). K-pop 아티스트들의 해외시장 진출 과정을 기술한 다음의 짤막한 정부 기록도 본격적인 한류 패러다임의 전환시점이 2010년임을 암시해 준다. 다시 말해 다음의 글은 여성 아이돌그룹의 일본시장 안착이 K-pop 아티스트들의 일본시장 진출의 완성을 의미한다는 것이고, 이것이 2010년에 이루어졌음을 확인시켜 주는 단서가 된다. 그리고 이런 인적 수출기반의 조성이 2010년 이후의 K-pop 수출 증가세를 뒷받침하는 산업적 토양이 되기도 한다.

드라마 〈겨울연가〉(KBS)가 일본에서 크게 성공하고, 드라마 OST가 인

150 구글코리아 대표(아시아 매니징 디렉터 겸임).

151 2011년 유튜브의 K-pop 동영상 조회 수는 2010년에 비해 크게 증가한다(SM, YG, JYP 엔터테인먼트 기준). 2011년 1월 1일부터 12월 5일까지 유튜브에 올려진 K-pop 가수들의 뮤직비디오 등 각종 동영상은 전 세계 235개국에서 22억8,665만여 건 조회된 것으로 나타났다. 일본, 동남아 등 아시아에 국한돼 있던 K-pop의 인기가 유럽, 북미, 남미, 중동 등 세계 곳곳으로 확산됐다. 유튜브의 K-pop동영상은 2010년 기준으로 약 8억 회 조회됐지만, 2011년에는 약 23억 회로 3배 가까이 늘어났다. 한 번이라도 K-pop 동영상을 열어본 국가도 2010년 229개국에서 2011년 235개국으로 증가했다. 양적, 질적 진화를 거듭하면서 K-pop은 전 지구적 문화현상으로 떠올랐다. 2011년 유튜브의 K-pop 조회 수를 국가별로 살펴보면, ▶일본(4억2,300만 건) ▶미국(2억4,000만 건) ▶태국(2억2,000만 건) ▶대만(1억8,000만 건) ▶베트남(1억7,000만 건) 순이었다. 연간 조회 수 1,000만 건 이상을 기록한 국가만 21개에 달했다. 100만 건 이상 조회한 국가 가운데는 아랍에미레이트(480만 건), 쿠웨이트(170만 건) 등 중동 국가도 다수 포함됐다. 바하마(6만4,000건), 과들루프(5만 7,000건) 등 낯선 이름의 나라도 수두룩했으며, 인터넷 접속 통제 국가인 북한(188건)도 포함돼 눈길을 끌었다. 특히, 미국의 부상이 주목된다. 미국은 2011년 K-pop 동영상을 약 2억4,000만 건 조회했는데, 2010년(9,400만 건)에 비해 2배 이상 늘어난 수치다(중앙일보. 2012.01.02).

기를 얻기 시작하면서 2009년 드라마 팬을 중심으로 한국 가수가 큰 사랑을 받게 되고, 1세대 K-pop 붐이 일기 시작한다. 그때부터 동방신기, 빅뱅 등 남성그룹이 일본시장에 들어오고, 2010년 여성그룹도 뒤따라 안착한다(문화체육관광부 · 한국콘텐츠진흥원, 2011: 25).

이처럼 2010년 K-pop의 시장 확대는 K-pop 아티스트들의 활약에 기초한다. 그 중심에 동방신기가 있다. 동방신기는 일본 진출 5년 만에 각종 기록을 갈아치우며 2009년 일본에서만 900억 원 이상의 매출을 기록한다. 동방신기의 성공은 슈퍼주니어, SS501, 2AM, 2PM, FT아일랜드, 비스트, 빅뱅 등 다른 아이돌그룹의 일본행에 물꼬를 텄다는 점에서 의미가 깊다. 활동 중단을 선언했지만 유닛 활동만으로도 이들의 파괴력은 여전하다. 멤버마다 드라마에 출연해 또 다른 화제를 낳는다. 휘성, 김범수, 김태우, MC몽, 케이윌 등 솔로 가수들도 꾸준한 활동으로 팬 층을 넓혀가고 있다(한국일보. 2010.04.24).

특히, 2010년 카라, 포미닛, 소녀시대, 브라운아이드걸스 등 한국 걸그룹의 일본 내 진출은 중요한 의미를 갖는다. 카라는 도쿄 번화가인 시부야에서 게릴라 콘서트를 열었다. 아무런 예고도 없었지만 좁은 무대 앞에 3,000여 명이 한꺼번에 몰리며 일대 교통이 마비돼 경찰까지 출동했다. 주최 측은 안전을 이유로 30분 예정이던 콘서트를 3분 만에 중단한다. 팬 사인회에는 1만 명이 성황을 이뤘다. 도쿄 아리아케 콜로세움 공연을 통해 일본시장에 데뷔한 소녀시대는 공연 횟수를 1회에서 3회로 늘려 잡았다. 일본 팬들의 관람 요청이 쇄도했기 때문이다.

[표 3-45] K-pop 여성그룹의 일본시장 진출(2010)

그룹명	히트곡	주요활동
포미닛	〈뮤직〉, 〈핫이슈〉	〈아이 마이 미 마인〉 앨범 오리콘 차트 20위권
카라	〈미스터〉, 〈루팡〉	〈미스터〉 앨범 오리콘 주간 차트 5위
소녀시대	〈소원을 말해봐〉, 〈지〉	〈소녀시대〉 DVD 오리콘 차트 4위
브라운아이드걸스	〈아브라카다브라〉, 〈어쩌다〉	세련된 일렉트로닉 스타일과 건방춤 화제

요미우리신문은 한국 걸그룹의 인기가 과열 조짐을 보이며 2010년 일본 음악시장의 '태풍의 눈'으로 떠오르고 있다고 보도하며, "이들 걸그룹이 신한류를 이끌고 있다"고 전한다. 카라가 일본에서 발매한 싱글 앨범 〈미스터〉가 폭발적 인기를 누리고 있다. 일본 오리콘 싱글 주간 차트에서 5위에 올랐다. 해외 여성그룹이 데뷔 싱글로 오리콘 주간 차트 톱5 안에 든 것은 처음이다. 카라의 '엉덩이춤'은 일본 유튜브에서 선풍적 인기를 끌고 있다. 일본 인기 연예인들이 카라의 팬임을 자처하면서 방송 섭외 요청도 쇄도하고 있다.

일본 데뷔에 앞서 출시된 소녀시대 DVD는 오리콘 종합 DVD 차트에서 4위에 올랐다. 한국 걸그룹들이 유니버설 · 소니뮤직 등 굴지의 음반사들과 계약을 맺은 것도 이들의 인기를 반영한다. 소녀시대 · 카라 등과 계약을 맺은 유니버설뮤직 관계자는 "한국 걸그룹들이 동방신기 등 남성그룹보다 더 큰 폭발력을 갖게 될 것"이라고 말했다. 요미우리신문은 "한국 걸그룹은 데뷔 전부터 해외진출을 목표로 외국어 · 춤 · 가창력 등 엄격한 훈련을 받는다"며 "이것이 한국 걸그룹의 경쟁력"이라고 분석했다. 타워레코드 관계자는 "한국 걸그룹은 모델 같은 신장과 스타일을 갖춘 데다 퍼포먼스도 뛰어나다"며 "이는 귀여운 이미지의 일본 아이돌과 차별되는 점"이라고 말했다. 실제 일본 언론은 소녀시대를 '아름다운 각선미의 9인조 그룹'으로, 포미닛과 브라운아이드걸스를 '힙합 요소를 갖춘 파워풀한 여성그룹'으로 소개하고 있다.

요미우리신문은 또, 지금까지 한류가 드라마 〈겨울연가〉 또는 남성그룹 동방신기에 매료된 일본 여성들에 의해 유지돼 왔지만, 걸그룹의 약진으로 일본 내 한류팬이 10~20대 남성 팬들로까지 확대되고 있다고 보도했다. 한국 걸그룹이 한국 가요에 관심 없던 일본 남성들을 매료하며 일본 아이돌 시장을 잠식하고 있다는 것이다. 일본 시사주간지 아에라AERA는 한국 걸그룹의 인기와 관련, "1980년대 영국 그룹이 미국 시장에서 큰 성공을 거둔 것처럼 한국 K-pop이 일본시장을 석권하는 '코리안 인베이전Korean Invasion'이 일어날 수도 있다"고 보도했다(중앙일보. 2010.08.23).

미국 로스앤젤레스 스테이플스 센터에서는 2010년 9월 4일 'SM타운 월드투어콘서트'가 열렸다. 보아 · 소녀시대 · 슈퍼주니어 등 SM엔터테인먼트 소속 가수 43명 전원이 무대에 오른 대규모 공연이었다. 스테이플스 센터는 LA를 대표하는 공연장이다. 2010년 초 그래미상 시상식이 열렸으며, 산타나 · 비욘세 등 특급 팝스타들이 콘서트를 연 곳으로 유명하다. 마이클 잭슨이 사망 직전 이곳에서 공연을 준비했고, 사망 이후 그의 장례식이 열린 곳으로도 잘 알려져 있다. 한국 가수가 스테이플스 센터에서 단독 공연을 한 건 처음이다. 공연 시작 대여섯 시간 전부터 이곳 주변에는 수천 명의 미국 팬들이 긴 줄을 늘어섰다.

한국계 · 중국계 등 아시아계 미국인은 물론 백인 · 흑인 · 히스패닉 등 다양한 인종의 팬들이 공연장을 찾았다. 공연장 둘레엔 '샤이니 사랑해' 등 한글 플래카드를 든 미국 팬들도 적잖았다. 친구들과 함께 공연장을 찾은 루시아는 슈퍼주니어의 히트곡 〈쏘리 쏘리〉Sorry Sorry를 한국말로 부르며 춤까지 추고 있었다. "어릴 때부터 유튜브를 통해 한국 아이돌그룹의 노래를 익혔다. 미국 팝 음악은 거의 안 듣지만, 동방신기 · 샤이니 등 한국 가수들의 노래는 일일이 찾아서 듣는다"고 말한다. 스물일곱 시간이 걸려 LA에 도착했다는 팬도 있었다. 스페인에서 온 요소피는 "SM 타운 콘서트에 오려고 아르바이트를 해 비용을 마련했다"고 한다.

이날 공연은 두 달 전 이미 매진됐다. 할리우드 스타 잭 니콜슨이 SM 측에 티켓 구매를 문의했을 정도다. 모두 7층으로 이뤄진 객석(플로어 포함)에는 1만5,000여 관객이 빼곡히 들어찼다. 평소에는 NBA 농구팀 LA 래이커스의 홈구장으로 사용되는 스테이플스 센터는 이날 수천 개의 야광봉으로 뒤덮였다. 공연장은 미니 지구촌처럼 보였다. 백색 얼굴과 흑색 얼굴, 황색 얼굴이 뒤섞여 한국 가요를 따라 출렁이고 있었다. 가수들도 한국어 · 영어 · 중국어 · 일본어 등을 섞어가며 관객의 호응을 이끌어냈다.

걸그룹 f(x)가 시동을 걸었다. 데뷔곡 〈라차타〉의 숨 가쁜 리듬에 관객이 일제히 환호성을 내질렀다. 이어 남성 아이돌그룹 샤이니가 등장하자 금발의 소녀팬들이 방방 뛰는 모습이 보였다. 2009년 미국 진출에 성공한 보아는 두터운 영어 실력으로 전체 무대를 이끌어 관심을 끌기도 했다. 순간 불이 꺼졌다. 희미한 조명을 뚫고 한국의 대표적인 걸그룹 소녀시대의 실루엣이 설핏 비쳤다. 터져 나오는 묵직한 함성, "소.녀.시.대!" 하지만 어딘가 어눌한 한국말투다. 미국판 삼촌팬, 그러니까 '엉클팬'의 우렁찬 함성이었다. 핑크빛 티셔츠를 맞추고 자리잡은 소녀시대 팬 가운데는 파란 눈의 '엉클팬'도 숱했다. 특히 히트곡 〈Oh!〉를 부를 땐 주요 멜로디인 "오오오오, 오빠를 사랑해"를 한 목소리로 따라하기도 했다.

남성 아이돌에 대한 반응도 뜨거웠다. 대만에서 33주 연속 차트 1위에 올랐던 슈퍼주니어의 〈쏘리 쏘리〉는 대다수 미국 소녀 팬들도 익히 알고 있는 듯했다. 〈쏘리 쏘리〉가 나오자 곳곳에서 한국말로 노래를 부르고, 춤을 따라했다. 멤버 탈퇴 등으로 어수선했던 동방신기(유노윤호 · 최강창민)에 대한 관심도 여전했다. 와이어에 매달린 두 멤버가 공중으로 솟아오르며 등장하자 비명에 가까운 함성이 쏟아졌다. 4시간 동안 펼쳐진 공연실황은 3D 입체영상에 담겼다. 영화 〈아바타〉를 만든 제임스 캐머런 감독의 영상팀이 제작해 연말께 선보인다. 이번 콘서트에는 국내 기획사 최초로 전세기가 동원됐다. SM소속 가수 전원과 스태프, 취재진 250명이 보잉 747 전세기를 타고 미국으로 향했다. 기내에선 SM의 최고참 가수인 김민종 · 강타가 직접 음료 서빙하고, 슈퍼주니어의 리더 이특이 안내 방송을 했다. 전세기를 띄우는 데만 10억 원 상당이 들었다고 한다(중앙일보. 2010.09.06).

태국 방콕의 대형 공연장인 임팩트 아레나에는 2010년 11월 13일 1만2,000여 명의 태국 관객들이 몰려들었다. 엠넷Mnet미디어의 글로벌 프로젝트 'MULA'Mnet Ultimate Live in Asia 콘서트 현장이다. 한국 아이돌그룹 원더걸스 · 2PM · 비스트 · 포미닛이 등장하자 1만여 관객들이 일제히 소리를 지르기 시작했다. 태국 팬들은 〈노바디〉 등 한국 가수의 히트곡들을 한 목소리로 따라 부르며 열기를 끌어올렸다. 공연 주최 측은 이날 단 한 차례 공연만으로 약 10억 원의 티켓 수입을 올렸다. 이처럼 국내 아이돌그룹의 공연은 아시아시장을 중심으로 '명품 콘서트'로 자리를 잡아가고 있다. 정상급 아이돌그룹의 아시아 투어 콘서트의 경우 대부분 100% 매진을 기록 중이다.

슈퍼주니어는 중국 · 대만 · 필리핀 · 말레이시아 등에서 2010년 모두 여덟 차례 해외 단독콘서트를 열었다. 이들의 콘서트를 보기 위해 공연장을 찾은 아시아 관객만 10만여 명, 평균 티켓 값이 8만 원 상당인 것을 감안하면, 아시아 투어 콘서트로만 약 80억 원의 수입을 올린 것으로 추산된다. 미국 무대에 진출한 원더걸스도 2010년 미국 · 캐나다 등 북미 지역에서만 모두 27차례 콘서트를 했다. 오리콘 차트 1위에 오르며 일본 무대에서 성공적인 데뷔를 한 소녀시대도 2010년 8월 도쿄 쇼케이스에 2만여 명의 일본 팬을 불러들였다. 해외에 정식 데뷔를 하지 않았더라도 콘서트에선 막강 파워를 입증 중이다.

'콘서트 한류'가 아이돌에만 국한되는 건 아니다. K-pop의 인기가 단단해지자 수십 년간 활동해 온 국내 대형 가수들도 해외를 향하고 있다. 일본 도쿄의 오차드홀에서 콘서트를 연 이문세가 대표적이다. 이 공연엔 일본인 관객 2,000여 명이 몰렸다. '콘서트 한류'가 탄력을 받으면서 케이블채널 엠넷미디어는 아예 아시아를 타깃으로 한 프로그램을 내놨다. 2010년 8월 대만을 시작으로 이어지고 있는 MULA는 2PM·원더걸스·비스트 등 국내 대표 아이돌그룹들이 합동 무대를 펼치는 아시아 투어 콘서트다. 평균 1만 명 이상의 관객이 몰리는데, 회당 티켓 매출이 최소 6억 원을 웃돈다고 한다.

2010년 11월 엠넷에서 방영되는 연말시상식 '2010 엠넷 아시안 뮤직 어워드MAMA'는 아예 무대를 마카오로 옮겼다. 국내 아이돌그룹은 물론 해외 가수들까지 대거 참여하는 시상식은 마카오 TDM, 태국 GMM, 베트남 SCTV 등 아시아 주요 13개국의 지상파 방송을 통해 4시간 동안 생중계 된다. 아시아 전역의 팬들이 동시에 한국 가수들의 콘서트를 안방에서 즐기게 된 셈이다(중앙일보. 2010.11.26). 마카오 베네시안 호텔 코타이 아레나에서 열린 '2010 MAMA'는 한국의 음악시상식이 글로벌 시장을 겨냥해 해외에서 열린 것은 첫 번째 무대다. "시상식의 형태를 덧입은 한국형 음악쇼"(고료 히로시 일본 뮤직온TV 대표)라는 평가처럼 합동 콘서트의 면모가 두드러졌던 축제였다(중앙일보. 2010.11.30).

K-pop을 주도적으로 소개하는 태국 음반기획사 GMM은 2010년 슈퍼주니어·소녀시대 등의 음반 13장을 내놓았다. 최근 3년 6개월 간 발매한 K-pop 앨범이 70여장에 이른다. 방콕 KOTRA(대한무역투자진흥공사)의 2010년 집계에 따르면 태국 음반시장 규모는 연간 200억 바트(7,300억 원)다. 이 중 한국콘텐츠의 점유율은 전체 17.5%인 35억 바트(1,280억 원)에 이른다. 문화체육관광부가 주관한 '2010 한류포럼'에서도 태국 내 해외음반 판매량의 50~60%가 한국산으로 집계됐다. GMM 국제사업 담당 슈라차이 센수리는 "현재 K-pop팬은 기존 드라마 팬과

별도로 확산 중"이라고 말했다. "1996년 EMI 근무 당시 박진영 앨범을 팔았는데 총 100장이 못 됐다. 태국에 진출한 1세대 음악은 웨스턴(서구팝)을 따라한 듯했고 개성이 부족했다. 지금은 K-pop이라 할 수 있는 캐릭터가 잡혀 있다. 훈련 잘된 아이돌과 차별화된 안무, 체계적인 프로덕션까지 자체 경쟁력이 충분하다"(중앙일보. 2011.01.18). 독립적 확산단계[152](2006~2009)를 거친 K-pop의 시장 확대는 2010년을 기점으로 본격적인 전 지구화를 이뤄내고, K-pop의 성공적인 밈복제 과정은 한류 패러다임의 전환시점을 2010년으로 보게 한다.

한류시장의 변화

국가 브랜드 이미지의 변화

'한류의 새로운 도약! 2011년을 기약하다'를 주제로 한 '2010 한류포럼'[153]에서는 한류 핫이슈 'TOP 10'을 발표했다. '톱텐'은 2010년 11월 한국, 일본, 중국, 태국, 베트남 등 아시아 5개국 3,000명을 대상으로 실시한 온라인 설문조사를 통해 얻은 결과를 종합한 것이다. 분석 결과, 2010년 '한류 핫이슈' 1위는 '문화 한류에서 경제 한류로의 진화'가 꼽혔다.[154] 한국의 국가 브랜드 이미지가 문화 한류에서 경제 한류로 바

---

152 드라마 〈겨울연가〉 신드롬(2005) 이전, K-pop은 드라마의 성공 여부에 따라 수출액의 변동폭이 컸다. 그래서 1998년부터 2005년 〈겨울연가〉 신드롬까지를 K-pop의 '의존적 확산단계'라고 하고, 그 이후 2006년부터 2009년까지를 K-pop의 '독립적 확산단계'라고 한다. 2010년부터는 독립적 확산단계를 넘어 한류의 메인스트림이 된다.

153 한국문화산업재단이 주최한 행사로 2010년 12월 1일 서울 프레스센터 국제회의장에서 열렸다.

154 2위는 '한식 한류, 세계인의 입맛을 사로잡다', 6위는 아시아 팬들에게 애통함을 안겨준 '한류

뀌었고, 이 같은 국가 브랜드 이미지 변화의 근간에 한류스타의 역할이 크게 작용했다고 포럼은 분석했다. 3위 '일본의 K-pop 열풍' 4위 '스포츠 한류스타, 한국을 세계에 알리다' 5위 '한류스타 따라잡기 열풍' 7위 '한국 드라마 열풍' 등 톱텐 안에 들어와 있는 핫 이슈들을 살펴보면 한류스타의 역할이 강조된 포럼의 분석배경을 가늠해 볼 수 있게 된다.

그런데 한류 포럼의 조사결과가 재미있는 것은 'K-pop 열풍'(3위)이 '드라마 열풍'(7위)을 순위에서 앞섬으로써 2010년 2차 한류시대의 메인스트림으로 부상한 K-pop의 변화된 위상을 보여 주고 있고, 드라마 열풍은 4위인 스포츠 한류스타한테도 순위에서 밀려 드라마 수출 정체기의 실상을 그대로 보여 주고 있다는 점이다.

한편, 문화가 경제 한류의 근간이 되고 있다는 한류 포럼의 발표와는 정반대로 경제가 문화 한류의 근간을 이루고 있다는 주장이 있어 눈길을 끈다. 영국의 BBC는 "K-pop이 팬들을 열광시키고 이익을 창출한다"는 윌리암슨Williamson 특파원의 서울발 기사(2011.04)를 보도한다. 한류의 본고장에서 보고 느낀 점을 외국인의 시각으로, 그것도 기자의 객관적인 시각으로 분석했다는 점에서 흥미를 끈다. 특히 과거의 한류는 '재벌'을 앞세운 것이었지만 지금은 K-pop이 그것을 대신하고 있다는 분석은 국가 성장 동력의 변화 내지는 문화콘텐츠 개발의 중요성을 포함하고 있어 눈여겨 볼 대목이다.

스타 박용하 자살'이 올랐다. 이어 8위 '연예인 윤리문제', 9위 '한국 드라마 촬영지 관광 열기 지속', 10위 '한류의 매력, 의료관광으로 이어지다'가 TOP 10에 포함됐다(헤럴드경제, 2010.12.02).

우선 그는 K-pop의 확산을 연예기획사만의 전리품으로 해석하는 데에는 무리가 있다고 본다. 한국 기업들이 수출과 현지화를 통해 깔아 놓은 '대한민국 브랜드'가 없었다면 K-pop의 성공은 그리 녹록치 않았을 것이란 해석이다. 삼성 · LG · 현대기아차 등 글로벌 브랜드의 약진과 이들 기업이 해외 현지에 쏟아 부은 밑천이 K-pop의 연착륙을 도왔다는 분석에 힘이 실리는 이유다. 기업 브랜드와 더불어 'G20'[155]을 선도하는 국가 브랜드 역시 K-pop을 믿을 수 있고 구매할 수 있게 한 보증수표란 점에서 이들 보이지 않는 자양분이 오늘의 결실을 맺게 했다고 보는 것이다. BBC의 분석도 이를 뒷받침 한다. "지난 수십 년간 한국 경제의 성공에는 '재벌'chaebol 또는 가족기업이 있었다. 삼성 · 현대 같은 대기업이 한국 경제의 중추구조를 이루고 있었으나, 이제는 '한류'로 국가 브랜드가 바뀌고 있다"고 분석했다. 이는 대기업들이 그 동안 일궈 놓은 한류의 질적 토대를 인정한 것이다(세계일보. 2011.08.12).

이처럼 서로 상반된 견해, 즉 문화에서 경제 한류로의 진화든, 경제에서 문화 한류로의 진화든 중요한 것은 2010년을 전후해서 한국의 국가 브랜드 이미지가 변화하고 있다는 것이고, 그 가운데 K-pop이 중추적인 역할을 하고 있다는 사실이다.

2010년 한류 패러다임 전환 시점 이후, K-pop 자체가 한국의 국가 브랜드 이미지화하고 있다는 보고서도 있다. 이탈리아, 헝가리, 독일, 프랑스, 영국 등 유럽 5개국 대학생들을 중심으로 한 "2011 유럽 한

155 G20은 세계 주요 경제국들의 모임. G7과 EU 의장국, 12개 신흥국 등 20개국으로 구성됨.

류와 국가브랜드 조사 보고서"에 의하면 유럽 젊은이들은 한국에 대한 연상 이미지로 북한을 제외하고, K-pop(6.9%)을 가장 먼저 떠올린다. K-pop은 서울(6.5%), 삼성(5.1%), 김치(2.7%), 2002 한 · 일월드컵(2.4%), 태권도(2.0%), 자동차(1.4%)보다도 인지도 면에서 앞선다(KOTRA, 2012).

또, 중국과 미국, 일본, 러시아 등 해외 9개국 3,600명을 대상으로 실시한 한국의 이미지 실태 조사[156] 결과에서도 "한류라고 생각되는 분야를 꼽으세요"라는 질문에 'K-pop'이 1위를 차지했다(전자신문. 2012.12.17). 한국관광공사가 10대~40대 영국인과 프랑스인 각각 150명을 대상으로 조사한 '영국 · 프랑스 신한류시장 보고서'에 따르면 전체의 77.0%가 '한류 문화를 접하고 한국에 대한 태도가 긍정적으로 바뀌었다'는 답변을 내놓았다. 응답자의 80%는 뮤직비디오나 드라마, 영화 등 한류 콘텐츠를 일주일에 한 번 이상 접한다고 밝혔다. 특히 매일 1회 이상 접촉한다는 답변도 24.7%를 차지할 만큼 적극적으로 콘텐츠를 찾아보는 '마니아' 유럽인들이 많은 것으로 나타났다. 가장 관심을 갖는 한류 콘텐츠로는 50.7%가 K-pop을 꼽았다. 다음으로는 영화(18.0%), 음식(10.0%), 드라마(6.7%), 게임(4.0%) 순으로 조사됐다(서울경제. 2012.12.30).

156 문화체육관광부와 한국문화산업교류재단이 공동으로 조사한 보고서. 2012년 12월 17일 발표.

사회적 인식의 변화

아시아를 포함한 전 세계인들이 한국의 대중문화를 얼마나 좋아하고, 한국의 대중문화에 대해 얼마나 관심을 갖고 있는지를 과학적으로 수치화한 것이 한류지수KWI, Korean Wave Index다. 국가별, 콘텐츠별 한류 현상과 한류의 인기도를 쉽게 파악할 수 있도록 수치화 것으로 한류소비 통계자료(2009)와 콘텐츠별 호감도 측정을 통해 도출된다(문화체육관광부, 2011: 314). 중국 · 일본 · 대만 · 베트남 · 태국 등 5개국을 대상으로 실시한 '2010년 한류지수' 조사결과를 보면, K-pop이 장르별 한류지수 1위를 기록한다. 이를 내림차순으로 정리하면, K-pop(107)→ 게임(101)→ 드라마(100)→ 영화(94)의 순이다(ibid. 314). 이는 곧, K-pop이 드라마를 대체하는 새로운 한류의 메인스트림, 즉 2차 한류시대로의 진화 모멘텀이 되었음을 시사해 준다. 그리고 그 시점이 2010년이라는 사실도 확인시켜 준다. 국가별로는 일본에서의 K-pop 선호도(117)가 가장 높은 것으로 나타난다. 다음은 베트남(108)→ 태국(106)→ 대만(104)→ 중국(102)의 순이다([표 3-46] 참조).

[표 3-46] 한류지수 조사결과(2010)

구분	중국	일본	대만	베트남	태국	소재별 한류지수
방송	96	85	111	105	102	100
K-pop	102	117	104	108	106	107
영화	91	88	97	95	101	94
게임	100	102	100	100	100	101
국가 한류지수	97	98	103	102	102	101

※출처: 《2010 음악산업백서》, 문화체육관광부 · 한국콘텐츠진흥원(2010).

K-pop이 한류의 새로운 메인스트림으로 부상하면서 K-pop 아티스트들에 대한 사회적 인식도 변화한다. '셀레브리티'celebrity란 대중에게 널리 알려진 유명 인사를 말한다. 포브스Forbes 코리아는 국내 유명인 100여 명을 대상으로 소득, 영향력, 명성, 전문성 등을 종합평가해 최상위에 오른 40인을 매년 발표한다. 그런데 포브스코리아가 선정한 '2011 파워 셀레브리티 40'을 보면, 최상위 순위를 K-pop 아티스트들이 모두 차지하고 있음을 확인하게 된다. 소녀시대는 2010년에 이어 2년 연속 한국 최고의 '파워 셀레브리티'에 선정된다. 1위인 소녀시대를 비롯해 2위 빅뱅, 3위 아이유, 4위 카라, 6위 이승기, 9위 비스트, 11위 2PM, 13위 JYJ, 15위 동방신기, 16위 슈퍼주니어, 17위 티아라 등 '파워 셀레브리티 40'의 최상위권에 11명의 K-pop 가수들이 포함돼 있다(중앙일보. 2012.02.25). 이는 결국, K-pop 아티스트들에 대한 사회적 인식이 K-pop의 전 지구적 확산과 더불어 크게 변화하고 있음을 보여 주는 근거가 되고 있다.

시장환경의 변화
– 연예인 주식 부자의 등장

이수만SM · 박진영JYP · 배용준KEYEAST · 양현석YG 등 연예인 주식 부자로 손꼽히는 이들은 대부분 연예기획사 대표들이다. 시장 상황에 따라 부자 순위는 엎치락뒤치락한다. 2008년 초에는 배용준과 박진영이 주식 부자 1위 자리를 놓고 다퉜다. 그러나 2012년 초부터는 이수만과 양현석의 양강체제로 굳어진다.[157] 대형 기획사를 중심으로 한 아이돌 가수의 전성시대가 열리고, K-pop 열풍이 불어온 영향이다(중앙일보. 2012.03.29). 연예인 주식 부자의 지분 가치 규모도 크게 달라졌다. 몇 년 전만 해도 보유 지분 가치는 수백억 원 수준이었다. 그러나 지금은 수천억 원대로 '0'이 하나 더 붙는다.

2012년 3월 현재 양현석이 보유한 지분 가치는 최근 시세로 약 2,100억 원대다. 이수만의 지분 가치 역시 2,000억 원이 넘는다. 두 회사는 꾸준히 수익을 내면서 영속기업으로서의 체계를 갖춰 '급이 다르다'는

157 YG는 2011년 11월 코스닥 시장에 상장된다. 주가는 장이 열리기 무섭게 급등했다. 6만8,000원에서 시가가 형성됐고 개장 2분 만에 거래 제한폭(15%)까지 상승했다. 시가보다 1만200원(15%) 오른 7만8,200원. 공모가가 3만4,000원이었던 걸 고려하면 상장과 동시에 주가가 2.3배로 뛴 것이다. YG의 상승세는 당분간 쉽게 꺾이지 않을 것이란 전망이 많다. 박지나 현대증권 애널리스트는 "YG는 소속 가수에게 맞춘 차별화된 기획력을 구사할 수 있는 강점이 있다"며 "내년 영업이익과 단기순이익이 각각 47%, 67% 늘어나는 등 성장세가 지속될 것으로 예상된다"고 말했다. 잭팟을 터뜨린 YG와 대조적으로 SM과 JYP는 이날 하한가 가까이 급락했다. SM은 8,500원(14.14%) 내린 5만1,600원에, JYP는 1,140원(12.24%) 내린 8,170원에 거래를 마쳤다. 성준원 신한금융투자 책임연구원은 "YG가 새로 등장하면서 개인 투자자들이 기존 회사보다 YG로 시선을 돌린 측면이 크다"며 "시간이 지나면 실적이 좋은 SM과 YG의 주가는 같은 방향으로 움직일 가능성이 크다"고 말했다(중앙일보. 2011.11.24).

증권가의 평을 듣고 있다. 달라진 위상은 2011년 말 상장한 YG의 공모 청약에서 확인된다. 공모 청약에 무려 3조6,000억 원이 몰렸다. 경쟁률만 560대 1이 넘었다. 역대 공모주 청약에서 삼성생명, KT&G, 삼성카드 등에 이은 15위에 해당한다. 코스닥 상장기업만 놓고 보면 2001년 3조8,000억 원을 끌어 모은 엔씨소프트에 이어 10년 만에 최대다. 공모가도 3만4,000원으로 만만찮았다. 그만큼 투자자들이 엔터테인먼트 업종의 성장성에 주목한 결과다(중앙일보. 2012.03.29).

이처럼 연예인 출신의 1,000억대 주식 갑부가 등장하면서 기존의 원조 연예인 주식 부자들은 사람들의 관심에서 조금 멀어진 듯하다. 주식 부자 하면 떠오르는 연예인은 한류스타 배용준이다. 그는 현재 키이스트의 대주주로 아직 건재하다. 2012년 말 기준 그의 주식 평가금액은 236억 원 정도 된다.[158] 박진영은 상장된 주식 평가액만 계산하면 2012년 말 기준으로 약 7억 원이다. 하지만 비상장 JYP 지분까지 합하면 단숨에 연예인 주식 부자 순위 3위로 뛰어오를 수 있을 것으로 보인다. 2013년 1월 현재 핵심 연예인들이 상당수 비상장 JYP에 속해 있기 때문이다. 박진영은 비상장 JYP의 지분 가운데 44.17%를 보유하고 있다. JYP엔터테인먼트와 비상장 JYP는 2012년 초에도 합병을 고려했지만 상황이 여의치 않아 계획을 보류한 바 있다.[159]

158 2012년 초 키이스트의 주가가 3,000원대에 머물면서 배용준의 주식 가치도 초반 120억 원대로 절반 가까이 쪼그라든다. 그러나 하반기 들어 드라마의 흥행과 소속 연예인의 활약이 예상되면서 다시 회복된다.

159 이 밖에도 연예인 주식 부자들이 많이 있다. 가수 양수경은 예당의 지분을 4.39% 보유하고

이수만은 이미 연예인 주식 거부로 유명하다. 2012년 말 기준 이수만의 SM 주식 평가금액은 2,000억 원 수준이다. 하지만 1위 자리는 이미 내준 지 오래다. 현재 연예인 주식 부자 1위는 YG의 수장 양현석이 차지하고 있다. 양현석의 지분 평가액은 2,195억 원에 달한다(매일경제. 2013.01.05). 양현석이 2012년 주식 부자 1위를 차지하게 된 가장 큰 요인 두 가지는 5인조 남성 아이돌그룹 빅뱅의 귀환과 싸이의 〈강남스타일〉 성공이다.

YG는 그룹 빅뱅의 소속사다. 연예계 주식 부자 판도에 '빅뱅'(대폭발)이 일어난 것은 YG의 무상증자 때문이다. YG는 2012년 2월 1일을 기준일로 보통주 1주당 신주 1주를 배정하는 무상증자를 실시했다. 덕분에 YG 주가는 2월 20일까지 65% 넘게 올랐다. 아이돌그룹 빅뱅의 귀환에 따른 실적 개선 기대감도 주가 상승에 불을 지폈다(중앙일보. 2012.02.21). 싸이는 내수용 가수였다. 그런 그가 글로벌 이벤트를 만들어낸다. 싸이의 중독성 강한 노래 〈강남스타일〉이 전 세계적으로 인기를 얻자, 증시에 상장된 3대 연예기획사 가운에 유일하게 강남 아닌 곳에 사옥을 둔 YG가 싸이의 〈강남스타일〉 열풍의 수혜를 고스란히 누리

있다. 금액으로 따지면 8억 원 수준이다. 양수경의 남편은 변두섭 예당 회장으로 그가 보유하고 있는 예당 지분 가치는 386억 원이다. 장동건은 SM C&C와 자신이 100% 지분을 보유하고 있던 AM 엔터테인먼트가 합병하면서 SM C&C 주식 124만여 주를 받았다. 현재 지분 가치는 44억 원에 달하지만 2013년에도 엔터테인먼트 업종의 성장이 기대되고 있어 가치는 점점 커질 것으로 예상된다. 이 밖에 강호동과 신동엽도 SM C&C와 전속계약을 체결하면서 각각 약 20억 원 규모의 유상증자에 참여해 회사 지분을 받은 바 있다(매일경제. 2013.01.05). 상장 의류업체인 '좋은사람들'의 최대주주인 주병진 88억 원, 최근 할리우드 영화에 진출한 가수 비 83억 원, SF영화 〈디워〉로 주목받은 심형래 53억 원 등도 있다(중앙일보. 2008.02.15).

고 있다. YG의 역사를 〈강남스타일〉 전후로 나눌 수 있다고 해도 과언이 아닐 정도다. 7월 15일 뮤직비디오 공개 전 4만 원대에 불과하던 주가는 공개 후 고공행진을 거듭하며 9월 5일 6만4,000원에 거래를 마쳤다. 외국인 비중도 같은 기간 배 가까이 늘었다. 이전엔 '뛰는' 주식이었다면 '뭘 좀 아는 놈' 싸이의 등장 이후에 '나는' 주식으로 한 단계 업그레이드된 셈이다. 진홍국[160]은 "싸이 열풍은 K-pop 품질이 대중문화 선진시장인 미국과 비교해도 손색이 없다는 점을 확인시켜 줬다"고 말한다(중앙일보. 2012.09.06).

– 인디밴드의 해외 진출과 드라마 · K-pop 스타의 결합

한국 대중음악의 물결에 일본이 출렁이고 있다. 신주쿠 · 하라주쿠 등 도쿄 중심부 거리엔 한국 아이돌 음악인 K-pop이 심심찮게 울려 퍼진다. 도쿄 최대의 번화가인 시부야에는 외벽의 절반을 소녀시대로 도배한 건물도 등장했다. 아이돌만이 아니다. 이름 난 라이브클럽이 늘어서 있는 시부야에선 요즘 '코리안 인디즈'란 말로 대표되는 한국 밴드 음악이 인기를 끌고 있다. 일본 인디 레이블(음반사)들 사이에 "일본 팬들이 K-pop뿐만 아니라 K-rock에도 관심을 나타내기 시작했다"는 진단이 나올 정도다.

2010년 11월 도쿄 시부야에선 한국 인디음악의 인기를 실감케 한 무대가 펼쳐졌다. 홍대 인디 레이블 연합회인 서교음악자치회와 일본 최

160 현대증권 스몰캡 애널리스트.

대의 인디 레이블 유통사인 바운디가 함께 마련한 '서울 – 도쿄 사운드 브릿지' 콘서트였다. 3년 동안 3개월에 한 번씩 한국과 일본을 대표하는 인디 밴드가 교류 공연을 펼치는 프로그램이다. 이날은 사운드 브릿지의 첫 무대였다. 시부야의 유명 라이브 클럽인 밀키웨이는 공연 시작 전부터 300여 명의 일본 관객들로 빼곡히 찼다. 한국 모던록 밴드 '보드카레인'이 문을 열었다. 첫 번째 곡 〈보고 싶어〉가 흘러나오자 일본 관객들이 고개를 까딱이며 리듬을 타기 시작했다. 강렬한 비트의 〈널 원해〉를 연주할 땐 고개를 아래위로 흔드는 관객도 있었다. 보컬 안승준이 "일본 관객들은 심각한 표정으로 음악 감상만 한다고 들었는데 전혀 그렇지 않은 것 같다"고 말해 객석에서 웃음이 터졌다.

실제 일본 관객들은 다소 미지근한 관람 매너로 유명하다. 한 공연 관계자가 "일본 팬들의 반응이 낯설 수도 있다"고 귀띔한 것도 그 때문이었다. 하지만 객석의 반응은 우려와는 정반대였다. 일본 밴드 '8otto'오토의 공연에 이어 한국의 펑크록 밴드 '크라잉넛'이 등장하면서 분위기는 급격히 뒤집혔다. 크라잉넛은 후지 록페스티벌 등 일본 무대에 오른 경험이 있다. 리더 한경록은 "멀뚱멀뚱 바라보기만 하는 일본 관객들 때문에 당황스러울 때가 많았는데 오늘 무대에선 한국 록의 열정을 제대로 보여 주겠다"고 말했다. 〈서커스 매직 유랑단〉을 연주하며 등장한 크라잉넛은 무대 앞에 마련된 단상 위로 뛰어올라 관객들의 호응을 이끌었다. 관객들 사이에서 비명에 가까운 환호성이 터졌다. 크라잉넛이 일본 펑크록 밴드 '블루하츠'의 히트곡 〈린다린다〉リンダリンダ'를 일본어로 부르자 속칭 '떼창(노래를 함께 따라 부르는 것)'이 들리기도 했다.

크라잉넛의 대표적인 히트곡 〈룩셈부르크〉를 부를 땐, 일본 관객들이 한국 록에 제대로 빠져들었다. 〈룩셈부르크〉의 후렴구 '룩,룩,룩셈부르크 아,아,아리헨티나'를 '도,도,도쿄타와 카,카,카미나리몬'으로 바꾸어 불렀다. 도쿄를 대표하는 관광 명소가 노랫말에 실리자 300여 관객이 한 목소리로 따라 부르기 시작했다. 팔을 흔들고 폴짝폴짝 뛰는 관객들도 있었다. 공연장에서 만난 우스이 히로미는 "한국 아이돌 음악은 많이 들어봤지만 밴드 음악은 처음이다. 한국 밴드의 신명나는 음악이 일본에 더 많이 소개됐으면 좋겠다"고 말했다(중앙일보. 2010.12.03).

'서울 - 도쿄 사운드 브릿지'는 2012년 11월 홍대 앞 KT&G 상상마당 라이브 홀에서 4회째를 맞는다. 2회 공연에 출연했던 갤럭시익스프레스는 공연 이후 일본 썸머소닉페스티벌에 출연하고 북미지역 투어를 도는 등 활발한 활동을 이어가고 있다. 3회 공연에 출연했던 델리스파이스는 이 공연을 계기로 일본 내 앨범을 출시했다. '스카 파티'라는 주제로 열리는 4회 공연에는 국내에선 생소한 스카 리듬을 앞세워 9년 동안 활동해 온 밴드 킹스턴 루디스카Kingston Rudieska와 일본 밴드 더 에스카르고 마일즈The Escargot Miles가 출연한다. 오프닝 밴드로 넘버원 코리안Number One Korean과 스카 웨이커스SKA WAKERs가 무대에 오른다(헤럴드경제. 2012.10.27).

이 같은 인디 밴드뿐 아니라, 인디신을 기반으로 메이저 일본 가요계에 성공적으로 안착한 씨엔블루를 시작으로 실력파 밴드들이 크고 작은 공연에 참여하며 가까운 이웃나라 일본을 공략하고 있다. 2012년 씨엔블루는 2년간의 인디 활동을 마무리하고 본격적인 일본 가요계의 중심으로 진입했다. 열정적인 연주와 꽃미남 비주얼로 큰 인기를 얻고 있는 씨엔블루는 성공적인 메이저 데뷔를 알린 데 이어 최근엔 자작 앨범도 발표했다. 록 밴드 넬도 일본에 입성한다. 현지 첫 앨범을 발표하고 K록 붐에 시동을 거는 넬은 타이틀 곡 〈더 데이 비포〉를 비롯해 총 11곡이 수록된 앨범 〈슬립 어웨이〉를 발매한다. 이 앨범은 2012년 공개된 넬의 4년만의 컴백 음반이다. 이들은 중독, 슬픔, 따뜻함, 그리움으로 대변되는 독특한 록 사운드와 스트링, 플루겔혼, 오보에와 같은 클래식과의 조합을 앞세워 이색적인 록 음악을 선보이겠단 계획이다. 무엇보다 이들은 라이브를 무기로 일본 활동에 첫 발을 내딛는다. 일본 내 활동하는 국내 가수들이 춤과 노래를 앞세운 아이돌이 대부분인 반면, 수많은 공연을 통해 쌓아온 라이브 실력을 기반으로 완성도 높은 무대를 선보일 수 있게 됐다.

2002년 한국 뮤지션으로는 처음으로 일본 대형기획사인 토이스 팩토리와 계약, 1달 만에 5만 장의 판매고, 일본 전국투어 전회 매진이란 센세이션을 일으켰던 검엑스는 후지 록 페스티벌에도 참가하는 등 일찌감치 존재감을 떨친 K록 대표주자다. 그간 국내에서는 방송 무대란 한정된 공간에서 연주를 펼친 반면 일본에서는 길거리 공연 및 클럽 공연을 돌며 탄탄한 실력을 다졌다. 1990년대 일본 내 비주얼 록밴드 열풍이 휩쓸고 간 이후 흑인음악 중심의 아티스트들이 주류 가요계를 이끌고 있는 지금, K록 밴드들의 등장은 일본 가요계에도 신선한 분위기로 작용한다는 평이다. K팝의 다양한 장르 영역 확대의 기회로도 기대를 모으고 있다(머니투데이. 2013.01.23).

이처럼 2010년 시작된 인디밴드의 해외 진출과 K-rock의 점진적 해외 상륙은 한국 대중음악 수출의 스펙트럼을 넓혀 준다. 이런 가운데 2010년 원조 드라마 스타와 K-pop 스타가 결합함으로써 새로운 드라마 제작 환경이 만들어진다. 그 첫 번째 결실이 드라마 〈드림하이〉(KBS, 2011: 수지 · 김수현)이다. 배용준의 기획사 키이스트와 박진영의 JYP엔터테인먼트가 합작, 설립한 '홀림'의 첫 번째 작품이다. 스타사관학교 기린예고를 배경으로 하는 16부작으로 배용준이 기린예고 이사장 정하명 역으로 출연한다. 2007년 〈태왕사신기〉(MBC) 이후 4년 만이다. 박진영도 영어교사 역할로 연기자 신고를 한다. 일본의 '한드' 팬이 주로 40~50대 여성층인 상태에서 K-pop이 10~20대 사이에서 '신한류'를 일으키고 있다.

그러다 보니 최근의 드라마에는 아이돌 스타의 출연이 필수조건처럼 되었다. 실제로도 이들의 출연 여부가 일본, 동남아시아 수출 실적을 가른다. 〈드림하이〉에서는 이미 연기력을 검증 받은 택연(2PM)과 은정(티아라) 외에도 우영(2PM) · 수지(미쓰에이) · 아이유가 연기자 신고를 한다. 배용준이 키우는 신예 연기자 김수현은 주인공으로 나선다. 크리에이티브 프로듀서로 무대에 오른 배용준은 "전 세계적으로 영상 콘텐츠의 크로스오버가 진행 중이다. 〈드림하이〉는 춤 · 노래가 중점이니만큼 뮤지컬이나 영화로 재창조될 수 있을 것"이라며 향후 '원 소스 멀티 유즈'에 대한 기대감을 비쳤다(중앙일보. 2010.12.28). 아이돌 가수와 드라마 스타와의 조합이라는 이 같은 실험은 작품의 질보다 드라마의 상품화라는 측면에서 가능성을 점검해 볼 필요가 있다.

음악 3.0세대의 팬클럽 등장

음악 1.0세대는 녹음테이프나 CD를 이용해 음악을 저장하고 향유하던 단순 소비세대다. 음악 2.0세대는 MP3를 이용해 음악을 다운받고 공유하고, 소비하던 과도기적 소비세대다. 이에 반해 음악 3.0세대는 스마트 기기 등 뉴 디바이스를 이용해 SNS나 웹상에서 즉시적으로 음악을 듣거나 보는 적극적인 소비시대다. K-pop의 소비 주체는 대부분 음악 3.0세대에 속한다. 이들은 단순 소비자가 아니라, 음악의 생산에 적극적으로 참여하는 프로슈머prosumer 성격을 띤다. K-pop의 팬과 팬클럽은 이와 유사한 성격을 가진 드라마 팬클럽보다도 더욱 적극적인 시장 참여로 K-pop 시장의 전 지구적 확대에 기여한다. K-pop 오디션에 참여하거나, 커버 그룹으로 활동하는 이들의 모방적 행위는 일종의 적극적인 생산 참여로, K-pop밈의 복제에 해당한다. 이들의 충실한 밈 복제가 K-pop의 확산은 물론, 오늘의 한류 확산을 가능하게 하는 원동력이다.

K-pop 확산의 1등 공신은 유튜브U-TUBE, 트위터TWITTER 같은 소셜 미디어다. 그리고 그 소셜 미디어를 만들어 가는 건 수많은 평범한 사용자다. 방송사와 대형 기획사가 아니라 'K-pop팬의 친구들'이 K-pop을 확산시키고 있는 것이다. 일본의 여고생, 브라질의 전직 축구선수, 말레이시아의 대학생 등 K-pop의 인기를 세계로 확산시키는, 이른바 '빅마우스'(Big Mouth, 소문을 퍼뜨리는 사람)는 다양하다. 소녀시대, 빅뱅 등을 앞세운 한류가 세계적으로 인기를 끌고 있다는 것은 누구나 다 인정하는 사실이다.

하지만 그동안 한류가 어디서 어떻게 퍼져 나가는지는 파악하지 못했다. 영남대 사이버감성연구소는 한류의 발원지를 추적하고 실제 한류 확산에 영향을 미치는 사람들을 파악하기 위해 2011년 11월 1일부터 약 3개월간에 걸쳐 트위터의 트윗(twit, 개별 글)을 분석했다. 북미와 남미, 아시아, 유럽 등 4개 대륙별로 K-pop을 언급한 트윗을 모두 수집한 뒤 각 트윗을 올린 계정 사이의 네트워크를 조사했다. 그 결과 K-pop에 관한 소식을 트위터로 확산시키는 과정에는 뚜렷한 영향력을 발휘하는 '빅 마우스'가 존재하는 것으로 확인됐다. 대부분이 한류 팬으로 시작해 관련 정보를 모으다가 '정보의 허브'hub가 된 아마추어 전문가들이었다.

일본에서는 'kpop__lov'라는 아이디를 쓰는 트위터리안이 케이팝 이슈를 다루는 데 가장 영향력이 컸다. 트위터 프로필에 따르면 후쿠오카에 사는 고교 2학년 여학생이다. 한류의 주 소비계층인 10, 20대 여성으로, 또래 친구들과 K-pop 정보를 나누다 한류 전도사가 된 것이다. 동남아시아에서는 2009년 문을 연 '데일리 케이팝 뉴스'dkpopnews.net라는 한류 전문 블로그가 한류 확산에 가장 큰 기여를 했다. 하루 방문 횟수가 28만 회에 이르는 이 웹사이트는 영어로 운영되기 때문에 필리핀, 싱가포르 등 영어를 쓰는 아시아 국가는 물론 미국, 호주의 방문자도 끌어들였다. 사이트를 운영하는 케이시 우이 씨는 말레이시아의 대학생으로 'dailykpopnews'라는 트위터 계정을 통해 블로그를 알리고 있다.

유럽에선 독일, 프랑스, 영국을 중심으로 한류 네트워크가 형성돼 있다. 그중에서도 프랑스와 독일에서 K-pop 관련 트윗이 활발하게 나타났다. 독일에서 한류를 알리는 첨병은 한국계 모델 넬라 리(한국명 이

방희)다. 'nelapanghylee'라는 아이디를 쓰는 '리'는 가장 영향력이 큰 트위터리안으로 조사됐다. 프랑스에선 인터넷 라디오 K-pop FM의 기술담당 조너선 그레이(트위터 아이디 jonathangreys)를 통해 K-pop 정보가 주로 확산됐다. 흥미로운 지역별 차이도 드러났다. 세계에서 트위터 사용자가 가장 많은 북미 지역에서는 일본 여고생, 말레이시아 대학생 같은 아마추어 한류 팬보다는 기업 형태의 미디어가 한류 확산에 중요한 역할을 하고 있다.

예컨대 미국에서 K-pop을 확산시키는 트위터 허브는 드라마피버dramafever라는 계정이다. 이는 사람이 아니라 한국 드라마와 뮤직비디오 등을 서비스하는 한류 전문 미디어로, 미국에서 가장 유명한 한류 정보 웹사이트 중 하나다. 유럽과 남미는 미국처럼 기업화된 트위터는 아니지만 유명인들이 한류 전파에 주도적 역할을 했다. 독일의 넬라 리는 물론 브라질에서도 'fer_gay'라는 축구선수 출신의 TV리포터가 한류 팬이 되면서 다양한 한국 대중문화를 소개해 K-pop 허브 역할을 했다. 조사를 진행한 박한우 영남대 사이버감성연구소 교수는 "트위터 연결망을 분석하면 한류 확산이 아마추어 미디어와 열성 팬들로부터 시작된다는 걸 알 수 있다"며 "이런 방법론을 이용해 체계적으로 분석하면 지속적인 한류 확산을 이룰 수 있을 것"이라고 말했다(동아일보. 2012.08.16).

올케이팝닷컴allkpop.com은 K-pop의 독립적 확산단계인 2007년 문을 연 영어권 최대 규모의 한류 사이트다. 구글 통계에 따르면 2011년 현재 회원 수 30만 명, 월 순방문자 수 300만 명, 페이지뷰 7,000만 건, 댓글 수 55만 건을 기록하고 있다. 회원 구성은 아시아계 36%, 백인 28%, 히스패닉 24%, 흑인 10%로 추정된다. 방문 트래픽 중 30%가 미국, 11%가 싱가포르, 8%가 캐나다에서 발생하고 있다(중앙일보. 2011.05.14).

소시파이드Soshified는 회원 수 12만 명의 미국 내 소녀시대 팬 커뮤니티다. 소녀시대 약자인 '소시'Soshi와 영어단어 '만족하다'satisfied를 합친 말이다. 소시파이드는 2011년 1월 처음으로 회원들 간의 정기모임을 가졌다. 미국 각지에서 온 500여 명의 팬이 참석해 단합대회를 펼치는 자리였다. 소시파이드 행사장은 마치 인종 전시장처럼 보였다. 흑인 · 백인 · 동양인 등이 고루 자리 잡았다. SM USA 측은 "참석자 가운데 절반 이상이 히스패닉 · 백인 등 비동양인이었다"고 전했다. 행사장엔 한국에서 별도로 제작한 소녀시대 영상이 나오고 있었다. 영상 속의 소녀시대 멤버들이 춤추고 노래할 때 극장은 환호성으로 뒤덮였다. 이 행사는 소녀시대에게 하고 싶은 말을 적은 종이비행기를 날리는 것으로 마무리됐다. 트위터로 소녀시대에게 소원을 전하는 '소원을 말해봐'란 코너도 있었다. 유튜브 · 트위터 · 페이스북 등 글로벌 네트워크는 아시아를 넘어 미국 · 유럽 등으로 K-pop을 확산시키는 주요 수단으로 자리잡고 있다. 미국 무대에 공식 데뷔를 하지 않은 소녀시대가 대규모 팬클럽을 가지게 된 것도 이런 배경에서다(중앙일보. 2011.01.17).

2004년 개인 블로그에서 시작한 Kpop France(www.kpop.fr) 사이트는 월 평균 누적 방문자가 50만 명에 이른다. 한국 대중음악전문 DB를 갖추고 한국 연예 뉴스를 큰 시차 없이 번역해 제공한다. 또 다른 프랑스 사이트 올케이팝스allkpops 역시 매월 평균 방문자가 300만 명에 이른다. 페이스그룹 친구도 2011년 4월 말 현재 58만 명을 넘었다. 2011년 문을 연 K-pop 전문 웹 라디오 kpop FM은 요일마다 SM · YG엔터테인먼트 등 기획사별 편성을 한다(중앙일보. 2011.05.13).

외교통상부가 재외공관을 통해 시행한 조사에서 2012년 7월 현재 세계 73개국에서 843개의 한류 동호회가 활동하고 있으며, 동호인은 670만 명에 달하는 것으로 파악됐다. 지역별 동호회원 수는 아시아가 512만 명(동호회 355개)으로 가장 많고, 북미 102만 명(25개), 유럽 35만 명(130개), 중남미 18만 명(298개), 아프리카 · 중동 2만 명(35개) 순으로 나타났다. 2012년 한국과 수교 50주년을 맞은 칠레에 K-pop 팬들이 생겨난 건 3-4년 전으로, 현재 인터넷을 중심으로 '카시오페아 칠레', 'JYJ 칠레' 등 200여 개 팬클럽에서 2만여 명의 팬들이 활동하고 있다. 이들은 주로 15-25세로 특히 빅뱅 · 슈퍼주니어 · JYJ · 샤이니 · 2NE1 등의 팬들이다. 이들을 주축으로 산티아고의 몇몇 광장에서는 슈퍼주니어, 소녀시대 등을 따라하는 커버댄스 대회와 팬들이 함께 즐기는 플래시몹 이벤트도 자주 열린다. 몇 년 전부터 이 같은 분위기를 감지한 칠레 한국대사관은 K-pop 경연대회를 열기 시작했으며 지난해 3회 대회에는 23개 팀이 K-pop 가수들의 히트곡으로 실력을 겨뤘다.[161]

161 남미권에서 가장 부유한 나라 칠레의 한류는 K-pop을 중심으로 확산되고 있다. K-pop 팬클럽은 크게 JYJ Fans Chile, BIGBANG, Mblaq FC Chile 등 6개에 불과하지만 200여 개의 지역그룹을 거느리고 있다. 한류 동호회원 1만여 명은 자체적으로 콘테스트를 개최하는 등 대단히 조직적으로 활동하고 있다(한국일보. 2012. 11.29).

멕시코에서도 한류 바람은 거세게 불고 있다. 지난 4월 멕시코 한국문화원이 페이스북을 통해 한류 팬클럽을 조사한 결과 76개 팬클럽에 약 5만5,000명이 가입한 것으로 나타났다. 서남교 멕시코 한국문화원장은 "K-pop은 10-30대 초반에 마니아층이 형성돼 있으며 아직 일반인들에게까지 확산한 단계는 아니다"며 "그렇지만 K-pop이 인기를 끌면서 한국의 이미지가 많이 향상됐다"고 전했다(아시아투데이. 2012.11.09). 이들 세계 각국의 음악 3.0세대 팬클럽들의 '빅 마우스'를 통해 K-pop은 지금도 전 지구적으로 확산돼 가고 있는 중이다.

– 오디션과 커버댄스 그룹 열풍

전 세계적으로 K-pop 붐이 일면서 세계 젊은이들 사이에서는 요즘 K-pop 스타가 되기 위한 꿈을 꾸기도 하고, K-pop 아티스트들을 흉내 내는 커버 그룹들이 생겨나기도 한다. 카자흐스탄의 경제수도 알마티의 차이콥스키 칼리지에서는 2011년 7월 SM엔터테인먼트의 '글로벌 오디션'이 열렸다. 카자흐스탄은 물론 러시아와 우즈베키스탄 등 인근 지역에서 무려 1,100명이 넘게 참가해 중앙아시아에 불고 있는 K-pop의 열기를 고스란히 전했다. 이날 오전 러시아에서 비행기를 4시간 동안 타고 왔다는 14살 소녀 노가나는 "한국 가요가 매우 좋다. 한국에 가서 유명한 가수가 되고 싶다"고 눈을 빛냈다. 오디션을 총괄한 SM의 이정아 아티스트기획팀장은 "카자흐스탄에서 이렇게 대규모 오디션을 진행한 것은 이번이 처음"이라며 "다른 나라에서보다 훨씬 적극적인 모습을 보여 주고 있다"고 평했다. 이수만 프로듀서는 "개인적으로 유목민족 중에서 대단한 가수가 나올 것이라 생각합니다. 목축을 위해서는 소리를 질러야 하는데 그러기 위해서는 두성이 좋아야 하거든요. 좋은 가수의 DNA가 중앙아시아 사람들에게 있다고 봅니다"(중앙일보. 2011.07.16)라고 말했다.

2011년 8월 열린 제1회 뉴욕 K-pop 콘테스트에서는 15세 소녀 매디슨 군스트Madison Gunst가 우승했다. 군스트는 오는 11월 한국에서 열리는 세계 K-pop 대회에 참가한다. 그녀는 뉴욕 센트럴파크 나움버그밴셀 야외무대에서 뉴욕 한국문화원 주최로 열린 제1회 'K-pop 경연대회'의 히로인이었다. 영화 〈레옹〉의 여주인공 나탈리 포트먼을 연상시키는 가냘픈 외모에서 장우혁의 〈주말 밤〉 비트에 실린 힘 있는 춤이 뿜어져 나오자 무대 앞을 가득 메운 2,500여 관객은 열광했다. 이날 경연대회에는 미 남동부 지역에서 참가한 93개 팀 가운데 예선을 통과한 8명이 실력을 겨뤘다. 이 가운데 한인교포는 한 명뿐이었을 만큼 미국 청소년 사이에서 한국가요는 이미 폭넓은 팬 층을 확보하고 있었다.

특히 미국에서 하루 400만 명이 찾는 최대 한국가요 사이트인 'allkpop.com'에 대회 안내가 나가자 순식간에 300건 이상의 문의가 쇄도하기도 했다. 참가자는 춤과 노래로 각각 4명씩 나뉘어졌다. 우승한 군스트에게는 오는 11월 서울에서 열리는 제1회 세계 K-pop 경연대회 출전권과 서울 왕복항공권이 돌아갔다. 11월 서울 대회엔 세계 20여 개국에서 열린 지역별 K-pop 경연대회 1위 수상자가 참가한다. 군스트는 "3년 전 중국인 친구의 소개로 처음 한국가요를 접하고 중독성 있는 비트와 춤에 반했다"며 "서울 세계대회에서도 우승해 한국 아이돌 스타가 되고 싶다"고 말했다. 플로리다 주 다이비의 노바고교 10학년인 그녀는 "유튜브 동영상을 보며 동작 하나하나를 익혔다"며 "댄스의 황제 장우혁을 꼭 만나보고 싶다"고 덧붙였다. 딸의 공연을 지켜본 엄마 메르세데스 씨는 "이번이 딸의 첫 대회 출전이었는데 바로 1등을 할 줄은 꿈에도 생각 못했다"며 "한국 아이돌 스타가 될 수 있도록 적극 뒷바라지 하겠다"고 기뻐했다(중앙일보. 2011.08.18).

홍콩 폭스 인터내셔널 채널[FIC] 아시아 · 태평양 본부 이준희 FIC 수석부사장은 2011년 2월 서울시 경제진흥본부를 방문했다. 폭스가 구상한 프로그램을 설명하기 위해서였다. 동남아시아의 가수 지망생들을 현지에서 선발한 뒤 한국에서 진짜 가수 재목을 찾아보자는 내용이었다. 이 부사장은 "한국에서 활동할 가수를 왜 동남아에서 뽑느냐는 의견도 있었다"면서 그러나 "한국의 아이돌그룹 2PM의 멤버인 닉쿤이 출신지인 태국에서 큰 인기를 누리는 것을 감안할 때 이 프로그램이 충분히 성공할 수 있다고 판단했다"고 말했다. 한국에서 프로그램을 만드는 것은 확정됐지만 경쟁 도시들이 있었다. 폭스 측은 제주와 경주를 함께 저울질했지만 결국 서울을 택했다. 주요 연예기획사와 음악전문방송, 최신식 스튜디오가 몰려 있다는 것이 결정적 이유였다는 게 서울시 측의 설명이다.

서울시는 지난 6월 폭스 계열의 엔터테인먼트 채널인 '스타 월드' '채널 브이'와 공동으로 동남아 국가를 위한 K-pop 오디션 프로그램을 제작한다는 데 합의했다. 이름은 'K팝 스타 헌트'K-pop STAR HUNT[162]로 정해졌다. 동남아 한류의 최대 소비국인 대만 · 싱가포르 · 필리핀 · 태국 · 홍콩에서 총 100명을 선발한 뒤 서울로 데려올 10명을 가리는 예선전을 치른다. 본선에선 매회 2명씩 탈락시켜 최종 우승팀을 가린다. 1-3회는 동남아 현지에서, 4-10회는 서울에서 제작된다. 우승자는 아이돌 그룹 비스트와 포미닛이 소속된 큐브엔터테인먼트와 전속계약을 맺고 한국에서 가수로 활동할 예정이다. 폭스 측은 7월 대만에서 제작발표회를 열고, 연말까지 이 프로그램을 제작 방영한다(중앙일보. 2011.07.21).

K-pop팬들은 이 같은 오디션에 대한 열망과 더불어 K-pop 아티스트들을 모방하고자 하는 커버 그룹 활동에도 커다란 관심을 보인다. 2011년 1월 태국의 방콕 백화점 센트럴월드의 7층 광장 센트럴 포인트에는 카세트테이프에서 흘러나오는 슈퍼주니어의 〈미인아〉Bonamana에 맞춰 태국 젊은이 10여 명이 군무를 추고 있다. 한국의 춤과 노래를 연습하는 태국의 커버댄스 그룹 '신성 커버 슈퍼주니어'다. 이들은 매주 토요일 모여 밤늦게까지 춤을 연습한다. '신성 커버 슈퍼주니어'라는 이름의 공식 웹사이트www.shinzong.co.cc도 개설했다.

또 다른 5인조 여고생들은 포미닛의 〈핫이슈〉에 맞춰 도도하게 몸을 흔들었다. 리더 스눅은 "유니폼도 3벌 있다. 학교에서 공연하면 인기 최고"라고 했다. 멤버 중 현아의 팬이라는 루아이는 2010년 10월 부모

---

162 동남아 지역의 가수 지망생을 선발해 한국식 트레이닝을 통해 K팝 스타로 키운다는 목표로 폭스 인터내셔널채널이 기획했다. 태국 출신의 2PM 멤버인 닉쿤 같은 신인을 발굴하는 과정을 동남아 지역에 방영한다는 것이다.

님을 모시고 한국 관광도 다녀왔다. "엄마는 한국 드라마 팬이다. 내가 한국 오디션 봐서 가수 되고 싶다고 하니 격려해 주셨다"고 했다. 센트럴 포인트엔 주말마다 이런 '짝퉁' 댄스그룹이 20~30여 개 모인다. 여러 나라가 뒤섞여 있지만 최근엔 90%가 K-pop 그룹이다. 이날도 10여 개 그룹이 2PM · 카라 · 포미닛 등을 흉내 내고 있었다. 이른바 커버댄스 cover dance[163] 그룹들이다. 2010년 10월 방콕 시암파라곤에서 열린 '한 · 태 우정 콘서트'의 사전행사 '커버댄스 코너' 때에는 10여 개 팀이 참여해 경합을 벌이기도 했다.

1980년대 한국 청소년들이 마이클 잭슨 · 마돈나 · 뉴키즈온더블록을 따라하며 춤과 노래를 익혔듯, 이젠 해외의 K-pop팬들이 한국을 '커버'하는 셈이다. 아이돌그룹 2PM의 멤버 닉쿤이 태국 출신이란 점도 적잖은 영향을 끼쳤다. 2PM의 팬인 여대생 조는 "K-pop 마니아들 사이에는 일종의 '코리아 드림' 같은 게 있다. '제2의 닉쿤'을 꿈꾸며 수시로 오디션에 응모하는 이들이 많다"고 했다. 닉쿤이 가상결혼생활을 하는 〈우리 결혼했어요〉가 얼마 전 태국 현지촬영을 한 것이 이들의 자부심에 불을 지폈다. 이러다 보니 또 다른 2PM 멤버 우영이 출연하는 드라마 〈드림하이〉도 실시간 다운로드로 유통된다. K-pop에 대한 관심이 관련 드라마 · 예능까지 패키지로 빨아들이는 모양새다(중앙일보. 2011.01.18).

K-pop에 빠진 영국의 10~20대 젊은이들이 2011년 6월 런던 도심 트

163 좋아하는 팀의 의상과 춤을 따라하는 열혈 팬.

라팔가 광장 옆에 위치한 주영한국문화원에 모여 K-pop 라이브 경연대회를 열었다. 온라인을 통해 접수된 자작 동영상 79건 가운데 문화원과 기획사 YG 엔터테인먼트의 심사를 거쳐 선발된 5개 팀이 출연해 2NE1 박봄의 〈Don't cry〉를 비롯해 소녀시대의 〈Run devil run〉 등의 노래와 춤을 따라하고 입장객들이 직접 투표를 통해 우승자를 가리는 방식으로 진행됐다.[164] 행사 두 시간 전부터 문화원 앞에는 K-pop 팬들이 몰려 한때 줄을 길게 늘어서기도 했다(연합뉴스. 2011.06.05).

이날 눈에 띈 건 'K-pop Team'이라는 음악 동호회였다. 2006년에 만들어진 이 팀은 K-pop을 좋아하는 10-20대 영국팬들이 자발적으로 만든 단체다. 현재 5명의 전문 DJ가 함께 활동 중이며, 해마다 평균 10회 이상의 K-pop 관련 행사를 런던시내 클럽에서 열고 있다. 문화원에 몰려든 300여 명의 영국팬들은 K-pop Team이 선곡한 한국 아이돌그룹의 댄스음악에 몸을 맡겼다. 이날 콘테스트에서 우승을 차지한 쉐렌은 "K-pop을 따라 부르기 위해 인터넷을 통해 한국어를 공부했고, 유튜브 동영상을 반복해서 보면서 춤을 익혔다"고 했다(중앙일보. 2011.07.06). 프랑스 파리 주택가의 한 공원에서는 중학생 6명이 CD플레이어로 소녀시대의 히트곡 〈지〉를 크게 틀어놓고 단체로 율동을 따라하고 있었다. 이들은 "학교 댄스파티 때 선보이려고 연습 중"이라고 했다. 파리

164 한국방문의 해 위원회 조사에 따르면 '소녀시대'는 전 세계 한류 팬이 가장 선호하는 '커버 댄스' 가수다. 유튜브 · 페이스북 등 SNS의 약진으로 현지 활동 없이도 유럽 · 미국 · 아프리카 등지에서까지 인기를 끌게 됐다. 예컨대 2011년 10월 발표된 〈더 보이즈〉는 유튜브 공개 하루 만에 437만 건의 조회 수를 기록했다. 현재 누적 조회 수는 5,300만 건이 넘는다. '한국 스타=월드 스타'의 가능성을 열었다(중앙일보. 2012.07.17).

중심지 생토노레 거리의 의류 복합매장 '콜레트'에선 한국 팝그룹 원더걸스의 히트곡 〈노바디〉의 영어버전이 들렸다(중앙일보. 2011.06.11).

한국방문의 해 기념 'K-pop 커버댄스 페스티벌'의 최종 결선이 2012년 9월 천년고도 경주시 예술의 전당에서 대단원의 막을 올렸다. 페스티벌 결선에 초청된 11개 국 13개 팀 80여 명은 공식 홈페이지(www.coverdance.org)를 통해 지난 4월부터 70여 개국에서 접수한 1,800여 개의 동영상 1차 온라인 예선을 거쳐 각국별 현지 본선 오디션을 통과해 최종 선발됐다. 이들은 현지에서 한류 문화를 널리 알리고 있으며, 한류의 본고장인 한국을 직접 체험하고자 경쟁률 높은 오디션을 통과한 명실상부한 실력파 한류 팬들로 나이지리아, 러시아, 헝가리, 인도네시아, 필리핀, 브라질, 인도, 오스트레일리아, 일본, 태국, 미국 등 11개국 본선 우승자들이다.

최종 결선에는 그룹 레인보우와 에이젝스A-JAX가 심사위원 자격으로 참가해 전 세계에서 선발된 참가자들과 함께 직접 만나 문화교류의 뜻 깊은 자리를 갖게 된다. 최종 결선에서 우승하는 팀은 경주 시민운동장에서 열리는 한류드림콘서트 무대에서 공연할 수 있는 영광의 기회도 갖게 된다(환경일보. 2012.09.11).

11개국 결선 참가자 80여 명은 광화문 광장에서 커버댄스 문화를 알리는 플래시몹에도 참가했다. 이들은 싸이의 〈강남스타일〉을 비롯해 커버댄스 페스티벌 홍보대사인 씨스타의 〈Ma Boy〉, 〈So Cool〉 등 인기 K-pop 곡에 맞춰 군무를 선보였다(환경일보. 2012.09.21).

경주에서 열리는 'K-pop 커버댄스 페스티벌 2012'의 최종 결선에 올라가기 위한 지역별 본선도 치열하게 전개됐다. 가장 치열했던 곳이 러시아였다. 러시아는 커버댄스 페스티벌 본선 개최 11개국 중 예선 참가팀 수가 총 329개 팀으로 가장 많아 자국 내 본선 진출 경쟁률이 가장 높은 국가였던 것으로 나타났다. 이 중 30개 팀이 모스크바 본선에 진출해 경합을 벌였다. 치열한 경쟁을 뚫고 1위로 선정된 팀은 동방신기의 〈맥시멈〉 커버댄스를 완벽히 소화해낸 여성 7인조 그룹 '다스프로젝트'다. 다스프로젝트의 멤버인 알렉산드라 우리예브나는 "지난 반 년 동안 열심히 연습한 팀원들과 함께 마침내 한국에 갈 수 있게 되어 꿈만 같고 진심으로 행복하다"며 기쁨을 드러냈다. 커버댄스 페스티벌 모스크바 본선이 열린 아레나 모스코에는 3,000여 명의 관중이 몰려 러시아의 뜨거운 K-pop 열기를 반증했으며, 이번 행사의 홍보대사로 위촉된 씨스타가 직접 심사위원으로 나서 축제의 열기를 한 층 고조시켰다. 씨스타의 리더 효린은 심사평을 통해 "오랜 기간 호흡을 맞춰 연습한 노력이 묻어나와 매우 감동받았고, 예상 이상으로 뛰어난 러시아의 커버댄스 수준이 아주 인상적"이라고 밝혔다.

한편, 모스크바의 유명 관광명소인 아르바트 거리에서는 K-pop팬들의 자발적인 플래시몹이 이뤄졌다. 350여 명의 군중이 참여한 이번 플래시몹 현장에는 씨스타가 깜짝 방문하여, 현지 언론의 이목을 집중시키기도 했다(스포츠월드. 2012.08.20). 호주 본선은 2012년 8월 시드니 UNSW대학에서 열렸다. 노래와 커버댄스 2개 부문으로 나누어 온라인을 통해 치열한 예선을 거쳐 선발된 총 20개 팀의 참가자가 참여하여 우승을 향한 경연을 펼쳤다. 호주 본선 심사위원으로는 뉴이스트NU'EST

가 참여했다(스포츠동아. 2012.08.27).

한국방문의 해 'K-pop 커버댄스 페스티벌 2012'의 최종 결선은 인도네시아의 여성 5인조 엑스에이레니(X)EIRENE가 걸그룹 f(x)의 커버댄스를 가지고 문을 열었다. 나이지리아의 남성 6인조 엘리베이터즈Elevatorz는 그룹 2PM 못지않은 짐승 매력을 뿜어내며 〈Again & Again〉 무대를 선보였다. 이어 헝가리의 여성 5인조 코리아액션 댄스팀Koreaction Dance Team은 그룹 인피니트의 〈다시 돌아와〉를 재현했고, 인도의 남성 7인조 폴5paul은 빅뱅의 〈가라가라 고〉와 〈판타스틱 베이비〉의 리믹스 버전으로 객석을 달궜다. 러시아의 7인조 슬리핑 비스트Sleeping Beast와 브라질의 6인조 피닉스Phoenix는 그룹 B.A.P의 〈Warrior〉로 맞붙었다. 두 팀은 여성으로만 구성됐음에도 불구하고 남성그룹의 곡을 파워풀하게 소화해 내 호응을 이끌어냈다. 러시아의 여성 7인조 다스 프로젝트Das ProJect 또한 그룹 동방신기의 곡으로 박력 넘치는 무대를 선보였다.

반면 필리핀의 남성 4인조 보이온파이어Boys on Fire는 걸그룹 2NE1의 〈I love you〉를 여성스럽고 코믹한 제스처와 함께 꾸며 웃음을 줬다. 일본 남성 5인조 니야이니NYAINee는 그룹 샤이니의 곡 〈셜록〉, 〈줄리엣〉, 〈링딩동〉을 소화했다. 이 팀에는 올해 최연소 참가자인 14세 아오이가 포함됐다. 또 호주의 여성 5인조 5J도 샤이니의 〈셜록〉을 선택했다. 미국의 혼성 2인조 듀얼Dual은 〈강남스타일〉 뮤직비디오 속 싸이와 현아를 완벽하게 재현하며 흥겨운 무대를 선사했다. 이어 오른 태국의 롤리팝 CZLollipop는 등장부터 빅뱅의 도플갱어doppelgänger 수준의 외모로 객석을 사로잡았다. 롤리팝 CZ의 〈판타스틱 베이비〉Fantastic Baby에 관객들은 "붐 샤카라카"를 연호하며 뜨거운 반응을 보였다.

마지막 무대는 'K-pop 커버댄스 페스티벌 2012'의 홍보대사인 걸그룹 씨스타의 곡을 택한 일본인 여성 4인조 바츠BATS가 꾸몄다. 〈So Cool〉에 맞춰 추는 바츠의 섹시 댄스에 객석에 있던 남성들은 환호성을 질렀다. 이날 심사위원으로 참여한 걸그룹 레인보우, 에이젝스를 비롯해 신인 걸그룹 타이니G, 신인 가수 제이준의 축하무대도 열기를 더했다. 심사 결과 태국의 롤리팝 CZ가 우승을 거머쥐었고, 일본의 니야이니NYAINee가 2위에, 나이지리아의 엘리베이터즈Elevatorz가 3위에 올랐다. 순위에 오른 팀들은 상패와 함께 '한국 자유이용권'Korea Pass을 부상으로 받았으며 우승팀인 롤리팝 CZ에게는 다음 날 경주 시민운동장에서 열리는 '2012 한류 드림 콘서트'의 무대에 오르는 기회도 주어졌다(서울신문, 2012.09.25).

한류 패러다임 전환의 추동력;
소셜 네트워크 서비스의 등장

한국 드라마의 확산시기(2000-2014 현재), 즉 한류 절정기에 아이돌그룹의 일본시장 진출은 S.E.S로부터 시작된다. 그러나 S.E.S는 아쉽게도 큰 성공을 거두지 못한다. 2001년 보아가 일본 메이저시장에 등장하면서 비즈니스적인 성공을 거둔다. 그러나 이는 한국 가수의 J-pop이라고 할 수 있기 때문에 본격적인 K-pop 가수의 일본 진출로 보기는 어렵다(문화체육관광부 · 한국콘텐츠진흥원, 2011: 25). 그러다가 한국의 드라마 수출이 정체기를 맞는 2006~2014년 사이, K-pop의 해외 확산은 급속히 이루어진다. 이 시기는 SNS 혁명이라고 불리는 소셜 네트워크 서비스의 등장과 맞물린다. 동영상 공유 사이트인 유튜브U-tube는 2005년 2월 출범한다.

그러나 사업은 어려움을 겪는다. 그러자 구글google은 이런 유튜브를 다음 해인 2006년 16억5,000만 달러에 인수해서 세계 최대 동영상 공유 사이트로서의 위용을 갖추게 한다. 유튜브의 본격적인 한국 진출은 2008년부터다. 이때부터 한국의 문화콘텐츠 유통에 혁명적인 변화가 일어난다. 유튜브는 K-pop을 전 세계에 퍼뜨리며 문화적 공감대를 형성하는 기재로 작동하고, 사업 측면에서도 엄청난 성과를 거두게 하는 도구로서의 역할을 수행한다.[165] 유튜브를 통해 소개되는 K-pop 가수들의 노래와 춤은 페이스북·트위터와 같은 또 다른 소셜 네트워크 서비스SNS를 통해 확산된다.

이 같은 현상을 놓고, 프랑스 일간지 르몽드Le Monde는 "광고도 없이 한국 대중문화가 퍼지는 것은 SNS 덕분"이라고 분석하기도 한다(중앙일보. 2011.06.11). 파리의 '르 제니스 드 파리'Le Zenith De Paris에서 열린

165 유튜브가 이런 사업적 역할을 수행할 수 있는 이유에 대해 히라이(유튜브 한국·일본 음악부문 총괄)는 "유저 중심의 플랫폼이기 때문이라고 생각해요. 디지털 기기의 발달로 언제, 어디서든 원하는 콘텐츠에 접근할 수 있게 된 요즘 트렌드에 가장 부합하죠. 유튜브에서는 유저가 직접 원하는 콘텐츠를 선택해 보고 들을 수 있고 본인이 만든 걸 업로드할 수도 있습니다." 그는 유튜브의 '유저 중심' 정책이 음악산업의 판도를 바꾸는 데도 일정 부분 기여했다고 분석한다(연합뉴스. 2012.10.30).

'SM Town Live In Paris 2011' 공연[166]에 대한 관련 기사를 실으면서 르몽드는 SNS의 영향력을 조명하고 SNS를 통해 한국의 문화상품 수출이 더욱 확대될 것이라고 전망했다. 국내 전문가들 또한 빠르게 퍼지고 있는 K-pop 열풍에 대해 인터넷과 SNS가 만들어 낸 합작품이라고 평가하기도 한다(문화체육관광부 · 한국콘텐츠진흥원, 2011: 11). 시사주간지 '타임'도 "K-pop이 유튜브나 트위터 같은 소셜 미디어 서비스를 통해 기존에는 접근하기 어려웠던 미국 · 유럽시장까지 파급되고 있다"고 진단한다(중앙일보. 2010.11.03).

K-pop과 SNS의 결합에 관한 밈이론적 해석

SNS는 '유통망'이고, K-pop은 '콘텐츠'다. K-pop은 여러 밈들의 '복합체'이고, SNS는 이들 밈의 '운반자'다. 밈운반자인 유통망 SNS는 자신이 운반할 콘텐츠가 필요하고, 밈복합체인 콘텐츠 K-pop은 자신을 실어 나를 유통망이 필요하다. 이는 K-pop과 SNS의 관계가 서로 필연적일 수밖에 없는 이유를 설명해 준다. 자연 선택은 밈의 이기적 본성에 근거한다. K-pop과 SNS가 가지고 있는 그 무엇이 서로의 이기적 본성을 자극해서 서로를 자연 선택하게 한 것일까?

SNS는 수평적 가치구조와 즉시적 상호작용성에 기반하고 있다. 인

166 슈퍼주니어, 소녀시대, 동방신기, F(x) 등 SM엔터테인먼트 소속 가수들의 파리 합동 공연. K-pop 가수들을 보기 위해 찾아온 15,000여 명의 팬들은 한국어 가사와 춤을 따라하고, 각양각색의 한국어 플래카드로 K-pop에 대한 열기를 보여줬다. 2011년 6월 10~11일 개최.

터넷, 모바일 같은 대부분의 디지털 디바이스가 그러하듯 밈'운반자'로서의 태생적 한계, 즉 메모리의 용량을 염두에 두지 않을 수 없다. 또, 이동성이 강화된 디지털 기기의 사용자 환경이 그러하듯 이용시간의 제약 및 한계라는 약점을 갖는다. 반면, K-pop은 5-6분 정도의 비교적 짧은 길이duration, 용량로 짜여진 밈복합체다. 전통적인 수직적 구조[167]의 유통시스템을 활용해 왔고, 그 유통시스템의 한계로 경제적 부의 창출과 문화적 확산에 어려움을 겪어 왔다. 따라서 이 둘 사이에는 상호 보완적 관계가 성립한다. 다시 말해 밈복합체인 K-pop의 전 지구적 확산이 운반자인 SNS와의 결합을 통해 이루어질 수 있는 것이다. 왜냐하면 웹3.0[168]기반의 SNS는 K-pop이 필요로 하는 새로운 유통체계, 즉 수평적 가치구조와 즉시적 상호작용성을 갖고 있기 때문이다.

K-pop밈의 이기적 본성은 시장의 확대 수단으로 운반자인 SNS를 '자연 선택'한다. 지역, 인종, 나이, 성별, 직업, 재산, 교육 정도 등 일체의 사회적 속성을 초월한 수평적 구조로 이루어진 SNS가 과거의 전통적인 수직적 유통구조와 달리 수많은 사용자들과의 즉시적 상호작용이 가능해 시장의 확장성이 뛰어나기 때문이다. 다시 말해 SNS가 K-pop이 안고 있는 현실적 문제, 즉 경제적 부의 창출과 문화적 확산

---

167 수직적 유통구조는 문화의 흐름이 문화 중심부에서 주변부로 흐른다는 전통적인 문화 유통이데올로기에 기반한 문화제국주의적 관점의 유통 이데올로기다.

168 넥플릭스의 설립자 리드 헤스팅스는 웹의 양상을 다음과 같이 정의한다: 웹 1.0은 전화 접속에 5.0K 평균 대역이고, 웹 2.0은 평균 1메가비트의 대역이며, 웹 3.0은 언제나 10메가비트의 대역이 될 것이다. 웹 3.0의 대역은 완전한 동영상으로 이루어진 웹이 될 것이며 이것이 바로 웹 3.0의 느낌과 비슷할 것이다(위키백과).

의 문제를 단숨에 해결해 줄 수 있는 수단이기 때문이다.

K-pop은 이런 혁명적인 밈운반자, SNS의 수평적 유통 이데올로기를 '자연 선택'함으로써 부의 창출과 문화적 확산의 속도에 불을 붙인다. 그리고 이를 통해 한류시대의 메인스트림 드라마를 대체하는 새로운 메인스트림으로 2차 한류시대를 견인하게 된다. 밈운반자인 SNS의 이기적 본성 또한, 자신이 실어 나를 최적의 콘텐츠로 K-pop을 '자연 선택'한다. K-pop이 자신의 약점인 메모리 용량과 이용시간의 한계를 간단히 해결해 줄 수 있는 최적의 밈복합체였기 때문이다.

드라마 〈장난스런 키스〉(MBC, 2010: 김현중 · 정소민)의 SNS 이용 사례는 콘텐츠의 길이(용량)와 이를 자연 선택한 SNS의 이기적 본성 사이의 관계를 쉽게 이해할 수 있게 해 준다. 왜, 이들이 결합하게 되고, 그 결합을 통해 이들이 얻은 것은 무엇인가?

2010년 9월~10월 방송된 드라마 〈장난스런 키스〉(MBC)는 3%대의 저조한 시청률을 기록한다. 그러나 온라인에서의 반응은 달랐다. 제작사인 그룹에이트는 2010년 10월 11일 유튜브에 '장난스런 키스 특별판 공식 채널'을 열고, 세계 각지의 팬들과 소통하며 인지도를 쌓았다. 그리고 11월 2일 16부작 미니시리즈 〈장난스런 키스〉를 10분 분량의 7부작 형태로 재편집해서 올렸다. 이 동영상이 대박을 냈다. 해외 네티즌들의 관심이 쏟아진 것이다. 채널 총 조회 수가 1,040만 회를 기록했고, 스페인어, 프랑스어, 영어, 일어 등 주요 언어로 된 댓글이 2만6,000여 건에 이르렀다. 접속 국가 또한 아시아를 넘어 미주와 서남아시아, 아프리카까지 확산됐다(중앙일보, 2010.11.23).

만약, 드라마 〈장난스런 키스〉를 길이(용량)가 짧은 10분 분량의 7부작으로 편집해서 업로드하지 않았다면, 과연 이렇게 전 세계 네티즌들의 뜨거운 반응을 얻어낼 수 있었을까? 이 같은 '웹 시리즈'Web Series가 최근 새로운 형태의 문화콘텐츠로 각광받는 이유다. CJ E&M은 유튜브 안에 '인사이트TV'라는 코너를 두고 17개의 웹 시리즈를 방영하고 있다. 분량은 짧지만 기동성 있는 기획으로 젊은 층을 파고들고 있다. 또 무기마니아로 알려진 배우 정찬이 미국에서 각양각색의 총을 체험하는 〈아드레날린〉, 조폭을 만났을 때 대처하는 방법 등을 일러주는 〈싸움의 기술〉이 있다. 인기 아이템은 조회 수가 19만 건이 넘을 정도다.

웹 시리즈는 통상 10분 내외다. 스마트폰 등 모바일 기기를 이동하면서 감상하는 소비층이 많아서다. 디지털에 익숙한 젊은 층을 위한 맞춤형 콘텐츠다. 지상파도 웹 시리즈 제작에 가세하는 모양새다. KBS월드는 10부작 프로그램 '어 송 포 유 프롬 2PM'A Song For You From 2PM을 텔레비전과 유튜브를 통해 방송한다. 프로그램의 회당 길이는 10분 안팎이다. 역시 유튜브 맞춤형 콘텐츠로 제작된다. 전 세계에 있는 2PM 팬이 동영상으로 사연과 함께 곡 신청을 하면, 2PM이 이를 불러준다. 유튜브를 타고 급격하게 성장한 K-pop의 전략과 통하는 대목이다.

광고 쪽도 웹 시리즈에 눈길을 돌리고 있다. 일례로 에뛰드하우스는 2012년 유튜브에서 아이돌그룹 2NE1의 산다라 박과 샤이니 멤버가 나오는 〈키스노트〉를 시리즈로 방영한다. 립스틱을 바르면, 원하는 이와 키스할 수 있다는 내용의 드라마 속에서 자사 제품을 노출시킨다. 웹 시리즈는 외국에서도 하나의 트렌드를 형성하고 있다. 아직 세력은 약하지만 기존 대중문화의 빈틈을 파고드는 하위문화 역할을 하고 있다. 드라마는 물론 공포 · 코미디 · 음악 등 다양한 장르에서 시도되고 있다. 미국 디즈니 CEO 출신인 마이클 아이스너가 2007년 발표한 〈프롬킨〉 시리즈는 2,000만 건의 조회 수를 기록하기도 한다. 90초 분량의 짧은 에피소드 80개로 구성됐다. 프랑스 공영방송 텔레비지옹은 2012년 10-11월 직장 신입사원들의 일화 10개를 모은 〈오퍼레이터들〉을 유튜브와 방송에서 동시에 내보기도 한다. 프랑스에선 관련 순위를 소개하는 사이트도 운영되고 있다. 정재훈[169]은 "웹 시리즈는 프랑스 · 미국 등에서는 전문 제작사가 따로 있고, 영화제처럼 별도의 시상식을 열 정도로 대중화된 콘텐츠"라고 말한다(중앙일보. 2013.02.07).

이처럼 SNS는 짧은 길이(용량)의 콘텐츠를 실어 나를 수 있는 최적의 '운반자'vehicle다. 그렇기 때문에 SNS의 이기적 본성은 K-pop을 자연 선택하게 되고, K-pop의 이기적 본성은 K-pop밈의 운반자로 SNS를 자연 선택하게 된다. '유튜브는 왜 K-pop을 좋아할까?'라는 다음의 기사도 웹3.0 기반의 밈운반자 SNS와 K-pop의 상호 관계를 잘 설명해준다.

유튜브가 탄생시킨 음악 스타가 많다. 〈캐논 변주곡〉 일렉트로닉 기

169 유튜브 파트너십 팀장.

타 동영상으로 화제를 모은 임정현, '기타 신동' 정성하, '폭풍 가창력' 필리핀 소녀 채리스 펨펀코, '미국의 아이유' 메리 제인 등 ~중략~ K-pop도 유튜브 스타의 하나일 것이다. 우리 가수들이 한 번도 찾지 않은 남미 등지에서 K-pop 열풍이 거센 것은 유튜브를 빼놓고 설명할 수 없다. 미국과 전 세계를 강타한 〈강남스타일〉도 마찬가지다. 유튜브 조회 수가 9월 15일 현재 1억7,000만을 넘어섰고, 빌보드 차트 64위, 미국 등 18개국에서 아이튠스 1위에 올랐다. 양현석은 이를 "K-pop과 유튜브가 궁합이 잘 맞는다"고 표현한다. 유튜브와 궁합이 맞는다는 것은 그저 유튜브를 통해 인기가 퍼졌다는 뜻만이 아니다. '수용자가 따라하고 참여하며, 함께 놀기 좋은 음악'이라는 K-pop의 특성이 유튜브의 특성과 잘 맞는다는 뜻이다. 가령 아이돌 K-pop은 여러 멤버들이 나와 귀에 꽂히는 멜로디(후크)와 잘 짜인 군무를 추고, 팬들은 그것을 따라하는 것이 특징이다. 유튜브에는 오리지널 노래 못잖게 팬 커버물들이 넘쳐난다. 〈강남스타일〉도 마찬가지다. 중독성 있고 흥겨운 멜로디와 '말춤'을 수십 명, 때로는 수백 명의 군중이 떼지어 따라한다. 전 세계 팬들이 변형 생산한 패러디, 플래시몹들이 다시 유튜브에 올려지면서 인기를 확산시키는 형국이다. 음악 소비가 공유, 참여, 개방을 특징으로 하는 유튜브 등을 중심으로 바뀌었다면, 어쩌면 거기에 가장 잘 맞아떨어지는 음악 양식을 K-pop 댄스음악이 선보이고 있는지도 모른다. 유튜브 시대 혹은 유튜브 세대에 잘 맞는, 유튜브 프렌들리한 음악이다(중앙일보. 2012.09.17).

유튜브가 K-pop을 좋아하는 이유에 대해 위 기사는 K-pop과 유튜브가 가지고 있는 공통적인 특징, 즉 '참여 · 공유 · 개방'이라는 세 가지 이데올로기적 코드의 일치에서 찾는다. 다시 말해 밈복합체인 K-pop의 이기적 본성은 밈의 확산을 위해 '참여 · 공유 · 개방'이라는 세 가지 코드를 자연 선택하게 되고, 밈운반자인 유튜브의 이기적 본성은 자신이 실어 나를 수 있는 콘텐츠의 확보를 위해 '참여 · 공유 · 개방'이라는 세 가지 코드를 자연 선택하게 된다. 서로 목적은 다르지만, 그 목적을 이루기 위해 이 둘은 서로간의 결합을 피할 수 없게 된다. 상호 결합을 통해 K-pop과 유튜브는 서로의 이기적 본성을 충족시키는 것이다.

'싸이' 신드롬과 유통 이데올로기

K-pop과 SNS는 서로를 자연 선택한다. 자연 선택은 유전자와 밈의 이기적 본성에 기초한다. 이들의 이기적 본성이 서로를 자연 선택하게 한 것이다. 이렇게 서로의 이기적 본성을 충족시키는 자연 선택의 결과로 나타난 것 중의 하나가 유튜브SNS로 하여금 K-pop을 하나의 독립된 단위 음악 카테고리로 분류케 하고,[170] 2012년 한 해 K-pop의 유튜브 조

170 K-pop은 2011년 말 유튜브에서 별도의 음악 장르로 분류된다. 유튜브의 음악 카테고리는 장르에 따라 팝 · 록 · R&B · 랩 · 포크 · 라틴 · 레게 등 23개로 분류돼 있는데, K-pop이 또 하나의 음악 장르로 포함됐다. 유튜브 관계자는 "엄밀히 말해 K-pop이 음악 장르는 아니지만, 세계적인 관심도를 반영해 별도 장르로 분류했다. 특정 국가의 음악이 하나의 장르로 분류된 것은 처음"이라고 밝혔다(중앙일보. 2012.01.02).

회 수 49억800만여 회[171]를 기록하게 한다. 그렇다면 〈강남스타일〉의 춤과 멜로디, 가사 밈들이 갖고 있는 복제 소구력은 차치하고, '싸이' 신드롬을 가능하게 한 힘의 근원은 무엇일까? 수평적 유통 이데올로기인가, 전통적인 수직적 유통 이데올로기인가?

영국 BBC의 윌리암슨 특파원은 서울발 기사에서 K-pop의 확산에 소셜 네트워크 서비스가 한 몫을 했다고 전한다. "트위터, 페이스북, 유튜브로 대표되는 소셜 네트워크 서비스가 K-pop의 확산에 기여한 것으로 평가되고 있다. 유튜브를 통해 콘텐츠가 유통되고, 트위터나 페이스북이 이를 확대 재 유통함으로써 삽시간에 한류 쓰나미가 전 세계를 동시다발적으로 덮칠 수 있게 된 것이다. 소셜 네트워크 서비스SNS는 연예기획사의 마케팅 비용을 획기적으로 줄여 주는 한편 사업의 실패 가능성을 대폭 낮춰 주는 등 여러모로 이익을 가져다준다. 콘텐츠의 성공 여부에 대해 전 세계 시장을 상대로 가능성을 미리 타진해 볼 수 있는 것도 소셜 네트워크 서비스만의 장점이다.

소셜 네트워크 서비스 시장은 능동적으로 움직인다. 연예기획사는 잘 만들어진 콘텐츠만 던져 놓으면 된다. 유통과 평가는 모두 소셜 네트워크 서비스로 연결된 일반 유저들의 자발적 행위로 이루어진다. 프랑스에서 K-pop 공연을 열어 달라고 대규모 시위가 벌어질 수 있었던 것도 소셜 네트워크 서비스를 통해서다. 능동적이고 파급력이 큰 것이

171 세계 224개국에서 K-pop 뮤직비디오를 본 유튜브 조회 수. 기간: 2012년 1월 1일부터 12월 20일까지.

소셜 네트워크 서비스의 가장 큰 매력인 동시에 K-pop 성공의 주역인 셈이다"(세계일보. 2011.08.12).

뮤직 매터스Music Matters[172]에서 최근 인기 콘텐츠로 부상하고 있는 K-pop 패널 토론회에서 빌보드 저팬 매거진의 편집장인 롭 슈어츠도 수평적 유통 이데올로기인 SNS의 역할을 강조한다. "소셜 미디어 서비스가 K-pop 소식을 발 빠르게 전달하면서 전 세계 팬들이 쉽게 다가서고 있다. 이 통로가 K-pop의 인지도를 세계적으로 끌어올렸다. K-pop이 미국이나 서양 중심의 인기 문화콘텐츠를 깰 수 있는 계기가 될 것이 분명하다. 이제는 모든 문이 열리고 있고, 경계선이 깨지기 시작했다"(빌보드코리아. 2012.06.04).

물론, 수평적 유통 이데올로기와 '싸이' 신드롬의 관계를 부인할 수는 없다. 〈강남스타일〉의 확산 과정에서 SNS가 중요한 역할을 한 것이 사실이기 때문이다. 그러나 분명한 것은 전통과 현대의 결합 없이 우리에게 미래는 없다는 것이다. 2011년 1월 문을 연 프랑스의 K-pop 전문 인터넷 방송 K-POP FM[173]의 운영자 보노코르는 K-pop의 확산과 관련한 조언에서 한 가지 중요한 단서를 제공한다. "K-pop의 확산 속도가 일본 대중음악인 J-pop에 비해 훨씬 빠르다.[174] 그러나 아직은 '열광' 단

172 아시아 최대 뮤직 마켓. 2012년 5월 싱가포르 리츠 칼튼 호텔에서 열림.

173 하루 평균 1만 명 넘게 접속하는 인터넷 라디오 방송이다. 주로 한국 아이돌의 음악을 실시간으로 틀어준다. 최근 프랑스에 불고 있는 K-pop 열풍을 뒷받침하는 방송이라고 할 수 있다.

174 "J-pop 방송의 경우 4년간 운영했는데 한 달 평균 18만 명이 접속했다. 그런데 K-pop 방송은 운영한 지 4개월 만에 한 달 평균 이용자가 21만 명에 달한다. 프랑스 대중들에게 확산될 수 있는 토대는 마련됐다고 본다."

계에 불과하다. K-pop의 잠재력으로 볼 때 한국의 음반 회사들이 직접 프랑스시장에 진출한다면, K-pop이 붐으로 확산될 가능성이 크다고 본다"(중앙일보. 2011.07.05). 다시 말해 마니아층에 한정된 '열광' 단계의 K-pop을 한 단계 끌어올리기 위해서는 전통적인 수직적 유통 방식의 도입이 필요하다는 것을 의미한다.

이우석[175] 또한 "유튜브는 어디까지나 보조적 수단이다. 현지에서 직접 네트워크를 형성하고, 음반을 발매할 수 있어야 팬 층도 넓어지고 안정적으로 활동할 수 있다"고 주장한다(중앙일보. 2011.01.17). 앞에서 K-pop의 확산에 관해 SNS의 역할을 언급했던 롭 슈어츠도 "K-pop이 아시아의 리더가 됐지만 최대 음반시장인 미국에 깊숙이 파고들진 못했다"고 지적한다. 지속적인 마케팅, 미국 전국 투어, 텔레비전 및 라디오 채널 활용, 기업의 물질 지원 등 전통적인 유통방식을 미국시장 공략법으로 꼽았다.[176] 모두가 수직적 유통 이데올로기의 필요성을 강조하고 있는 것이다.

175 JYP 부사장으로 미국 총괄. 원더걸스의 〈노바디〉를 작곡, 프로듀싱 했고, 〈텔미〉를 편곡한 뮤지션이다.

176 "미국에서 케이팝이 성공했다는 증거를 대려면 앨범 및 음원 수익 등 매출이 증명해야 하는데, 한국 가수가 앨범을 많이 팔지 못하고 있어요. 특히 다른 팝 가수들에 비해 북미에서 저조하죠. 텔레비전에 한두 번 나온다고 미국시장에서 성공할 수 없습니다. 지속적 마케팅을 통한 여러 가지 방법으로 미국 가수들이 진행하는 과정을 밟아야죠. 정말 많이 발전했지만 아직 갈 길이 멉니다"(빌보드코리아, 2012.06.04).

YG의 선택은?

싸이의 소속사인 YG엔터테인먼트는 2012년 9월 미국의 팝스타 저스틴 비버 소속사와 매니지먼트 계약을 맺었다. 음반유통 계약은 미국의 대형 음반사 유니버설 뮤직 그룹 산하의 유니버설 리퍼블릭 레코드와 체결했다(중앙일보. 2012.09.05). 수평적 구조의 SNS를 통해 미국시장에 진출한 싸이가 이제 전통적인 수직적 유통 이데올로기와의 결합을 통해 본격적으로 미국시장에 뿌리를 내리겠다는 싸이만의 전략적 포석을 보여 주는 것이다.

미국 빌보드의 음악담당 편집장 잉그램은 "미국시장에선 라이브공연이 굉장히 중요하다. 미국의 초대형 스타들이 라이브공연에 집착하는 이유도 여기 있다. 싸이의 라이브공연은 안 보면 후회한다는 입소문이 나야 한다"고 조언한다. 라이브 공연 또한, 전형적인 수직적 유통구조의 대표적인 사례다. 〈강남스타일〉의 성공 이유를 잉그램은 다음과 같이 전한다. "유튜브란 매체를 효과적으로 활용했고, 저스틴 비버를 키워낸 스쿠터 브라운이란 스타 매니저가 그 뒤를 받쳐줬다. 모든 게 절묘하게 맞아떨어져 과거엔 상상도 못할 일이 벌어졌다"(중앙일보. 2012.10.11). 스쿠터 브라운은 전통적인 수직적 대중음악 시장의 필드를 움직이는 마이더스 손이다. 유튜브와 스쿠터 브라운의 결합, 다시 말해 수평적 유통 이데올로기와 수직적 유통 이데올로기의 결합이 오늘의 '싸이' 신드롬을 일궈낸 힘의 근원이다.

제4장

한류비평

한류시스템의 복잡성 강화를 위한 인위적 혁신

생태계는 종들이 서로 복잡하게 얽혀 있기 때문에 환경 변화로 인해 하나의 종이 멸종된다 하더라도 누군가가 그 빈자리를 메워 금방 '항상성'homeostasis을 유지하게 된다(윤영수 · 채승병, 2011: 195). 항상성이란 이처럼 외부의 환경이 변하더라도 생명체들이 내부 환경을 일정하게 유지하려는 성질을 의미한다(ibid. 540). 유기체인 아시아 문화콘텐츠 시장도 새로운 대안 세력을 찾고, 이를 통해 시장 생태계의 항상성을 유지하고자 하는 성향을 갖고 있다.

예를 들어, 1950년대 말부터 아시아 문화콘텐츠 시장을 주도하던 '일류'가 1990년대 '잃어버린 10년'의 경기침체와 함께 위기를 맞게 되자 유기체인 아시아 문화콘텐츠 시장은 항상성 유지를 위해 40여 년간의 인과고리를 끊고, 1999년 말 '한류'를 새로운 문화현상으로 자연 선택한다. 이는 시장의 이익을 위한 선택이다. 이는 역사성을 갖고 도도히 흐르는 아시아 문화콘텐츠 시장이 시장의 항상성 유지를 위해서 언제든지 한류도 배격할 수 있다는 것을 의미한다. 위기관리가 얼마나 중요한지를 일깨워 주는 대목이다. 드라마 수출이 1억 달러를 넘어선 2005년 이후, 한국의 드라마 수출 증가세는 2000년대 전반기의 1/5 수준으로 떨어진다. 드라마를 메인스트림으로 한 1차 한류시대가 위기를 맞게 된 것이다. 그러자 아시아 문화콘텐츠 시장은 생태계의 항상성 유지를 위해 새로운 대안 세력을 찾는다. 물론, 분위기가 무르익지는 않았지만, 최근 부상하고 있는 중국의 '화류'華流, 대만의 '대류'臺流, 태국의 '태류'泰流, 그리고 일본의 '일류' 부활 가능성 등이 선택지에 올라온다. 다행히 유튜브U-TUBE의 등장(2005)으로 새로운 수평적 유통구조를 확보하게 된 K-pop이 드라마의 새로운 대체재로 시장의 선봉에 나서 줌으로써 드라마에 의한 한류 위기는 일단 치유의 과정을 거치게 된다.

그러나 위기는 상존하는 것이고, 한류가 미시생태계인 아시아시장을 넘어 거시생태계인 세계시장의 메인스트림이 되기 위해서는 무엇보다 전 지구적 시장의 항상성에 도전해야 한다. 이를 위해 지금의 한류는 변해야 하고, 인위적 혁신이 필요하다.

새로운 '창발'emergent behavior을 위한 한류의 인위적 혁신은 먼저 한류시스템[177]을 '혼돈의 가장자리'at the edge of chaos로 몰아가는 데서부터

---

177 문화콘텐츠, 특히 드라마 등의 생산과 관련한 국내시장의 환경적 요인을 여기서는 한류의 시스템 요소라고 한다. (생산) '주체'인 방송사나 제작사 간의 치열한 경쟁구도, 소비 주체인 '객체'의 문화콘텐츠에 대한 충성도와 선호도, 그리고 이들 주체와 객체가 직접적, 즉시적으로 상호 인터랙

시작한다. 시스템이 혼돈의 가장자리에 있을 때 외부의 섭동이나 미시적 요동에 쉽게 반응해서 창발을 위한 자기조직화 현상이 발생하기 때문이다. 생명체가 너무 안정된 상황에 놓여 있으면, 환경변화에 대한 적응을 시도해 보지도 못하고 멸종하게 된다. 또, 지나치게 혼돈된 상태에 놓여 있으면 적응을 시도하더라도 변화의 방향을 정확히 잡지 못해 멸종의 길을 걷게 된다. 생명체는 혼돈의 가장자리에서 예기치 않은 변화에 적응할 준비를 하고 있을 때에만 생존할 수 있다(조현일, 2008: 55).

시스템을 혼돈의 가장자리로 몰아간다는 것은 시스템의 복잡성complexity을 증대시키기 위한 것이다. 복잡성의 강화는 새로운 질서의 탄생, 자기조직화에 의한 '창발'을 유도한다. 한류가 세계시장의 항상성에 도전하기 위해서는 무엇보다 먼저 시스템의 복잡성 강화가 필요하고, 이를 위해서는 다음의 다섯 가지 인위적 혁신방안이 요구된다.

첫째, 열린 시스템을 만들어야 한다.

시스템이 열려 있으면 외부로부터 에너지의 유입이 가능하다(윤영수 · 채승병, 2011: 187). 물론, 한류는 열린 시스템이다. 해외시장과 정보, 재화, 에너지를 교환한다. 그러나 이는 우리 문화콘텐츠 중심의 일정 부분, 폐쇄적인 구조의 열린 시스템이다. 복잡성을 높이기 위해 또 다른 층위의 변화를 수용해야 한다. 화류, 대만류, 태류의 등장과 일류

션 할 수 있는 커뮤니케이션 환경 요소 등을 포함하고 있다.

의 부활 움직임을 한류 시스템의 복잡성을 높이는 아시아시장의 환경적 제어매개변수control parameter로 활용해야 한다. 완전한 상태의 열린 시스템만이 한류의 신화적 영원성을 담보해 주는 기재가 될 수 있다.

둘째, 시스템의 구성요소를 작게 쪼개고,

구성요소의 대칭성을 파괴해야 한다.

구성요소를 분해함으로써 각 요소는 차별화될 가능성이 높아지고, 각 요소마다 환경의 섭동에 서로 다른 방식으로 대응할 가능성이 높아진다. 나아가 구성요소 간에 대칭성이 파괴되면 구성요소가 더욱 다양화되고 복잡성도 증가하게 된다(ibid. 188). 한류시스템은 드라마와 K-pop이라는 극히, 일부 한류 소재영역을 중심으로 제한적으로 작동하고 있다. 이런 한계를 극복하기 위해서라도 한류시스템은 아직까지 문화상품으로서의 기능을 다하지 못하고 있는 다른 많은 한류 소재영역의 생산 환경까지도 관리 범주 안에 포함시켜야 한다. 한류시스템이 관장해야 할 한류 소재영역의 횡적 확대는 그 자체만으로도 한류시스템의 복잡성을 강화하는 기재로 작동하게 될 것이다. 한편, 이들 한류 소재영역들은 이미 독자적인 생산시스템을 갖추고 있기 때문에 그들이 갖고 있는 계열체적 생산시스템의 구성요소들이 통합체적 성격의 한류시스템 안에서 총체적으로 결합할 경우, 한류시스템의 종적인 구성요소들은 기하급수적으로 늘어나게 된다. 또, 이렇게 늘어난 구성요소들은 변화된 환경의 섭동에 서로 다른 방식으로 핵분열을 일으키면서 한류시스템의 복잡성을 강화하는 기재가 될 것이다. 결국, 이 같은 복잡성은 드라마와 K-pop을 중심으로 이미 형성되어 있는 기존 환경에서의 비정상적인 균형, 지금 있는 그대로의 대칭성을 파괴하게 될 것이다.

셋째, 구성요소의 상호작용을 증대시켜야 한다.

쪼개진 구성요소 간의 상호작용을 증대시킬수록 복잡성은 증대된다. 복잡한 상호작용은 다양한 되먹임feedback을 통해 새로운 질서의 형성을 가능하게 한다(ibid. 188). 한류시스템에서 구성요소 간의 상호작용은 두 가지 서로 다른 층위에서 다루어질 수 있다. 하나는 문화콘텐츠의 생산 '주체'와 소비 주체, 즉 '객체'와 관련된 층위다. 생산 주체와 생산 주체, 이를 소비하는 객체와 객체, 그리고 생산 주체와 소비 주체인 객체 사이의 상호작용이 증대되면 될수록 한류시스템의 복잡성은 강화된다. 다른 하나는 한류 소재영역의 횡적 확대에 따른 다양성이 강화된 한류 소재영역 중심의 층위다. 소재영역의 다양성은 이들 한류 소재영역 간에 '원 소스 멀티 유즈'one source, multi use나, 트랜스 미디어trans media, 재매개remediation 같은 상호작용의 기회를 열어 놓게 되고, 열린 상호작용의 기회 증대는 한류시스템의 복잡성을 강화해 새로운 창발현상을 낳게 될 것이다.

넷째, 시스템(메타 행위자)과 구성요소(행위자)는 공진화해야 한다.

메타 행위자와 행위자가 서로 보조를 맞추면서 공진화해야 복잡성을 증대시킬 수 있다. 그렇지 않을 경우, 음의 되먹임negative feedback이 발생해서 시스템의 복잡성을 감소시킨다(ibid. 188). 한류는 유기체다.

유기체 한류는 열린 시스템이다. 메타 행위자인 한류시스템은 행위자인 구성요소, 즉 문화콘텐츠의 생산 '주체' 이를 소비하는 '객체' 그리고 또 다른 층위의 '확대된 한류 소재영역' 등의 상호작용을 통해 작동된다. 행위자인 이들 구성요소 사이의 공진화는 메타 행위자인 한류시스템의 공진화를 촉진함으로써 한류의 복잡성을 강화시켜 새로운 창발을 가능하게 한다.

다섯째, 행위자의 무작위한 일탈을 제어하기 위한 적절한 규칙이 있어야 한다.

제어규칙이 존재할 때 시스템의 불확정성이 줄어들고, 복잡성이 높아지게 된다. 제어규칙은 행위자 개개인의 상호작용에 대한 가이드라인이다(ibid. 188-189). 한류시스템의 행위자인 주체와 객체, 확대된 한류 소재영역들에게도 적절한 제어규칙, 즉 가이드라인이 필요하다. 그렇지 않을 경우, 메타 행위자인 시스템과 행위자인 구성요소 사이의 공진화가 어려워질 수 있기 때문이다. 문화콘텐츠의 생산 주체와 소비 주체인 객체, 그리고 확대된 한류 소재영역에게는 아시아시장을 넘어 거시생태계인 세계시장을 향해 나가는 행위자로서의 지위와 임무를 부여해야 한다. 이것이 가이드라인이 될 때, 세계시장의 항상성은 한류시스템을 자연 선택하게 될 것이다. 왜냐하면 세계시장은 항상 그들의 이기적 본성을 충족시켜 줄 수 있는 유일한 대안을 찾고 있고, 지위와 임무를 부여받은 행위자의 자부심은 세계시장의 이기적 본성을 충족시켜 줄 수 있는 양질의 콘텐츠를 내놓기 위해 부단히 노력할 것이기 때문이다.

한류의 존재론적 지향점

'현상'은 자신을 나타내는 것이고, '나타남'은 그 자신의 존재를 가지고 있다. 존재는 무언가의 방법으로 모든 사람들에게 자신을 나타낸다(Sartre, 1943: 15-16). 한류가 '나타남'은 그 현상이 존재를 가지고 있다는 것이고, 그 존재는 이야기를 풀어내는 드라마의 형식으로, 리듬 · 멜로디 · 하모니라는 요소를 가진 노래K-pop의 형식으로 세계, 특히 아시아 타자들에게 자신을 드러낸다. 타자는 '나'의 존재구성에 이바지하는 원심적인 극한이다(ibid. 419). 타자는 한류의 존재구성에 기여하고, 한류의 확장에 이바지하는 원심적인 극한이다.

20여 년 전 아시아시장에서 펼쳐지던 한국 드라마의 예사롭지 않은 확장 움직임을 인지하고, 그 현상에 '한류'라는 이름을 붙여 준 이도 아시아의 타자다. 타자에 의해 인지된 그 움직임이 '대타존재'l'être-pourautrui로서의 한류다. '타자에 의해 보이고 있는'être-vu-par-autrui 한류는 "가족 간의 화목, 순수, 진실, 순애보, 노인공경, 발전된 경제, 미남미녀 배우, 자연스런 연기, 패션" 등과 같은 드라마밈과 "평민화, 진실, 정직, 유행선도, 선량함, 화목, 편안함, 아름다움" 등과 같은 한류밈에 의해 실존재로서 인식된다.

타자에 의해 발견된 대타존재로서의 한류를 '나=한국인'은 뒤늦게 인지한다. '나'는 그 '나타남'이 바로 '나' 자신이며, '나'를 담고 있다는 사실을 알고 있다. 그러나 대타존재가 '나' 자신인 '대자존재'l'être-pour-soi와 같다고 보지는 않는다. 타자가 보는 '나'와 '나' 자신이 보는 '나'가 다르기 때문이다. 더욱이 드라마와 K-pop 같은 '즉자존재'l'être-en-soi를 통해 '나타남'을 인식하게 된 타자들이 보는 대타존재와 한류생성 초기, 즉자존재를 자아실현의 수단으로 인식한 '나'의 대자존재는 다를 수밖에 없다. 다시 말해 '나'는 당시 즉자존재를 수익창출을 위한 상품적 가치존재로 인식했고, 그 흔적은 여러 군데서 발견된다.

예를 들어, '공용어 시대의 동서 간 소통'을 주제로 한 국제학술대회의 발제문[178] "한국 문화콘텐츠 수출환경에서의 외국어 번역: 드라마 '원제'의 현지어 번역 행태를 중심으로"를 준비하면서 1차 한류시대의 티핑포인트가 된 드라마 〈질투〉[179](MBC), 〈사랑이 뭐길래〉[180](MBC),

---

178 제14차 한국외국어대학교 통번역대학원 · 통번역연구소 국제학술대회, 2014년 6월 2-3일, 한국외국어대학교 국제관 애경홀 503호에서 개최됨.

179 한국 최초의 트렌디드라마. 수출 드라마 1호로, 1993년 중국 하얼빈TV가 수입, 방송했다.

180 중국 전역에 한국 드라마 붐을 일으킨 첫 번째 작품이다. 1997년 중국 국영 CCTV가 방송했다.

〈가을동화〉[181](KBS), 〈겨울연가〉[182](KBS), 〈대장금〉[183](MBC), 〈풀하우스〉[184](KBS) 등 6편의 현지어 제목을 3주간에 걸쳐 조사[185]했다. 그런데 아쉽게도 2000년대 초에 수출된 〈가을동화〉와 〈겨울연가〉만이 각각 6개국[186]에서 현지어 제목을 확인할 수 있었고, 나머지 드라마는 이미 수십 개국에 수출되었음에도 불구하고 현지어 제목을 확인할 수 없었다.

우리가 물건을 '팔아-*버린다*'는 표현을 쓰듯이 이는 즉자존재인 드라마를 하나의 상품으로 간주해 그냥 돈 받고 '팔아-*버린 것*'으로 밖에는 해석할 수 없게 한다. 그런데 아쉬운 것은 드라마가 단순한 상품이 아니라 즉자존재이면서 동시에 대자존재인 '나' 자신이라는 점이다. 현지에서 드라마가 어떻게 번역되고, 어떻게 본래의 의미가 그곳 시청자들에게 전달되는지 끊임없이 추적할 필요가 있다. 그렇게 해야만 양의 되먹임positive feedback을 통해 더 나은 즉자존재로서의 드라마를 창조해

181 2000년대 초, 아시아 전 지역에서 광범위하게 한국 드라마 붐을 일으킨 첫 번째 작품이다. 〈겨울연가〉보다도 동남아시아 지역에서는 훨씬 더 인기가 높았다.

182 일본 지역에서의 선풍적인 인기로, 드라마 한류가 절정기를 맞은 듯이 보이게 한 작품이다. 〈겨울연가〉 신드롬, 욘사마 신드롬이라는 신조어를 만들어 내기도 한다.

183 한국 드라마 가운데 양적으로 가장 많이 팔리고, 수적으로 가장 넓은 지역에 수출된 작품이다.

184 2005년 펼쳐진 〈겨울연가〉와 〈대장금〉의 폭발적인 인기에 힘입어 소리 소문 없이 여러 나라에 수출된 드라마다. 국제적인 가수 비와 송혜교의 인기도 한몫 한 작품이다.

185 KBS, MBC의 수출담당 두 J모 팀장들이 자체 보관중인 자료와 드라마를 수입해 간 세계 각국의 방송사들에 대한 협조 요청으로 진행되었다.

186 〈가을동화〉: 藍色生死恋(중국), 秋の童話(일본), Trai Tim Mua Thu(베트남), Otoño en mi corazón(베네수엘라), Autumn in My Heart(미국), Autumn in My Heart, Endless Love(필리핀). 〈겨울연가〉 冬季恋歌(중국), 冬のソナタ(일본), Ban Tinh Ca Mua Dong(베트남), Sonata de Invierno(베네수엘라), Winter Sonata(미국), Winter Sonata, Endless Love II(필리핀).

낼 수 있기 때문이다.

문제는 대타존재와 대자존재가 다르다는 것에 있는 것이 아니다. 다름은 오히려 당연한 것이다. 다만, 한류의 초기 생성시기였던 1990년대 아시아적 시대가치를 담고 있던 그 대타존재와 대자존재에게 지금의 한류 소재영역들, 즉 즉자존재가 그 동안 흐른 20여 년이라는 세월의 벽을 뛰어넘어 새로운 존재론적 지향점을 제시해야 한다는 것이다. 변화하지 않으면, 비존재일 수밖에 없기 때문이다. 이 지점에서 우리는 존재론이 제시하는 도덕적 전망으로부터 가치의 방향성을 모색해 볼 수 있다.

'상황 속의 인간존재'에 대해 자기 책임을 지는 윤리가 어떤 것인지를 보여 주는 존재론적 정신분석의 결과는 '고지식한 정신'을 단념하도록 권고한다. 이것이 갖고 있는 이중적인 특징 때문이다. 고지식한 정신은 "가치를 인간적인 주관성에서 독립한 초월적인, 주어진 것으로 본다." 숙명론적인 또는 실존주의에 반하는 경향으로 해석할 수 있다. 또한 고지식한 정신은 이와 배치되는 유물론적인 성격을 띠기도 한다. "'바람직하다'는 성격을 사물의 존재론적 구조에서, 단순한 물질적 구성으로 옮긴다." 더욱이 세계를 지배하는 고지식한 정신의 결과는 사물의 경험적인 특성에 의해 사물의 상징적인 가치를 마치 흡수지처럼 빨아들이게 한다(ibid. 1011-1012).

결국, 존재론적 측면에서 미래의 즉자존재는 고지식한 정신의 편협성에서 탈피해 보다 유연한 사고의 자유를 새로운 존재론적 가치로 제시할 수 있어야 한다. 특히, 사고의 자유는 문화콘텐츠의 네 가지 특성,

즉 "상업성 ← 대중성 ← 오락성 ← 예술적 창조성" 가운데 가장 뿌리가 되는 예술적 창조성의 근간이다. 사고의 자유로부터 오락성과 대중성, 상업성이 창조되는 것이다. 사고의 자유는 문화콘텐츠의 소비 주체, 즉 객체들에게도 새로운 지위를 부여해 준다. 생산 참여자로서 이들이 행하는 적극적인 양의 되먹임positive feedback은 즉자존재인 문화콘텐츠의 신화적 영원성을 담보해 주는 힘이 되어줄 것이다.

한류의 신화적 영원성과 한류토피아hallyutopia의 문화정신

신화는 문화콘텐츠의 속성과 같은 인위적 산물이다. 집단을 하나로 결속시키기 위한 일종의 카리스마다. 구성원들의 몸과 마음을 구속해 영원이라는 지향점을 공유하기 위해 마련된 극적 장치이다. 문화콘텐츠에 의해 만들어진 한류는 신화다. 현대사회의 몇 안 되는 흔치 않은 신화다.[187] 전통적인 유통 이데올로기로는 해석할 수 없는 신비스런 현상이다. 낮은 데서 높은 곳으로 흐르는 물이다. 주변부에서 중심부로 흐르는 기이한 문화현상이다. 이런 한류가 신화로서 우리의 생활 속에 영원성을 확보하고, 자연화하기 위해서는 다음의 세 가지 신화적 가치가 필요하다.

187 제1장 한류의 실체, 구조주의와 한류, '신화구조로 본 한류, 의미생성구조로 본 한류' 참조.

첫째, 신화는 믿음이다. 신화는 잠재의식 속에 믿음을 심어준다. 건국신화인 단군신화도 예외가 아니다. 리얼리티가 결여된 허구적인 내용을 담고 있지만, 만화 같은 재미 속에서도 한민족이 한 조상의 자손이라는 강한 믿음을 갖게 한다. 신화는 믿음이다. 한류가 신화여야 하는 첫 번째 이유 또한 믿음이다. 한류의 영원성에 대한 믿음이 한류의 전 지구화시대, 인류문화화시대를 열고, 한류토피아의 구현을 가능하게 할 것이다.

둘째, 신화는 품격이다. 신화는 과학의 시초이며, 종교와 철학의 본체이자 역사 이전의 역사다(안진태, 2004: 36). 신화는 그 민족의 역사적 · 과학적 · 종교적 · 문화적 여러 요소를 분화되지 않은 상태로 포함하고 있다(삼성출판사, 1986: 2108). 이처럼 신화는 가장 원초적인 정서를 그 안에 그대로 담아내고 있고, 이는 고귀한 가치다. 한류 또한 제한된 특정 지역의 일시적 유행이 아닌 세계 인류문화의 보편적 정서를 담아내는 고귀한 가치로서 존재해야 한다. 그러기 위해서는 한류가 신화라는 새 옷을 갈아입어야 한다. 그 옷은 '한류토피아'hallyutopia라는 품격 있는 가치의 세계로 우리를 인도하게 될 것이다.

셋째, 신화는 미래다. 과거의 전설이기도 하다. 현재의 삶에 녹아 있는 시대정신이고, 미래를 생각하게 하는 힘이다. 신화란 단순히 과거의 것이 아니라 현재에도 존재하는 것이며 미래에도 이어지는 것이다(백선기, 1998: 20). 신화가 갖게 하는 꿈과 소망, 희망의 가치는 신화가 갖고 있는 미래성의 표현이다. 지금의 한류가 박물관의 신화로 머물게 된다면, 한류는 역사책 속의 신화적 가치로만 존재하게 될 것이다. 한류는 현존이다. 그리고 내일의 가치다. 시장의 저항에 부딪히며 높은 파고를 넘고 있지만, 이는 극복해야 할 시대적 과제일 뿐이다. 미래를 향한 항해는 계속되어야 한다. 한류는 과거와 현재의 신화이면서 동시에 우리가 실현해야 할 미래의 신화다.

그렇다면 한국의 대중문화가 세계 인류문화의 주류, 메인스트림이 되는 세상, 다시 말해 한류가 전 지구화시대 · 인류문화화시대를 열고, 한류토피아에 이르기 위해서는 과연 무엇이 필요한 것일까?

한류는 지금까지 인사이드 – 아웃inside-out 방식으로 아시아의 타자를 만나 왔다. 대자對自는 타자에게 '대자 – 즉자'를 제공하고, 타자는 이를 수용하는 구조였다. 물론, 타자의 선택은 시장의 최적자인 한국의 즉자, 즉 한국의 드라마와 K-pop 같은 한류소재영역들을 자연 선택함으로써 스스로 최적자의 삶을 누리고 있다는 믿음을 갖고 싶어 하는 타자의 이기적 본성[188]을 충족시키기 위한 행위였다.

그러나 세상은 변하고 있다. 타자의 권리가 강조되고, 타자의 자발적인 참여가 확대되고 있다. 아웃사이드 – 인 뷰outside-in view는 이런 변화하는 시장에 최적화된 삶의 공생 방식이다. 타자의 관점에서 대자와 즉자를 바라보는, 그래서 한류토피아의 문화정신을 구현하게 해 주는

188 소비는 인간이 자신을 표현하는 형식이며, 그 자체로 하나의 기호다. 한 사회의 모든 성원은 소비의 형식에 따라 각각의 의미를 부여받으며, 소비를 통해 나름의 질서를 이루게 된다. 예컨대 승용차는 이제 더 이상 어느 장소로 빠르고 편안하게 이동하기 위해 이용하는 기계가 아니다. 물론 승용차의 그런 고전적이고 전통적인 사용가치는 아직도 유효하지만, 그보다 더욱 중요한 것은 승용차, 특히 고급 승용차가 소유자의 부를 나타내는 상징의 하나로 쓰인다는 점이다(남경태, 2013: 306-307). 아시아의 타자가 한국의 드라마와 K-pop을 자연 선택하는 것도 실은, 그들이 최적자의 삶을 살고 있다는 것을 보여 주기 위한 일종의 상징이다.

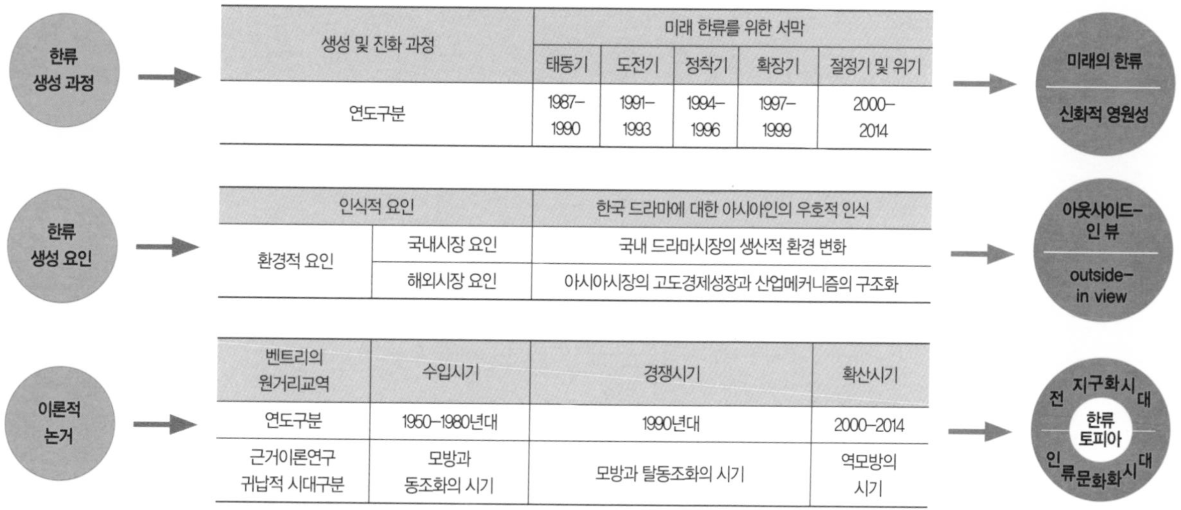

[그림 4–1] 미래의 한류, 한류토피아(hallyutopia)에 이르는 길

이타적 커뮤니케이션 방식이다.

유전자는 이기적 본성을 갖고 있다. 자신의 보존을 위해서 수단과 방법을 가리지 않는다. 그러나 다행스럽게도 인간은 예지력을 갖고 있다. 눈앞의 이익이나 욕심보다 오랫동안 앞으로 도움이 될 수 있는 것에 더 신경을 쓰도록 마음을 조정할 수 있는 능력을 갖고 있다. 태어날 때부터 가지고 있는 이기적인 유전자에 대항할 수 있는 능력이 있고, 필요하다면 이기적인 유전자를 교화시킬 수도 있다(Dawkins, 2009: 200). 한류의 대자인 우리들 또한, 이기적인 유전자에 대항할 수 있는 능력을 갖고 있으며, 이기적인 본성이 내재된 한류 유전자의 속성을 교화할 수 있는 능력도 가지고 있다. 진화생물학의 관점에서 이타altruism는 타자의 생존 가능성을 높이는 행위이며, 동시에 이데올로기다.

한류 유전자의 이타는 타자인 아시아인, 세계인들의 생존 가능성을 높이는 유전자 패러다임이다. 동시에 우리의 생존 가능성을 높이는 가치이기도 하고, 인류의 공동 번영을 위한 유전자 패러다임이기도 하다. 이타는 한류의 전 지구화시대, 인류문화화시대, 한류토피아의 핵심 이데올로기로 아웃사이드-인 뷰의 기본 정신과 맥을 같이 한다. 이타는 배려고, 사랑이다. 대자와 타자의 공존을 위한 필수 가치다.

하이데거의 말을 빌면, 공존coexistence이란 '함께 있는 존재'다. 자신의 동료와 팀워크를 이루는 암묵의 공동존재, 연대적인 결합이다. '세계 - 속 - 존재'라는 존재론의 구조적 측면에서 '함께 존재한다'는 것은

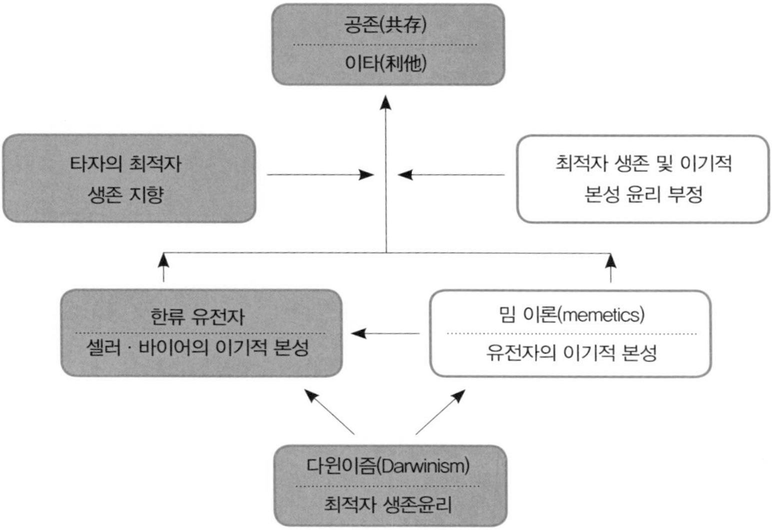

[그림 4-2] 다윈이즘에 기초한 한류토피아의 문화정신

인간존재가 본성상, 본질적이고 보편적인 자격으로 '함께 존재한다'는 말이다(Sartre, 1943: 422-423). 예를 들면, '아시아인과 함께 있는 존재' 또는 '세계인과 함께 있는 존재'가 대자인 나의 '구체적 - 존재'를 구성하는 하나의 구조라는 것이다. 따라서 나에게 타자인 아시아인이 없고, 세계인이 없다면, 나의 구체적 존재 또한 있을 수 없는 것이 된다. '이타'와 '공존'은 한류토피아의 기본 문화정신이다. 한류의 신화적 영원성을 담보해 주는 귀중한 가치다.

| 나오며 |

콘텐츠로 돌아가자 back to the contents

지금까지 우리는 한류의 실체real entity를 규명하기 위해 진화생물학과 복잡계, 구조주의, 역사학 등 서로 다른 다양한 학제 간 시각을 차용해서 한류의 본질에 접근하고자 했다. 본질에 대한 이해는 현상을 정확히 파악하는 지름길이기 때문이다. 한류의 생성배경과 진화 과정을 고찰하는 것도 과거의 생성배경에 대한 이해를 통해 현재를 알고, 미래를 새롭게 그려나가기 위함이다. 한류시스템의 복잡성 강화를 위한 인위적 혁신과 한류의 존재론적 지향점, 한류의 신화적 영원성과 한류토피아의 문화정신을 논의하는 것도 결국은 한국의 대중문화가 세계인류문화화시대, 전 지구화시대의 주역으로 앞에 나설 수 있게 되기를 바라는 마음에서다.

이런 바람은 드라마와 K-pop 같은 한류의 본원本源인 콘텐츠의 질에 그 성사여부가 달려 있다. 콘텐츠가 한류의 알파요, 오메가이기 때문이다. 한류실체 규명 과정의 근거도 콘텐츠다. 콘텐츠를 논하지 않고, 한류를 이야기할 수 없다. 한류의 생성배경과 진화 과정도 콘텐츠와 관련된 콘텐츠의 유통 궤적이다. 한류비평도 콘텐츠가 그 그릇에 담아내야 할 존재론적 지향점과 문화정신 그리고 이것을 효과적으로 담아내기 위한 생산시스템, 생산 과정에서의 대자와 타자와의 관계 등 모두가 콘텐츠와 직·간접적으로 관계가 맺어진다.

이제 우리의 관심사를 콘텐츠로 돌려야 할 때다. 해답은 콘텐츠에 있기 때문이다. 한류의 실체 규명도, 한류의 생성배경과 진화 과정 연구도, 한류의 지향점과 문화정신에 대한 논의도 결국은 질 좋은 콘텐츠의 생산에 이론적 기반을 제공하기 위한 부수적인 행위일 뿐이다. 타자의 관점에서 대자 - 즉자를 바라보는 '아웃사이드 - 인 뷰'outside-in view의 정신이 살아있는 한류의 미래 콘텐츠를 기대해 본다.

참고문헌

- **강철근(2006)**. 한류 이야기. 서울: 도서출판 이채.
- **구연상(2005)**. 한류의 근원과 미래-문화자치성, 한류연구의 방향. 세계 생명문화포럼 특별세미나. 한류 발전방향 모색.
- **김성원(2008)**. 리처드 도킨스의 밈의 종교적 기능에 관한 분석비평 연구. 종교연구 51집. 29-62. 여름호. 한국종교학회.
- **김승현 · 한진만(2001)**. 한국 사회와 텔레비전 드라마. 서울: 한울아카데미.
- **김영덕(2006)**. 동아시아 주요국의 드라마산업 비교 연구. 방송위원회. 자유 2006-31.
- **김영순 외(2005)**. 겨울연가, 콘텐츠와 콘텍스트 사이. 다홀미디어.
- **김윤정(2009)**. 한류의 초기 생성 과정 트렌디드라마 〈질투〉의 상품적 가치. 홍익대학교 영상대학원 석사학위논문.
- **김정태(2005)**. 방송법 해설. 서울: 커뮤니케이션북스.
- **남경태(2013)**. 한 눈에 읽는 현대철학. (주)휴머니스트 출판그룹.
- **노길명 · 정태환 · 김응렬 · 서용석 · 현택수(2002)**. 문화인류학의 이해. 서울: 일신사.
- **노정팔(1995)**. 한국방송과 50년. 서울: 나남.
- **문화관광부(2004)**. 2003 문화산업백서. 서울: 문화관광부.
- **______(2005)**. 영상정책자료. 문화산업국 영상산업진흥과.
- **______(2006)**. 2005 문화산업백서. 서울: 문화관광부.
- **문화체육관광부(2007)**. 2006 문화산업백서. 서울: 문화체육관광부.
- **______(2008)**. 2007 문화산업백서. 서울: 문화체육관광부.
- **______(2009)**. 2008 문화산업백서. 서울: 문화체육관광부.
- **______(2010)**. 2009 콘텐츠산업백서. 서울: 문화체육관광부.
- **______(2011)**. 2010 콘텐츠산업백서. 서울: 문화체육관광부.
- **______(2013)**. 2012 콘텐츠산업백서. 서울: 문화체육관광부.
- **______(2013)**. 2013 콘텐츠산업 통계조사. 서울: 문화체육관광부.

- **문화체육관광부 · 한국콘텐츠진흥원(2011)**. 음악산업백서 2011.
- **민병원(2006)**. 복잡계로 풀어보는 국제정치. 삼성경제연구소.
- **바이타민비즈(2005)**. 한류 실태 파악을 통한 활성화 방안 연구. 한류 관련 조사사업 결과발표회. 한류의 효과와 영향, 의미. (재)아시아문화산업교류재단. 서울: 프레스센터.
- **박범훈(2005)**. 한류에 대한 새로운 접근과 문화교류. 제6회 세계지식포럼. 엔터테인먼트 트랙. 서울 쉐라톤 워커힐호텔. (巖本通弥, 2005)
- **박장순(2005)**. 문화콘텐츠 해외마케팅. 서울: 커뮤니케이션북스.
- **______(2006)**. 문화콘텐츠학개론. 서울: 커뮤니케이션북스.
- **______(2007a)**. 한류, 신화가 미래다. 서울: 커뮤니케이션북스.
- **______(2007b)**. 세계 방송시장 판구조 변화의 중심에 선 한국. 방송과 콘텐츠. 가을호. 통권 5호. 한국PP협회.
- **______(2008)**. 한류, 한국과 일본의 드라마 전쟁. 서울: 커뮤니케이션북스
- **______(2009)**. 문화콘텐츠 분석과 형상화 원리. 서울: 형설출판사
- **______(2010)**. 한류의 신화 구조와 문화 이데올로기. 한국디자인포럼.
- **______(2011)**. 한류의 홍행 유전자 밈. 서울: 북북서.
- **______(2011)**. 한류의 생성 과정과 요인에 관한 연구, 한국과 일본 드라마의 교류를 중심으로. 서강대학교 영상대학원 박사학위논문,
- **______(2012)**. 한류, 아시아 TV드라마 시장의 역사. 서울: 북북서.
- **______(2013)**. 전환기의 한류. 서울: 북북서.
- **방송위원회(2002)**. 2002년 방송산업 실태조사 보고서. 방송프로그램 수출입 현황.
- **______(2003)**. 2003년 방송산업 실태조사 보고서. 방송프로그램 수출입 현황.
- **______(2004)**. 2004년 방송산업 실태조사 보고서. 방송프로그램 수출입 현황.
- **______(2005)**. 2005년 방송산업 실태조사 보고서. 방송프로그램 수출입 현황.
- **방정배 · 한은경 · 박현순(2007)**. 한류와 문화커뮤니케이션. 서울: 커뮤니케이션북스.
- **백선기(1998)**. 언론보도와 신화적 인식. 커뮤니케이션북스.
- **______(2004)**. 텔레비전 문화의 기호학. 서울: 커뮤니케이션북스.
- **백승국(2005)**. 문화기호학과 문화콘텐츠. 서울: 다할미디어.
- **변광배(2006)**. 사르트르 참여문학론. 경기도 파주: 살림

- **삼성경제연구소(1997)**. 96년 중화권 경제동향 및 97년 전망.
- **_____(2005)**. 한류 지속화를 위한 방안. 이슈페이퍼.
- **_____(2007)**. 중국 소비시장의 신조류. CEO Information. 631호.
- **_____(2012)**. SERI 영상보고서 – K팝의 성공요인과 기업의 활용전략.
- **삼성출판사(1986)**. 새 우리말 큰 사전.
- **서울방송(SBS), (1996)**. SBS 창사 5년. 서울: 서울방송.
- **손병우 · 양은경(2003)**. 한국 대중문화의 현주소와 글로벌화 방안-한류 현상을 중심으로. 사회과학연구. 제14권. 충남대학교 사회과학연구소.
- **신기철 · 신용철(1986)**. 새우리말 큰 사전. 서울: 삼성출판사.
- **신항식(2003)**. 롤랑 바르트의 기호학. 문학과 경계사.
- **안진태(2004)**. 신화학강의. 열린책들.
- **오명환(1993)**. TV드라마 30년 수난사. 방송시대. 통권 4호. 한국프로듀서연합회.
- **영화진흥위원회(2006)**. 2005년 한국 영화산업 결산 보고서.
- **_____(2014)**. 2013 한국 영화산업 결산 보고서
- **유상철 외(2005)**. 한류의 비밀. 생각의 나무.
- **윤선희(1998)**. 영상산업의 아시아시장 진출을 위한 수출 전략 연구. 연구보고 98-01. 한국방송개발원.
- **윤영수 · 채승병(2011)**. 복잡계개론. 삼성경제연구소.
- **윤호진(2005)**. 디지털시대 TV드라마의 위상과 전망. 서울: 커뮤니케이션북스.
- **은혜정(2005)**. 남미로 가는 교두보 멕시코 방송시장. 서울: 커뮤니케이션북스.
- **이동후(2005)**. 한국 트렌디드라마의 문화적 형성-탈국가적 문화 수용 양식을 중심으로. 한류와 아시아의 대중문화. 연세대학교 출판부.
- **이문행(2005)**. 국내 지상파 방송 드라마의 수출 성과 분석. 아시아의 재발견. 동아시아 국가 간 TV프로그램 교류의 의미(2005.05.20). 한국언론학회.
- **이연정(2005)**. 문화산업정책 10년, 평가와 전망. 기본연구 2005_03. 한국문화관광정책연구원.
- **장기오(1998)**. TV드라마 바로보기, 바로쓰기. 서울: 박영률출판사.
- **장한성 · 정순일(2000)**. 한국 TV 40년의 발자취. 한울아카데미

- **정병순(2007)**. 서울시 문화콘텐츠 산업클러스터 발전 전략. 서울시정개발연구원.
- **정순일(1999a)**. 두 대의 카메라로 생방송했던 초창기. 방송과 시청자. 7월호.
- ______(1999b). 폭발적 인기 얻은 일일연속극. 방송과 시청자. 8월호.
- **정영희(2005)**. 한국 사회의 변화와 텔레비전 드라마. 서울: 커뮤니케이션북스.
- **정헌일(2014)**. 드라마 '별에서 온 그대'의 경제적 파급효과. 한국문화관광연구원 웹진. 7월호.
- **조양(2007)**. 중국 시청자가 보는 한국 가정극드라마 재미요소 분석. 홍익대학교 영상대학원 석사학위논문.
- **조현일(2008)**. 1000. 도서출판 접힘/펼침.
- **주창윤 외(2007)**. TV드라마와 한류. 경상대학교 인문학연구소. 서울: 박이정
- **차범석(1985)**. 한국 TV드라마의 주체에 대한 분석 연구. 방송조사연구보고서 7.
- **최창현(2010)**. 신과학 복잡계 이야기. 경기 안성: 종이거울.
- **KOTRA(2005)**. 동북아 한류와 마케팅 방안.
- ______(2012). 2011 유럽 한류와 국가브랜드 조사 보고서. 이탈리아, 헝가리, 독일, 프랑스, 영국 등 5개국 대학생들을 중심으로. Global Issue Report 12-001.
- **한국관광공사(2003a)**. 한류체험에 대한 설문조사. 북경지사.
- ______(2003b). 한류관광실태조사.
- ______(2004a). 태국 내 한류 현황. 방콕지사.
- ______(2004b). 홍콩 내 한류 현황. 홍콩지사.
- ______(2004c). 한류 현황. 대만지사.
- **한국문화관광정책연구원(2005)**. 한류 연구과제 개발을 위한 기초조사. 서울: 계문사.
- **한국문화산업교류재단(2009)**. 한류, 아시아를 넘어 세계로.
- **한국문화콘텐츠진흥원(2003a)**. 중국문화산업.
- ______(2003b). 한국 문화산업의 동남아지역 진출 강화 및 한류 지속화 방안 연구.
- **한국방송영상산업진흥원(2001)**. 국내외 방송영상시장 종합분석 연구.
- ______(2002). 중국 방송 프로그램 유통구조의 변화. 방송 동향과 분석. 통권 158호.
- ______(2003). 한국 드라마의 일본 진출현황과 전망. 방송 동향과 분석. 통권 171호.
- ______(2004a). 중국 TV드라마 시장 전망. 방송 동향과 분석. 통권 206호.

- _____(2004b). 중국 국민의 TV시청 경향. 방송 동향과 분석. 통권 197호.
- _____(2004c). 활기 띠는 일본 방송의 해외 진출. 방송 동향과 분석. 통권 193호.
- _____(2005a). 일본 TV애니메이션과 드라마의 국내 유입 실태. 방송 동향과 분석. 통권 226호.
- _____(2005b). 중국, 드라마산업 시장과 정책 동향. 방송 동향과 분석. 통권 227호.
- _____(2006a). 일본 내 한류 드라마 편성 실태와 전망. KBI포커스. 통권 3호.
- _____(2006b). 마켓 클리핑 3월.
- _____(2006c). 한류의 안정적 기반 구축과 방송 연예 매니지먼트 산업의 개선을 위한 해외사례 연구. 방송위원회. 자유 2006-26.
- _____(2007a). 마켓 클리핑 1월.
- _____(2007b). 2007년 상반기 방송 한류현황 분석. KBI포커스. 07-13. 통권 32호.
- **한국방송진흥원(1997a)**. 아시아인의 시청형태. 방송 동향과 분석. 통권 45호.
- _____(1997b). 중국 방송계에 부는 애국주의 바람. 방송 동향과 분석. 통권 40호.
- _____(1998). 1988년 일본 방송, 악화된 경제상황이 크게 반영돼.
- _____(2000). 1999년도 TV프로그램 시청률 백서. 시청률 분석 보고서. 00-01.
- _____(2001a). 2000년도 TV프로그램 시청률 백서. 시청률 분석 보고서. 2001-1.
- _____(2001b). 중국 방송산업 현황과 상호교류 방안 연구. 연구보고 01-13.
- _____(2001c). 일본 디지털 콘텐츠 백서 2001. 방송 동향과 분석. 통권 138호.
- **한국언론재단(2005)**. 2005/2006 한국신문방송연감. 방송프로수출입현황.
- **한국정신문화연구원(2001)**. 동아시아 문화전통과 한국사회. 서울: 백산서당.
- **한국콘텐츠진흥원(2013)**. 게임백서 2013.
- **한상복 · 이문아 · 김광의(1993)**. 문화인류학개론. 서울: 서울대학교 출판부.
- **함재봉 · 고명현(2008)**. 촛불시위의 진행 과정은 바이러스의 전염 과정과 흡사. 월간조선. 12월호.
- **황제연(2002)**. 외주제작 정책 비교 및 활성화 방안에 관한 연구. 석사학위논문. 연세대학교 언론홍보대학원.
- **히라타 유키에(2005)**. 한국을 소비하는 일본. 서울: 책세상. (平田由紀江).

- **吉永良正(1996)**. 複雜系と は何か: 복잡계란 무엇인가. 주명갑. 서울: 한국경제신문사.
- **岩男壽美子(Iwao, S. 2000)**. Televi Drama No Message. Keisoshobo, INC. Tokyo. 김영덕 · 이세영(2004). TV 드라마의 메시지. 서울: 커뮤니케이션북스.
- **岩渕功一(Iwabuchi, K. 2001)**. Transnational Japan. Iwanami Shoten Publishers, Tokyo. 히라타 유키에 · 전오경(2004). 아시아를 잇는 대중문화. 서울: 도서출판 또하나의 문화.
- **佐藤忠男(1995)**. 日本映畵史. 第3巻, 岩波書店,
- **坂本佳鶴惠(1997)**. 家族이미지의 탄생, 일본영화에서 보는 홈드라마의 형식. 新曜社.

- **Aristòtele. (1974)**. Poietikē. 시학. 손명현. 박영사.
- **Arthur, B. (1999)**. Complexity and the Economy. Science Vol. 284(No. 5411). pp. 107-109.
- **Baldwin, M. (1896)**. A New Factor in Evolution. American Naturalist 30: 41-451, 536-553.
- **Barker, R. (1979)**. Chinese Family and Kinship. New York: Columbia University Press.
- **Barthes, R. (1999)**. Mythologies. 신화론. 정현. 1995. 현대미학사.
- **Bentley, J. H.(1993)**. Old World Encounters. 고대 세계의 만남. 김병화.(2006) 서울: 학고재.
- **Bernheim, E.(1912)**. Einleitung in Geschichtswissenschaft. 역사학입문. 박광순.(1992). 서울: 범우사.
- **Blackmore, S. (1999)**. The Meme Machine. Oxford University Press. Oxford New York.
- **Bonner, T. (1980)**. The Evolution of Culture in Animals. Princeton, NJ. Princeton University Press.
- _____ **(1988)**. The Evolution of Complexity. Princeton University Press.
- **Brockett, O. (1982)**. History of the Theatre. Allyn & Bacon.
- **Cloak, T. (1975)**. Is a Cultural Ethology Possible? Human Ecology. 3.
- **Dawkins, R. (1982)**. The Extended Phenotype. Oxford. Freeman.

- _____ **(1994)**. Burying th Vehicle. Behavioral and Brain Sciences, 17. 616–617.
- _____ **(2006)**. The God Delusion. Houghton Mifflin.
- _____ **(2008)**. The Extended Phenotype. Oxford. New York.
- _____ **(2009)**. The Selfish Gene. 30th Anniversary Edition. Oxford University Press. Oxford New York.
- **Dennett, D. (1991)**. Consciousness Explained. Boston, MA. Little Brown.
- _____ **(1995)**. Darwin's Dangerous Idea. London. Penguin.
- _____ **(2006)**. Breaking the Spell: Religion as a Natural Phenomenon. Viking.
- _____ **(2007)**. Review of Richard Dawkins' The God Delusion. Free Inquiry 27(1): 64-70
- **Fiske, J. (1990)**. Introduction to Communication Studies. Routledge. 강태완 · 김선남. 커뮤니케이션학이란 무엇인가. 2001. 서울: 커뮤니케이션북스.
- **Gell-Mann, M. (1995)**. The Quark and th eJaguar: Adventures in the Simple and Complex, reprinted. New York: Owl Books.
- **Haken, H. (2004)**. Synergetics: Introduction and Advanced Topics. Berlin: Springer.
- **Hawking, S. & Mlodinow, L. (2010)**. The Grand Design. N.Y. Bantam Books.
- **Holland, J. (1995)**. Hidden Order. New York: Harper Collins. 숨겨진 질서. 김희봉. 서울: 사이언스북스.
- **Hong, J. (1998)**. The Internationalization of Television in China. Greenwood Publishing Group, Inc.
- **Ismagilov, R. and Whitesides, G. (1999)**. Complexity in Chemistry. Science Vol. 284(No. 5411). pp. 89-92.
- **Lorenz, H. (1993)**. Nonlinear Dynamical Economics and Chaotic Motion. Berlin: Springer-Verlag.
- **McGrath, A. (2007)**. Dawkins' God. Blackwell Publishing. MA. USA.
- **Moore, J. (1996)**. The Death of Competition, Leadedship and Strategy in the Age of Business Ecosystems. New York: Harper Business.
- **Morgan, L. H. (1877)**. Ancient Society. 고대사회. 2000. 최달곤 · 정동호. 문화문고.
- **Ridley, M. (1997)**. The Origins of Virtue. London: Penguin Books.

- **Sartre, J. (1943)**. L'ÊTRE ET LE NÉANT, 존재와 무. 2014. 정소성. 서울: 동서문화사.
- **Sasaki, K. (1995)**. Dictionary of Aesthetics. University of Tokyo Press. 미학사전. 민주식. 2002. 서울: 동문선.
- **Simon, H. (1995)**. Near Decomposability and Complexity: How a Mind Resides in a Brain. The Mind, the Brain, and Complex Adaptive Systems. Morowitz, H. J. and Singer, J. L. ed., Reading, MA: Addison-Wesley.
- **Singer, J. (1995)**. Mental Processes and Brain Architecture: Confronting the Complex Adaptive Systems of Human Thought(An Overview). The Mind, The Brain, and Complex Adaptive Systems. Morowitz, H. J. and Singer, J. L. ed., Reading, MA: Addison-Wesley.
- **Sperber, D. (1990)**. The Epidemiology of Beliefs. In The Social Psychological Study of Widespread Beliefs. (ed. C. Fraser and G. Gaskell). Oxford University Press.
- **Stumpf, S., Fieser, J. (2003)**. Socrates to Sartre and Beyond - A History of Philosophy. McGraw-Hill. 소크라테스에서 포스트모더니즘까지. 이광래. 2013. 서울: 열린책들.
- **Tyler, E. (1958)**. Primitive Culture. New York. Harper & Row.
- **_____ (1960)**. Anthropology. Ann Arbor: University of Michigan Press. 〔Originally Published 1881〕.

찾아보기

ㄹ

ㅁ

ㅈ